일제강점기 지방의회 회의록 번역·해제집 1

1920년대 경기·함경 편

동국대학교 대외교류연구원·인간과미래연구소 번역해제집 011

일제강점기 지방의회 회의록 번역·해제집 1
1920년대 경기·함경 편

초판 1쇄 발행   2024년 3월 31일

편역자 | 방광석
펴낸이 | 윤관백
펴낸곳 | **선인**

등   록 | 제5-77호(1998.11.4)
주   소 | 서울시 양천구 남부순환로 48길 1
전   화 | 02) 718-6252 / 6257
팩   스 | 02) 718-6253
E-mail | sunin72@chol.com

정가   26,000원

ISBN   979-11-6068-796-5   94910
ISBN   979-11-6068-795-8   (세트)

· 잘못된 책은 바꿔 드립니다.

이 저서는 2017년 대한민국 교육부와 한국학중앙연구원(한국학진흥사업단)을
통해 한국학 분야 토대연구지원사업의 지원을 받아 수행된 연구임
(AKS-2017-KFR-1230007).

동국대학교 대외교류연구원
인간과미래연구소 번역해제집 011

일제강점기 지방의회 회의록 번역 · 해제집 1

1920년대 경기·함경 편

방 광 석 편역

 선인

▌ 발간사 ▌

　이 책은 동국대학교 대외교류연구원이 한국학중앙연구원의 지원을 받아 2017년 9월부터 2020년 8월까지 진행한 〈일제강점기 '지방의회 회의록'의 수집·번역·해제·DB화〉 사업의 결과물을 간행한 것이다.

　우리나라에서 지방자치제도가 본격적으로 도입된 것은 1948년 대한민국 헌법에서 지방자치를 명시하고, 이듬해인 1949년 최초의 「지방자치법」이 제정되면서부터였다. 그러나 6·25전쟁의 발발로 1952년에 와서 비로소 최초의 지방의회가 구성되었다. 이후 1960년 4·19혁명과 함께 제2공화국이 수립되면서 장면 정부(1960~1961년)는 「지방자치법」을 개정하여 지방자치제를 실시하였으나, 1961년 군사 쿠데타로 집권한 박정희 군사정부는 지방의회를 해산하고 「지방자치에 관한 임시조치법」을 제정하여 「지방자치법」의 효력을 정지시켰다. 1972년 유신헌법은 지방의회의 구성을 조국의 통일 때까지 유예한다는 부칙 규정을 두었고, 1980년 헌법도 지방의회의 구성을 지방 자치 단체의 재정자립도를 감안하여 순차적으로 하되, 그 구성 시기는 법률로 정한다는 부칙조항을 두었다. 그러다 1987년 6월 항쟁으로 개헌이 이루어지면서 1987년 헌법에서야 비로소 지방의회의 구성에 관한 유예 규정이 삭제되었고, 1988년에는 「지방자치법」이 전면 개정되었다. 이에 따라 1991년 상반기 각급 지방의회가 구성되었고, 1995년 광역 및 기초단체장과 광역 및 기초의회 의원선거를 실시하게 되었다.

그러나 우리나라에 지방자치의 전신제도가 싹트기 시작한 것은 1895년 「향회조규」 및 「향약판무규정」이 시행되면서부터라고 할 수 있다. 이 조규와 규정은 지방 공공사무를 처리할 때 주민의 참정권·발언권을 인정한 획기적인 것이었으나, 1910년 이후 모두 소멸되었다.

근대적 의미의 지방자치제도가 불완전하나마 실시된 것은 일제가 식민지정책의 일환으로 1913년 10월에 제령(制令) 제7호로 부에 「부제(府制)」를, 제령 제8호로 재한 일본인의 교육을 위한 「학교조합령」을 제정하고, 1917년에 제령 제1호로서 「면제(面制)」를 공포·시행하면서부터였다. 또한 일제는 1920년 제령 제15호로 「도지방비령(道地方費令)」, 제령 제14호로 「학교비령(學校費令)」을 제정·시행하였는데, 학교조합을 제외하고 의회는 없었고, 자문기관만이 있었으나, 그 심의사항도 극히 제한되었다.

그 후 1931년 「부제」·「읍면제」·「학교비령」의 개정 및 「학교조합령」의 개정이 있었고, 「도제(道制)」 등이 제령 제13호 내지 제15호로 공포되어 「부제」와 「읍면제」는 1931년 4월부터, 「도제」는 1933년 4월부터 시행되었다.

도·부·읍의 조직은 의결기관과 집행기관으로 구분되었는데, 의결기관으로는 도회(道會)·부회(府會)·읍회가 있었고, 그 의장은 각각 도지사·부윤(府尹)·읍장이 맡았다. 의결기관이라고는 하나 자문기관의 지위를 겨우 면한 정도였고, 권한도 도정 전반이 아니라 법령에 열거된 사항에 한정되었다.

식민지 시기에 실시된 '지방의원'의 선거는 일정액 이상의 세금을 납부한 자에 대해서만 투표권을 부여하였기에 그 요건을 충족하는 부유층, 일본인, 지역 유지만 참가할 수 있는 불공평한 선거였다. 그나마 식민지 시기의 종식과 함께 일제 강점기의 지방의회제도는 역사에서 삭제되었고, 국민으로부터도 외면당하였다. 일제에 의하여 도입·시행된 지방의회제도에 어떤 식으로든 참여하였다는 것은 일제 통치에 '협력'하였음을 의미할 수 있으므로, 드러낼 수 없는 수치스러운 과거로 인식되었기 때문이다. 이로 인하여 상당 기간 이 분야의 연구는 진척되지 못하였고, 역사의 공백기로 방치되어 있었다.

그러나 식민지기 '지방의회' 연구는 다음과 같은 이유로 볼 때 학문적 가치가 높다 할 것이다. 첫째, 일제 강점기 지방의회에 참여한 '지역 엘리트'는 해방 후에도 지방의회에 참여하여 일제 시대의 지방의회제도를 상당 부분 계승하였기에, 일제 강점기 지방의회 제도의 연구는 해방 전후 지역사를 탐색하기 위한 필수적인 작업이 될 수밖에 없다. 둘째, 일제 시대의 '지방의회'는 '식민지적 근대'가 집약되고 농축되어 있는 대표적 영역 중의 하나다. 전근대부터 형성된 사회관계의 동태적인 지속과, 근대의 불균등성 및 모순과 대립이 고스란히 '지방의회'를 둘러싼 지방 정치에 녹아있기 때문이다. 셋째, 회의록에 담긴 내용은 그 시기 그 지역 주민들의 삶을 고스란히 보여주고 있다는 점에서 일제 강점기 '민초'들의 일상을 엿볼 수 있는 귀중한 자료가 된다.

특히 지방의회 회의록은 지방행정 실태와 지역 권력 구조의 실상을 밝히는 데 필수적 자료라고 할 수 있다. 지방의회는 그 지역의 산업·경제, 문화, 환경, 관습, 제도, 지역민의 욕구, 취향 등 지역민의 생활과 직결된 다양한 영역이 총체적으로 동원된 네트워크였다. 지방의회는 그 지역의 역사적 고유성과 차별성이 빚어낸 집단적 사고방식, 생활습관 등에 따라 매우 다양하게 운영되었는데, 지역의 역동성을 가장 실체적으로 드러내는 자료는 지방의회 회의록이다. 그럼에도 불구하고 그동안 이 귀중한 문헌이 제대로 활용되지 못한 이유는, 회의록이 국가기록원의 방대한 자료 속에 산재해있어 접근이 용이하지 못했기 때문이다.

본 연구팀은 이에 착안하여 국가기록원 문서군에 흩어져있는 지방
의회 회의록 약 5천 건을 추출하여 연도별, 지역별, 행정단위별 등 여
러 범주에 따라 분류 가능하도록 체계화하였다. 그리고 회의에서 다
룬 의안과 회의 참석 의원, 결석 의원, 참여직원, 서명자, 키워드 등을
DB화하였다. 또한 회의록 중 지역사회에 파장을 가져오거나 이슈가
되었던 사안과, 그 지역의 장소성을 잘 보여주는 회의록, 일제의 지방
정책의 특성이 잘 나타나는 회의록 등을 선별하여 번역·해제하였다.
이로써 기존 연구에서 부분적으로 활용되던 지방의회 회의록을 종합
하여, 지역의 정치·경제·문화·사회운동·일상 등 모든 분야에 걸친 식
민지 사회 연구의 토대 조성에 일조하고자 하였다.

연구대상의 시기는 일제 통치방식의 변화가 지방의회에 미친 영향을
고려하여 1920년대(1기), 1930~1937년 중일전쟁 이전까지(2기), 1937~
1945년 해방까지(3기)의 기간으로 구분하였다. 1시기는 1920년 부제와
면제시행규칙 등 지방제도가 개정된 후 도평의회가 설치되고 부협의회
와 면협의회 선거를 실시하기 시작한 시기이다. 2시기는 1930년 개정된
지방제도로 도평의회가 도회로 개정되고 부회와 읍회가 자문기관이 아
닌 의결기관이 된 시기이다. 3시기는 중일전쟁 이후 사회 각 전반에서
통제정책이 시행되고 지역 사회의 공론장이 위축되며 지방 참정권이
극도로 제한된 시기를 포괄한다. 총 9권으로 이루어진 이 총서의 1~3권
은 1시기에 해당하며, 4~6권은 2시기, 7~9권은 3시기에 해당한다.

이 총서는 연구팀이 수행한 번역과 해제를 선별하여 경기·함경, 강
원·경상·황해, 전라·충청·평안 등 지역별로 나누어 각 권을 배치하였
다. 물론 방대한 회의록 중 이 총서가 포괄하는 분량은 매우 적다 할
수 있다. 그러나 가능한 도·부·읍·면 등 행정단위와 지리적·산업적 특
성, 민족적·계층별 분포에 따라 다양한 범주를 설정하여 회의록의 선

택과 집중에 힘썼기에, 각 도와 도 사이의 비교나 도의 하위에 포괄되는 여러 행정단위의 공통점과 차이점을 간파하는 데 도움이 될 것으로 기대한다. 특히 지역의 다층적 구조 속에서 '근대적'이고 '식민주의적'인 요소가 동시대에 어떻게 병존하는지, 그 관계성의 양상이 지역의 역사지리적 특성에 따라 어떻게 다르게 전승되는지를 파악하는 데 도움이 될 것이라 생각한다. 총서뿐 아니라 지방의회 회의록을 체계적으로 분류하고 집대성한 성과는 앞으로 식민지시기에 대해 보다 폭넓고 심도깊은 연구를 추동할 수 있으리라 믿는다.

이 총서가 간행되기까지 많은 분들이 도움을 주셨다. 먼저 지방의회 회의록 번역과 해제 작업이 전면적으로 이루어질 수 있도록 연구비를 지원해준 한국학중앙연구원과, 연구팀을 항상 격려해주신 동국대학교 전 대외교류연구원 고재석 원장님과 현 박명호 원장님께 감사드린다. 연구팀의 출발이 가능하도록 지원해주신 하원호 부원장님께 특히 감사의 마음을 전하고 싶다. 그리고 연구의 방향성 설정과 자료의 선택에 아낌없는 자문을 해주신 국민대학교 김동명 교수님, 동아대학교 전성현 교수님, 공주교육대학교 최병택 교수님께 감사드린다. 또한 연구팀의 원활한 운영을 위해 최선을 다해주신 국사편찬위원회 박광명 박사님과 독립운동사연구소 김항기 박사님, 그리고 동북아역사재단 박정애 박사님께도 감사드린다. 시장성이 적음에도 흔쾌히 출판에 응해주신 선인출판사 여러분께도 감사드리고 싶다. 끝으로 지리한 작업을 묵묵히 진행한 총서 간행위원회에 몸담은 모든 연구자 여러분께 우정의 마음을 전한다.

2024년 3월

연구책임자 동국대학교 조성혜

▌ 머리말 ▐

본서는 일제강점기 지방의회 회의록 정리사업의 일환으로 1920년대 경기도와 함경도에 포함한 부(府)와 면(面)협의회의 회의록 가운데 일부분을 번역, 해제한 것이다.

조선총독부는 3·1운동 이후 '문화통치'의 일환으로 '지방자치'의 실시를 외치며 1920년 '면제'를 실시하고 '부제'를 개정하여 자문기관으로서 부협의회와 면협의회를 설치했다. 기존에 자문기관이 설치되어 있던 부나 지정면 외에 모든 면에 협의회를 설치하였는데 지정면에서는 협의회원을 공선(公選)하고 보통면에서는 협의회원을 임명하도록 하였다. 그런데 협의회에서는 부윤이나 면장 등 임명직 단체장이 의장을 겸임하고 사실상 전권을 갖고 있어서 협의회가 자치권을 가졌다고 볼 수는 없다. 게다가 보통면의 협의회원은 군수 등 단체장이 임명했을 뿐만 아니라 지정면의 경우에도 경제력이 있는 극히 일부의 주민에게만 (피)선거권을 부여하는 제한선거를 실시했기 때문에 일반 지역주민의 참여는 제도적으로 배제되었다.

이러한 협의회 제도는 1930년을 전후해 변화를 겪게 되었다. 1929년 사이토 마코토(齋藤實) 총독이 지방제도를 개정해 면제를 읍·면제를 실시하고 부·읍에서는 종래의 자문기관을 의결기관으로 바꾸고 보통면에서는 자문기관인 면협의회를 선거로 구성하기로 하였다. 1931년 시행된 읍·면제에서는 지정면을 읍으로, 보통면은 면으로 바꾸었고 읍회와 면협의회 모두 선거를 통해 구성하되 읍회에는 의결권을 부여하고 면협의회는 자문기관을 유지했다.

본서에서는 읍·면제가 실시되기 이전의 부협의회와 면협의회를 대상으로 하고 있으므로 1920년부터 1930년경까지의 회의록이 대상에 포함되지만 국가기록원에 소장된 자료에는 1920년대 전반기의 협의회 회의록이 그다지 남아 있지 않기 때문에 주로 1920년대 후반 회의록을 정리해 수록하였다.

부협의회 중에서는 경성부, 인천부, 원산부협의회의 회의록 일부를 번역해 수록했고 면협의회 중에서는 영등포면, 영흥면, 송도면, 수원면, 함흥면, 웅기면협의회의 회의록 일부를 수록했다. 도평의회 회의록으로는 수록할 정도로 정리된 것이 없어 생략했고 개성부, 청진부, 나남면, 북청면, 성진면, 회령면 등 경기도 및 함경도 다른 지역의 협의회 회의록도 남아있으나 이번 자료집에는 포함시키지 않았다.

국가기록원에 소장된 지방의회 회의록은 대체적으로 지역 행정에 관한 보고 서류의 첨부자료로 수록되어 있고 그 형태도 일률적이지 않다. 방대한 회의 내용을 속기록을 바탕으로 그대로 전하는 회의록이 남아 있는 반면, 회의 일부 내용만을 기록한 회의록 발췌본이나 특정 의안에 대한 논의 사항만을 기록한 것도 많다. 그리고 서류별 필요성에 따라 회의록을 첨부했기 때문에 날짜별 회의록의 순서가 바뀌거나 중복 수록된 회의록도 많다.

본서에서는 부협의회와 면협의회를 대별하고 지역별로 나누어 날짜순으로 회의록을 배치하여 회의록의 서지정보와 자료적 성격을 중심으로 해제하고 회의록 내용을 번역하였다. 회의록의 분량이 적을 경우는 완역하고 분량이 많을 경우에는 발췌하여 번역했다. 회의록 전문을 그대로 번역하기에는 분량이 방대하기 때문에 편의적으로 발췌, 축약한 측면이 있는 것을 양해하기 바란다.

　일제강점기 지역정치와 관련해 도평의회, 부·면협의회, 도회, 부회, 읍회, 면회 등 지방의회와 관련된 연구가 많이 진전되었으나 주로 신문기사 등을 이용한 연구가 많고 실제 회의록을 활용한 연구는 드물다. 본서에 수록한 회의록에서는 총독부의 지배정책은 물론 1920년대 지역정치, 도시사, 사회사, 경제사 등과 관련되는 내용을 많이 다루고 있다. 이 번역·해제집이 일제강점기 연구의 진전에 도움이 되기를 기대하는 바이다.

┃ 목차 ┃

Ⅰ. 부협의회 회의록

Ⅱ. 면협의회 회의록

I
부협의회 회의록

1. 경성부협의회

1) 1927년 3월 25일 경성부협의회 회의록

항 목	내 용
문 서 제 목	京城府協議會會議錄拔萃
회 의 일	19270325
의 장	경성부윤 馬野精一
출 석 의 원	山崎鹿藏(1), 河合治三郎(2), 藤村忠助(4), 武上安一(5), 방규환(方奎煥)(7), 이동선(李東善)(11), 이인용(李仁用)(12), 安藤靜(14), 富井實太郎(15), 이승우(李升雨)(16), 김사연(金思演)(18), 이항종(李恒鍾)(19), 成松綠(22), 小林藤衛門(23), 淺野號三郎(26), 大村百藏(27), 肥塚正太(29), 增田三穗(30)
결 석 의 원	송달섭(宋達燮)(3), 澤田淸(6), 三上豊(8), 池田長次郎(9), 大垣丈夫(10), 예종석(芮宗錫)(13), 高木德彌(17), 정완규(鄭完圭)(20), 한만희(韓萬熙)(21), 박영근(朴榮根)(24), 寺尾猛三郎(25), 민용호(閔溶鎬)(28)
참 여 직 원	長尾伃, 高橋源六, 오두환(吳斗煥), 岩城信太郎, 杉山食一, 鶴見來三郎, 小田折助, 河田新一, 鷺崎態雄, 吉田重孝, 多村淺太郎, 森念收, 多田隆吉, 酒井謙治郎, 駒田德三郎, 藤本源市
회 의 書 記	眞野富太郎, 山本春吉, 金古鼎成, 井上一郎
회의서명자 (검수자)	
의 안	자문안 제8호 경성부 간선도로 개수공사비 계속 年期 및 지출방법 중 　　　　변경의 건 자문안 제9호 위의 기채방법 중 변경의 건 자문안 제10호 경성 계속비 오물소제비 지출방법 중 개정의 건 자문안 제11호 위 기채방법 중 변경의 건 자문안 제12호 경성 수도 확장 공사비 계속년기 및 지출방법 설정의 　　　　건 자문안 제14호 경성 묘지 및 장례장 신설비 계속년기 및 지출방법 설 　　　　정의 건 자문안 제15호 위의 충당 기채의 건 자문안 제16호 기본재산 처분의 건 자문안 제17호 국세 및 지방세 부가세 부과징수조례 중 개정의 건 자문안 제18호 경성부 호별세조례 설정의 건 자문안 제19호 경성부 특별영업세 잡종세조례 설정의 건 자문안 제20호 경성부 납세장려조례 설정의 건 자문안 제21호 경성부립도서관사용조례 중 개정의 건

	자문안 제22호 1927년도 경성부 세입출예산의 건 자문안 제23호 부외 급수의 건
문서번호(ID)	CJA0002665
철　　　　명	경성부관계서류
건　　　　명	경성부협의회회의록
면　　　　수	6
회의록시작페이지	729
회의록끝페이지	734
설　명　문	국가기록원 소장 '경성부관계서류'철, '경성부협의회회의록발췌'건에 포함된 1927년 3월 25일 경성부협의회 회의록

해 제

　　본 회의록(총 6면)은 국가기록원 소장 '경성부관계서류'의 '경성부협의회 회의록' 건에 포함된 1927년 3월 25일 경성부협의회 회의록이다. 이 회의는 3월 8일부터 계속 이어진 경성부협회회의 마지막 회의에 해당한다.

　　당시 회의에서는 조선인 의원의 반복된 질문이 많았던 듯하다. 『매일신보』는 「질문 중복의 眞相」이라는 제목의 사설을 실어서 중복 질문을 비판하는 한편, 조선인 의원의 질문을 진지하게 듣지 않는 부윤의 태도를 지적하기도 했다. 그 내용을 보면 다음과 같다.

　　"경성부협회회 석상에서는 의원들의 질문이 중독되어 심의가 지연케 되어 馬野[1] 부윤은 결국 제6일 협의회 해산 후 질문은 간단히 하고 중복 질문을 엄금하자는 이름 좋은 간담이 있었다고 한다.

---

[1] 우마노 세이이치(馬野精一), 1925년 6월 15일부터 1929년 1월 20일까지 제6대 경성 부윤으로 재임(김대호, 「1920~1933년 경성부윤과 주요 직책」, 『일제강점기 경성부 윤과 경성부회 연구』, 서울역사편찬원, 2017 참조).

 물론 비록 결의권은 없다 할지라도 30만 부민의 선량으로 자처하는 의원 제군으로는 답변이 철저치 못할 때 이중삼중의 질문도 필요할 것이나 그러나 과연 그 질문의 정신이 어디 있는가. 더욱이 조선인 내지인 양방 의원의 질문은 반드시 경성의 남북촌을 갈라서 일어나게 되며 결국에 있어서는 조선인 의원의 불평에 歸하는 것이 많다.

 그러함으로 금반 부윤의 질문 중복 예방안의 상대도 그 대다수가 조선인 의원에 있는 것은 의심할 수 없는 사실일 것이다. 그러나 가뜩이나 결의권조차 없는 의원들에게 질문조차 시원히 하지 못하게 하면 부협의원의 천직과 사명은 어디 있겠는가. 조선인 부민 중에서도 가장 당국의 정책과 공명하는 바가 많은 공직자된 그들의 입에서 나오는 불평! 그것조차 막아놓으면 조선인 시민의 불평과 요구는 전혀 그들에게 사라지고 말 것이다.

 그야 물론 金力 본위로 당선된 그들 중에는 어불성설의 이론도 백출될 것이다! 아니 吾人이 매일 방청석 一隅에서 그 추태를 무수히 본 것이다. 그러나 그것만의 이유로 의원들에게 질문중복이니 무엇이니 하여 비록 간담이라는 형식으로나마 입을 막는 것은 현명한 부윤으로서는 하지 않을 일인가 한다.

 이번에 부윤의 태도는 마치 스승이 제자에게 대한 것이나 다를 것 없다. 질문도 할 줄 모르며 남이 한 소리를 되풀이 하여 누구라도 건드리지 못할 예산안의 심의를 길게 끌게 무엇이냐는 그 소리에 '니콜'된다. 그러나 여기 다시 한번 돌이켜 생각할 바는 과연 부의원 제군이 지성을 다하여 조선인의 복리신장을 위하여 심신을 기울였고 너무나 조선인 시민이 편익을 돕자는 데서 마침내 질문의 중복까지 나왔는가 하는 것이다.

 그러함으로 만일 조선인 의원들이 座睡, 방심, 결석 등의 부성심한

결과 남의 질문할 때에는 자리에 없었다. 있었어도 딴 생각이나 졸려
서 못 듣고 새삼스럽게 중복되는 질문을 난발하였다 하면 그야말로
그들은 부민의 기대를 뒤집고 의원으로 거의 변명을 몰각한 것이라
아니할 수 없는 것이다. 그러면 과연 馬野 부윤이 너무나 의원을 무시
하였는가 의원들이 그런 소리를 들어도 당연할만한 일과를 쌓아왔는
가. 시비의 판단은 여기서 밝혀질 것이다.

뜻 있는 시민이여! 제군이 일시의 감언과 一卓의 요리!로 신성한 1표,
1표를 아무렇게나 던진 그 결과를 요사히 경성부 협의회장에 가보라.
출석에서 결석을 5분, 10분에 단행하는 의원, 출석은 하여 놓고 흡연
실 출입으로 시간가기만 고대하는 분 의석에서 앉았으나 어제의 취기
에 깨어나지 못한 탓인지 꼬박꼬박 졸고 앉아있는 분 몇몇 의원이 목
에 피가 맺히게 떠들고 나면 이제야 내 차례인가 하고 남이 한 소리를
한번 되풀이를 하고 나서 그래도 일대의 웅변이나 떨친 듯이 한다. 시
민의 경고도 없지 못할 것이니 어찌 경성 시민된 우리의 치욕이 아니
며 손실이 아니겠는가."[2]

이는 중복 질문 문제를 둘러싸고 벌어진 경성부 부윤과 조선인 의
원 사이의 대립과 갈등 상황을 보여주고 있다.

내 용

의장(부윤) : 지금부터 본회의를 개최한다. 출석 17명. 위원회의 보고
를 부탁한다. 지난번 위원에게 부탁한 자문안은 제8호, 9호, 10호,
11호, 12호, 13호, 14호, 15호, 16호, 17호, 19호, 20호, 21호 및 28호의

---

2) 「質問重復의 眞相」, 『每日申報』 1927.3.16, 1면.

각 자문안 및 제22호 가운데 세출 경상부 제1관, 동 임시부 제1관을 제외한 전부가 위원부탁이 되었다. 이를 일괄해 2독회를 개최한다. 위원장은 보고해주기 바란다.

위원장(29번 肥塚) : 위원회의 경과 및 결과는 배부한 서류에 의해 대략 파악하실 것으로 생각하는데 제19호 자문안 가운데 잡종세 중 전주세 1개에 6원을 10원으로 수정하였다. 그리고 제22호안의 세입 경상부 및 세출 경상부와 세출 임시부 이 세 개에 걸쳐 정정을 했다. 본년도는 영업본세가 중앙정부로 이관되고 새로이 부가세가 부과된 결과 영업자는 어느 정도 부담이 증가했다. 재계 불황의 시기 영업자는 각 계급 가운데 가장 곤란을 느끼고 있으므로 부담을 가볍게 하는 의미에서 부가세의 본세 1원에 대해 1원을 80전으로 20% 감했다. 금액으로는 5만 6,260원이 줄어들었다. 그 보충은 다른 세금의 증가와 일부 경비의 절약에 의해 또 일부는 적립금에 속하는 것을 취해 예산의 균형을 맞추기로 하고 증세가 된 것은 전주세 1개에 6원을 8원으로 하여 1만 5,365원 늘리고 또 세출 경상부 사무비에서 5,416원을 줄이고, 또 오물소제비에서 1,556원을 줄이고 현주조사비에서 1,223원을 감액했다. 그리고 세출 임시부에서 숙사건축비 1만 원은 삭제, 이어서 납세장려를 위해 필요한 2만 78원을 삭제하고 각 도로개량 적립금에서 2만 700원을 줄여 예비비 78원이 늘어 공제한 액수는 5만 6,260원이 되어 세입감소와 균형을 취하게 되었다. 영업세는 좀 더 감액하기 위해 당국과 절충을 시도했는데 모든 예산 경리상 더 이상의 감액을 할 수 없었던 것은 유감인 바이다. 어쩔 수 없이 위원회는 이 정도로 인정했다. 이상 보고 드린다.

의장(부윤) : 지금 위원장의 보고에 대해 의견은 없는가.

('이의 없다'고 말하는 자가 있음)

의장(부윤) : 위원장의 보고에 이의 없는가.

('이의 없다'고 말하는 자가 있음)

의장(부윤) : 모두 이의가 없는 것 같으므로 위원부탁한 안을 일괄해 위원회의 수정대로 결정하려고 한다.

('이의 없다'고 말하는 자가 있음)

의장(부윤) : 이의가 없는 것 같으므로 위원회의 수정안을 그대로 인정하고 독회를 생략하고 결정한다.

大村(27번) : 전 내무과장인 長尾 군에 관해 동의를 제출한다. (중략) 내지의 도시에 비하면 균형이 맞지 않을 정도로 소액이지만 府民으로서 감사의 뜻을 표시하기 위해 3천 원을 증정하고 싶다고 생각한다. 바라건대 당국이 제안할 것을 희망한다.(박수)

('찬성'이라고 말하는 자가 있음)

의장(부윤) : 지금 동의에 관해 모두 이의가 없다면 제안의 준비를 하려고 생각한다.

('이의 없다'고 말하는 자가 있음)

의장(부윤) : 잠시 휴게하고 제안의 준비를 하겠다.

(오후 4시 43분 휴게)

(오후 4시 48분 재개)

의장(부윤) : 계속해서 회의를 개회한다. …… 긴급 자문안으로 제29호를 상정한다.

　　　자문안 제29호

14번(安藤) : 모두 이의가 없는 것으로 생각하므로 이대로 확정하려고 생각한다.

('이의 없다', '찬성'이라고 말하는 자가 있음)

의장(부윤) : 모두 이의가 없는 것 같으므로 독회를 생략하고 확정한
다. (박수)

의장(부윤) : 그리고 이 기회에 의견 등이 있으면 공표하기 바란다.
…… 그러면 이것으로 폐회한다. 본회의와 위원회를 통해 전후 14일
동안 연일 열심히 심의를 부탁드려 다수의 자문안을 협찬받은 것은
정말로 당국의 영광으로 생각하는 바이다. 이것의 집행에 있어서는
무엇보다 시중한 태도를 취해 부디 협찬의 취지에 반하지 않도록
노력하려고 생각한다. 또 예산집행에 관해 느끼는 점이 있으시다면
꺼리지 말고 때때로 의견을 청하려고 생각한다. 이에 연일의 노고
에 대해 깊이 감사의 뜻을 표한다. (박수)

오후 4시 52분 폐회

2) 1928년 3월 12일 경성부협의회 회의록

항 목	내 용
문 서 제 목	京城府協議會會議錄拔萃
회 의 일	19280312
의 장	경성부윤 馬野精一
출 석 의 원	山崎鹿藏(1), 河合治三郎(2), 藤村忠助(4), 武上安一(6), 방규환(方奎煥)(7), 三上豊(8), 池田長次郎(9), 이동선(李東善)(11), 이인용(李仁用)(12), 예종석(芮宗錫)(13), 安藤靜(14), 富井實太郎(15), 이승우(李升雨)(12), 김사연(金思演)(18), 이항종(李恒鍾)(19), 정완규(鄭完圭)(20), 한만희(韓萬熙)(21), 成松綠(22), 小林藤衛門(23), 박영근(朴榮根)(24), 寺尾猛三郎(25), 淺野號三郎(26), 大村百藏(27), 肥塚正太(29), 增田三穗(30)
결 석 의 원	송달섭(宋達燮), 高木德彌, 민용호(閔溶鎬)
참 여 직 원	吉村傳, 高橋源六, 오두환(吳斗煥), 岩城信太郎
회 의 書 記	
회 의 서 명 자 (검 수 자)	없음
의 안	자문안 제13, 제16, 제17, 제18, 제19, 제20, 제23호
문서번호(ID)	CJA0002665
철 명	경성부관계서류
건 명	경성부협의회회의록발췌
면 수	52
회의록시작페이지	537
회의록끝페이지	588
설 명 문	국가기록원 소장 '경성부관계서류'철, '경성부협의회회의록발췌'건에 포함된 1928년 3월 12일 경성부협의회 회의록

해 제

본 회의록(총 52면)은 국가기록원 소장 '경성부관계서류'의 '경성부 승합자동차 경영비 기채의 건(경성부협의회 회의록 첨부)'에 포함된 1928년 3월 12일 경성부협의회 회의록이다. 이 회의는 3월 9일 시작된

협의회의 제4회차 회의에 해당한다.

3월 10일자 『경성일보』에서는 이번 협의회 첫날의 상황을 다음과 같이 보도하고 있다.

"1928년도 새 예산을 심의할 경성부협의회 통상회는 9일 오후 2시 30분 부회의실에서 개회되었는데 오랜만의 회의인 만큼 의원의 결석은 단 세 명이고 방청인도 상당이 많았다. 馬野 부윤이 새 예산 414만 1967만 원의 내용에 대해 설명을 하고 곧바로 武上, 金 두 의원이 토지대장과 지방보조에 관한 질문을 하였고 吉村, 高橋 두 이상관이 답변하였다.", "安藤 의원이 하수에 대해, 李 의원이 도시계획, 수익세 문제, 티프스 문제에 대해 각기 질문하고 多田 수도과장이 티프스의 원인이 수도라는 설에 대해 사례를 들어 설명하였고 吉村 이사관은 수익세에 대해 당국의 방침을 말하였다. 池田 의원과 吉村 이사관은 행려병자에 대해 질의응답을 하였고 藤村 의원은 티프스 문제를 논하며 청계천의 수질시험을 하라고 주장했다. 成松綠 씨는 새 예산에 대해 비평을 가해 '경비비에 1만 5천 원의 증액은 부민의 부담 과중이고 소방서 설치보다도 더 긴급한 문제이다'라고 기염을 토했다. 첫째 날인 만큼 총체적인 질문이었고 오후 5시 15분 산회하였다."[3]

기사에 실린 이틀째 의안은 다음과 같다.

▲경성 간선도로 개수공사비 계속연기 및 지출방법 변경의 건

▲오물소제비 계속연기 및 지출의 건

▲1927년도 추가예산

▲부청사 신축비 충당채 상환방법 변경의 건

---

[3] 「チフスの病原問題で賑ふ, 愈よ九日から開らかれた京城府協議會【第一日】」, 『京城日報』 1928.3.10, 3면.

또한 실린 3월 11자『매일신보』기사도 이번 부협의회의 상황에 대해 전하고 있다.

"1928년도 경성부 세입세출예산 및 기타 자문안 20건에 대한 경성부 협의회 통상회는 예정과 같이 9일 오후 2시 반에 부청회의실에서 馬野精一 부윤 사회하에 경성부 각 과장급 기사, 주사, 부속, 서기 등 수십여 명과 협의원 25명(3명 불참) 출석으로 개회되었는데 馬野 부윤은 안질로 인한 한쪽 눈에 붕대를 처맨 채로 출석하여 개회를 선언하고 1928년도 경성부 예산 편성에 대한 강령과 및 전년도 예산에 비하여 증감된 이유 등을 일일이 설명하였다.

부윤의 예산강령의 설명이 끝나자 협의원 측으로부터 武上安一 씨로부터 세금을 부과함에는 무엇보다 지적도와 토지급 가옥 대장의 종목 번지금 소유자 등의 정확함이 급선무요 제일 필요하니 부에서는 조금도 틀림이 없는 정확한 지적도와 토지급 가옥대장을 비치하였느냐 하고 벽두에 질문을 꺼내었다. 이에 高橋 이사관으로부터 토지가옥의 종목과 기타의 변경은 소유자의 신고를 기다려서 고친다는 규정이 있음으로 부에서 임의로 변경치 못할 것인데 소유자 중에는 정확히 신고를 하지 않는 사람도 없지 않은 모양이니 그 점에 대하여는 어쩔 수 없다고 대답하였다. 그 뒤를 이어 협의원 중 가장 나이 연소한 청년 한 사람이 의장을 물으며 일어서 경성부 예산에 대한 협의회를 할 때마다 문제가 되는 바이고 명년도 예산에는 특히 지방비 보조가 비상히 적으니 어떠한 까닭이냐고 나서니 그는 곧 金思演 씨였다.

그 다음 方奎煥 씨로부터 작년 회의 시에 연도 내에 반드시 실행을 하겠다는 약속을 하여둔 몇 가지 조건이 있는데 그것을 한 가지도 실현하지 않고 지금에 또 신년도의 예산을 심의하게 되니 협의원인 우리로서는 섭섭함이 적지 않다. 실현하기로 약속한 조건은 즉

(1) 명동 총대(總代)에 대한 수당 문제

(2) 부영 세탁소 설치 문제

(3) 간이식당 부영문제

(4) 순화(順化)병원 확장 문제

(5) 공동묘지 문제

(6) 간선도로 계획문제

(7) 소(小) 하수구 개수 문제

등이나 기중에 약속대로 실현한 것이 어느 것이냐? 하고 강경히 질문을 하였는데 이에 대하여 吉村 內務과장은 어물어물 하는 답변을 하여 지나가매 협의원 安藤靜 씨가 方 씨의 질문에 뒤를 이어 경성부에서 소 하수구 개수를 너무 등한에 부쳐 두는 모양 같다고 반박적 열변을 토하였다.

다음 李升雨 씨가 일어서서 마치 재판정에서 검사에게 반박적 변론이나 하는 듯한 어조로써 요사히 부내에서 성히 유행하는 염병균이 수도에 있는 듯하다 하여 부민은 적지 않은 의심을 가지고 있으니 이에 대한 수도과장의 명확한 답변을 듣고자 하며 또 경성부에는 다른 도회지보다 전염병이 비상히 많은 모양이니 예방책을 철저히 할 수 없느냐?

또 부의 도시계획연구라는 것은 해마다 그 비용을 적지 않게 계상하면서 그 연구한 실질적 성적은 볼 수가 없으니 몇 해나 연구를 더하였으며 실시하게 되겠는가? 또 토목공사에 대하여도 여러 가지 불완비한 것이 한두 가지가 아니니 어찌된 까닭인지 그 이유를 일일이 설명하여 달라고 열렬한 질문을 하였는데 多田 수도과장은 전염균이 수도에 딱히 없다고 단언하기도 어렵고 또 있다고 명언할 수도 없다고 매우 대답에 곤란한 형편을 보였으며 기타 관계 각 과장의 답변이 있었으나 역시 요령을 얻기 어려웠다.

그 다음 池田長次郎 씨로부터 경성부에는 구조기관이 불완전하여 가련한 생명이 무참한 경우를 당하는 일이 비일비재로 있으니 어느 때인가 어떤 사람이 자살할 목적으로 길가에서 독약을 먹고 쓰러진 것을 그러한 사람을 구조할 기관이 없고 그에게도 가진 돈이 없기 때문에 약을 먹은 지 7시간이나 지나서 겨우 어떤 병원으로 데려다가 치료를 시켰는데 그의 생명은 다행히 구해졌으나 그 치료비를 낼 곳이 없어서 경찰서장에게까지 담판을 하였더니 경찰서에서도 지불할 수 없다고 하고 부에서도 지불할 수 없다 하여 한때 문제가 되었던 일이 있으니 이러한 것은 인도상 중대한 문제이니 부에서는 구조기관을 급히 설치할 필요가 있다고 통론을 하였는데 이에 대하여 吉村 과장은 그러한 사람을 행려병자로 수속을 하면 부에서 구조해 줄 수 있으니 수속을 빨리 하는 것이 좋다고 답변하매 池田 씨는 다시 여러 가지 실례를 들어 빈민구조와 정신병자의 구조기관이 필요하다는 것을 힘있게 말하였고,

成松綠 씨는 다시 지방비 보조문제를 꺼내어 가지고 경성부민이 1년에 지방비로 바치는 금액은 47만 원이나 되는데 경성부에서는 지방비에서 1년에 겨우 7만 원밖에 보조를 받지 못하고 그 위에 명년도부터는 하천 부담금으로 46,000원, 소방비 부담으로 1,000원이나 새로히 바치게 됨은 비상히 곤란한 경우에 있는 경성부 재정으로 부담이 너무 과대하다는 등을 말하여 회의 자문안을 미처 끝내기도 전에 의원이 서로서로 뒤를 이어가며 질문, 힐난, 반박 등으로 열변을 토하여 장내의 공기는 자못 긴장하였었는데 의장이 폐회를 선언하니 때는 이미 오후 5시를 報하였다."4)

내 용

의장(부윤) : 개회하겠다. 출석 22명. 자문안 제7호에서 제15호의 1독
회를 계속한다.

成松(22번) : 일전 전에 부윤에게 질문하고 싶다. 버스 부영(府營)에는
부민 일부에서 반대의 목소리가 있다고 들었다. 이것을 기재한 어느
신문기사의 대부분은 실제와 어긋나 있다는 것을 인정한다. 예를
들면 기사에는 기채 30만 원으로 되어 있는데 실제 예산에는 12만
80원이라고 적혀 있다. 또 도쿄에서는 12인승 버스로 하루 수입
32~33원을 올리고 있는데 경성의 계획은 60원이다. 그러나 이 예산
수입 17만 원 정도를 12대의 버스로 나누면 하루 15원 정도가 된다.
또 종업원과 대수만큼 두게 된다. 따라서 14시간 계속해서 죽 일할
수는 없다. 상당한 여유가 있다. 이렇게 여러 가지 상이한 점이 있
는데 부 당국은 예산이 만들어지고 나서 신문, 통신 방면에 제시하
였을 것으로 생각하는데 과연 제시했는지 묻고 싶다.

번외(吉村) : 예산의 원고는 부(府) 출입기자에게 모두 제출했을 것이
다. 그러므로 출입기자는 알고 있을 것으로 생각한다.

方(7번) : 나도 22번의 의견과 마찬가지이다. 신문은 어떠한 잘못이 있
는지 예산 전체를 들어 또 부민 대표인 우리 공직자와 불순한 관계
가 있는 것처럼 기재하고 있어 매우 분개한다. 부는 어떤 교섭을 했
는지 알고 싶다.

번외(吉村) : 정식으로 회의에 부의한 다음 상세히 판명될 것으로 믿
는다. 지금까지는 아무런 교섭을 하지 않았다.

---

4) 「染病의 原因과 水道 地方費補助로 말썽, 부 협의회의 첫날은 질문으로 끝나 京城
府協議會의 第一日」, 『매일신보』 1928.3.11.

李(16번) : 어떤 신문에는 버스 부영은 불순한 동기가 깔려 있다든가, 불순한 이익을 챙기기 위한 계획이라는 등의 내용을 적고 있다. 다른 일은 알지 못하지만 나는 관여하지 않은 바이다. 부 당국은 불순한 동기, 불순한 이익을 탐하기 위한 계획이라는 것은 인정하는가 아닌가. 만일 그렇지 않다고 한다면 어째서 이러한 기사에 대해 조사할 생각을 하지 않았는가.

金(18번) : 여러 질의가 나왔으므로 사족을 붙일 필요는 없지만 원래 신문기사를 그대로 확인하는 것은 아니지만 모 의원은 자동차 구입의 알선료를 취했다든가, 부민에게 막대한 손해를 주는 사업을 어째서 부가 경영하는가 등을 적고 있는데 사실이라고 한다면 어떤 의원이라는 것을 언명하여 일반 의원의 명예를 훼손시키지 않기를 바란다.

寺尾(25번) : 신문기사에 대해 불쾌하게 생각하는 사람 중 한 명이다. 버스 부영 계획에 대해서는 부윤이 각 신문에 발표하여 양해를 구한 다음 다소 실수가 있었다고 생각한다. 예를 들면 자동차 매입에 수수료를 취했다는 것 등은 실로 그냥 넘어갈 수 없다. 버스 부영에 반대라면 반대해도 상관없다. 단, 잘못된 것을 그런 식으로 쓴다면 우리 협의원은 부민의 오해를 받게 된다. 무언가 불순한 입장에 있는 것처럼 말한다면 우리는 반대로 당신은 전등회사와 불순한 점이 있지 않은가라고 말하지 않을 수 없다. 진흙탕 싸움이 될 것이다. 있지도 않은 것을 상상하여 기사를 쓰는 것은 온당하지 않다. 그러나 이야기를 들은 이상 어디까지나 명확히 해야 한다. 부윤에게 무언가 실수는 없었는지 오해를 받는 사실이 없는지 듣고 싶다.

河合(2번) : 25번과 동감인데 본안이 제출된 까닭을 좀 더 일반에게 양해시키는 방법을 취하기 바란다. 자문안 7호 특별회계를 일으킨 이

유를 제시하고 있는데 상세히 장래에 부의 계획상으로부터 혹은 교
통정리 등 모든 점을 고려한 다음 본안이 나온 것으로 생각한다. 지
금 신문에서는 여러 가지 논의가 나오고 있는데 부 당국은 일반인
에게 잘 이해를 시킬 방법을 취하는 것이 어떠한가.

池田(9번) : 나는 의사규칙을 잘 알고 있지만 어쩌면 탈선할 지도 모르
겠다. 그러나 탈선은 협위원의 권리에 입각한 것이기 때문에 잠시
들어주시기 바란다. 버스 부영에 대해 택시, 車帳場, 나아가 전기회
사 등의 반대가 있는 것은 영업상 어쩔 수 없는 일이라고 생각한다.
오늘 차장장이 제출한 진정서도 매우 지당하다. 당연한 반대라고
생각하는데 신문을 보면 일부의 반대가 아니라 전 시민 모두의 반
대라는 것으로 되어 있다. 특히 지난번에 大村 군의 8항에 걸치는
질문에 대해 신문은 돌격적 질문이라고 매우 칭찬하였다. 신문으로
서는 그렇게 할 수도 있는 것인데 의원으로서는 과거 3개월간 부가
조사 연구를 하였던 大村 군은 당시 상경해 부재중이었는데 다른
의원 사이에서는 전부 간담회에서 토의 연구를 충분히 한 문제이
다. 大村 군은 부재중이었기 때문에 그러한 질문을 내놓았다고 생
각한다. 나는 이사자의 제안에 대해 반대한다면 신문은 기뻐하며
이것을 게재하는 것을 항상 유감스럽게 여긴다. 왜냐하면 내지에
있어서는 중의원에서도 현회, 시회에 있어서도 당파적 색채가 분명
하다. 따라서 이사자의 제안을 여당은 지지하고 반대파는 반대한
다. 그런데 조선에서는 의원은 민선이고 사장, 즉 부윤은 관리라는
제도이다. 이러한 제도에 있어서는 반대자를 옳다고 칭찬하는 것은
매우 틀린 것이 아닌가. 만약 반대하기 위한 반대자를 칭찬한다면
장래 府政의 활용, 운용상 상당한 지장을 가져올 것으로 생각한다.
이전의 협의회원과 같이 반수는 민선이고 반수는 관선이라면 모르

겠지만 전부 민선의 시대에 일부러 이사자에게 반대하는 것을 칭찬하는 기사를 게재하는 것은 우리는 신문의 무이해, 무례함을 지적하지 않을 수 없다. 나는 항상 이를 유감스럽게 생각한다. 우리는 이사자의 제안에 대해 옳은 것은 옳다고 하고 잘못된 것은 잘못됐다고 하고 옳다면 바로 협찬하고 질문할 것은 질문을 해온 것이다. 조선신문의 기사를 보면 실로 유감을 금할 수 없다. 9일자 신문에는 공직자의 공명심에서 이것을 계획했다. 혹은 불순한 동기에서 부 재정을 돌보지 않고 부민에 대해 부담을 강요하는 것이라고 말하고 있다. 10일에는 불순한 이익을 취득한 것은 수상하다. 11일에는 협의원 가운데 본 문제에 열심인 것은 池田, 成松 이하 누구누구 무리이다. 부윤이 정실에 사로잡혀 제안하고 협의원은 얼씨구나 하고 찬성했다. 12인에는 계획자인 부윤도 조만간 지사가 되면 스스로 언명하였기 때문에 어떻든 이 문제가 실현된다면 손해가 될 지도 모르지만 나중에 어떻게 되던 상관없다는 무책임하다고 말한다. 매우 괘씸한 글이 아닌가. 만일 불순한 것이 어떠한 것을 가리키는가, 혹은 유곽의 이전 등에는 그러한 문제가 일어날지도 모른다. 버스를 제안한 것이 어째서 불순한지 이해하기 힘들다. (하략-편자)

3) 1928년 3월 19일 경성부협의회 회의록

항 목	내 용
문 서 제 목	京城府協議會會議錄拔萃
회 의 일	19280319
의 장	경성부윤 馬野精一
출 석 의 원	山崎鹿藏 외 22명
결 석 의 원	河合治三郎 외 5명.
참 여 직 원	吉村傳(조선총독부 부이사관)외 18명
회 의 書 記	
회 의 서 명 자 (검 수 자)	
의 안	자문안 제20호, 제16호, 제21호에 관한 건
문 서 번 호(ID)	CJA0002664
철 명	경성부관계서류
건 명	경성부협의회회의록발췌
면 수	2
회의록시작페이지	348
회의록끝페이지	349
설 명 문	국가기록원 소장 '경성부관계서류'철, '경성부협의회회의록발췌'건에 포함된 1928년 3월 19일 경성부협의회 회의록

해 제

이 회의록(총 2면)은 국가기록원 소장 '경성부관계서류'의 '경성부협의회 회의록 발췌' 건에 포함된 1928년 3월 19일 경성부협의회 회의록이다. 국가기록원에 소장되어 있는 문서번호 CJA0002664의 경성부 관계 서류에 포함되어 있다. 이날의 회의는 꽤 순조로워서 의장의 주도에 따라 자문안이 이의 없이 통과되는 모습을 볼 수 있다.

이날의 회의 모습에 대해서『매일신보』는「예산안과 기타 안건 위원회 열고 심의, 사흘 동안은 위원회만 연다, 경성부협의회 제9일」이라는 제목으로 다음과 같이 전하고 있다.

"吉村 내무 과장이 의장대리로 등단, 의사를 집행하기 전에 方奎煥 의원이 경성부윤을 칙임관으로 하여 달라는 것은 우리의 다대 숙망으로 정부에서도 문제로 삼아 오던바 금번 馬野 부윤이 칙임대우로 되었으니 우리 부윤은 馬野 부윤과 한 가지 기뻐하지 않을 수 없다는 축사가 있은 후 의사진행에 들어가 1928년 세입세출 예산입 경상부 사용료 및 수수료로부터 상정하여 교부금, 재산으로부터 생기는 수입, 수도 공사비 수입, 수입증지 수입 잡수입과 및 세입 임시부까지 약간의 질문이 있을 뿐으로 예산안 1독회 종료, 그 뒤를 이어 수도 급수 조례 중 개정의 건, 기본 재산 축적 및 관리 규정 중 개정의 건, 수산시장 설비 매수비 충당 기채의 건, 사회관 사용 조례 설정의 건, 수도 확장 공사비 계속 연기 및 지출 방법 설명의 건, 수도 확장 공사비 충당 기채의 건 등을 상정하였는데 별반 질문이 없이 일 독회를 마치고, 부외 급수의 건에 대하여는 즉시 원안 가결을 하고 오후 4시 20분에 휴게하였다가 동 35분에 재개, 이상 제2독회를 열기 전에 먼저 전 의원 위원회를 열기로 하고 오후 4시 55분에 폐회하였다."[5]

본 회의록 발췌록은 이날의 안건이 원안대로 통과되었던 분위기를 전하기 위해 작성되었던 것으로 보인다.

---

5) 「豫算案과 其他案件 委員會열고 審議 사흘 동안은 위원회만 연다【京城府協議會 第九日】」,『每日申報』1928.3.21, 1면.

내 용

의장(부윤) : 질문이 없으시면 자문안 제20호로 이동.

(자문안 제20호 낭독)

('질문 없음'이라고 말하는 자가 있음)

의장(부윤) : 질문이 없으면 자문안 제16호 내지 제21호 모두 독회하여 의논함에 의의 있습니까.

('이의 없음'이라고 말하는 자가 있음)

의장(부윤) : 이의가 없는 것 같으므로 의회에 부의하여 결정한다.

(중략)

의장(부윤) : 회의를 속행하기로 한다. 본 회의에 부의된 자문안은 전부 제1독회를 통과하여 독회에 부치기로 결정하였다. 계속해서 2독회를 열 것인지 아니면 전례에 따라 위원 부탁으로 할 것인가.

7번(方) : 전례에 의해 전부 일괄해서 위원 부탁에 하는 것은 어떠하겠는가.

('찬성'이라고 말하는 자 있음)

의장(부윤) : 위원의 조직은 어떻게 할까.

7번(方) : 전원 위원으로 했으면 한다.

의장(부윤) : 지금 의견대로 전례에 의해 위원 부탁으로 위원의 수는 전원으로 하는 것에 이의 없는가.

('이의 없음'이라고 말하는 자 있음)

(중략)

의장(부윤) : 전원 위원으로 하는 것에 찬성자가 다수이므로 일괄해서 전원 위원에 부탁함.

(하략-원문)

4) 1928년 3월 26일 경성부협의회 회의록

항 목	내 용
문 서 제 목	京城府協議會會議錄拔萃
회 의 일	19280326
의 장	경성부윤 馬野精一
출 석 의 원	山崎鹿藏 외 22명
결 석 의 원	송달섭(宋達燮) 외 4명
참 여 직 원	吉村傳 외 6명
회 의 書 記	
회 의 서 명 자 (검 수 자)	
의 안	자문안 제13, 제16, 제17, 제18, 제19, 제20, 제23호
문 서 번 호 (I D)	CJA0002664
철 명	경성부관계서류
건 명	경성부협의회회의록발췌
면 수	2
회의록시작페이지	353
회의록끝페이지	354
설 명 문	국가기록원 소장 '경성부관계서류'철, '경성부협의회회의록발췌' 건에 포함된 1928년 3월 26일 경성부협의회 회의록

해 제

이 회의록(총 2면)은 국가기록원 소장 '경성부관계서류'의 '경성부협의회 회의록 발췌' 건에 포함된 1928년 3월 26일 경성부협의회 회의록이다. 국가기록원에 소장되어 있는 문서번호 CJA0002664에 해당한다. 이 서류에 포함되어 있는 자문안 제18호와 제23호의 내용은 다음과 같다.

- 자문안 제18호 경성부 사회관 사용 조례 제7조 제1항 제2호 중 "정사(政事) 또는"을 삭제. 기타 원안에 동의.
- 자문안 제23호 소화3년도 경성부 세입출 예산 중

1. 세출 경상부 제8관 전염병 예방비 잡급(雜給)에 9,720원 수용비에 5,280원 계 1만 5천 원을 증액하여 하수구거(下水溝渠) 기타 소독적 청결비에 충당함.

2. 세출 경상부 제18관 경비비 제1항 상비 소방 부담금 9만 원을 7만 50원으로 수정함.

3. 세출 임시부 제11관 경비비 소방조 대기소 부지 매수비에 980원을 증액함.

4. 세출 임시부 제20관 하천 부담금 만 6천 원을 2만 3천 원으로 수정함.

1928년 3월 28일 『매일신보』는 「의원들의 열변에 삭감수정을 결행, 경성부협의회는 이로써 끝나, 경성부의회종료」라는 제목으로 다음과 같은 기사를 실었다.

"경성부협의회 전원위원회에서 연일 심의 중이던 1928년도 경성부 예십출 예산안에 대한 자문안과 기타 6건의 부탁 의안은 26일 오후 5시 반에 전부 심의를 마치고 즉시 본회의를 다시 열고 위원장 비총(肥塚)의원의 보고가 있었는데 자문안 제13호, 부리원 봉급 조례 중 개정의 건, 제16호 경성부 기본 재산의원 및 관리 규정 중 개정의 건, 제17호 경성 수산시장 설비 매수비 충당 기채의 건, 제19호 경성부 수도 확장 공사비 계속 연기 및 지출 방법 설정의 건, 제23호 경성 수도 확충 공사비 충당 기채의 건 등 5건은 모두 원안에 동의하고 제18호 경성부 사회관 사용 조례 설정의 건과 제23호 3년도 예산안에 대하여

는 일부 수정하기로 하였는데 그 내용은 사회관 사용 조례 중 정사 집
회에는 빌리지 말자는 것을 빌려도 좋게 되었으며 3년도 세입출 예산
의 수정 내용이 포함되어 있다.

이에 대하여 馬野 부윤으로부터 수정안 제1, 2, 4조는 수정에 동의
하나 제2조에는 동의할 수 없음으로 원안대로 실행할 수밖에 없다하
여 소방비 삭감문제로 한참 동안 의론이 분분하여 방규환, 이승우, 김
사연, 한만희 씨 등 열변을 토하고 다시 소위원 5명을 상정하여 재차
상의케 한 결과, 소방비 부담금 9만 원을 8만 원으로 하여 1만 원을
삭감하기로 하고 제2, 3 독회를 폐하고 의안 전부를 가결한 후 7시 반
에 폐회하였는데 이로써 경성부 협의회 통상회의는 무사히 마쳤다."6)

내 용

의장(부윤) : 개회하겠습니다. 출석인원 23명, 본원 위탁이 된 자문안
　　제13, 제16, 제17, 제18, 제19, 제20, 제23호, 여기에 20일부터 26일까
　　지 5일간 위원회를 개최하였습니다. 지금부터 위원장 보고를 듣겠
　　습니다.
29번(肥塚) : 위원회의 경과에 대해서 보고드리고 싶습니다. 의장의
　　말씀을 통해 20일부터 본일까지 5일간 위원회를 개최했습니다. 부
　　기(附記)와 같이 각안에 대해 신중한 심사를 하여 이제 그 경과를
　　보고드리고 다음으로 제13호안은 원안 그대로 이견 없이 (중략) 제
　　19호안도 원안대로 동의를 합니다. 제20호안도 역시 마찬가지로 원
　　안에 동의를 표합니다.

6) 「議員들의 熱辯에 削減修正을 決行 경성부협의회는 이로써 끗나 京城府議會終了」,
　　『每日申報』 1928.3.28, 1면.

(중략)

("채결, 채결" 소리가 일어남)

의장(부윤) : 채결하겠습니다. 자문안 제13호 내지 20호, 제23호, 이상 7안을 일괄하여 채택하고 29번 위원장이 보고한 수정의견에 이의 있습니까.

("이의 없음" "독회 생략" 소리가 일어남)

의장(부윤) : 그러면 독회를 생략하고 위원장의 수정대로 결정하자고 생각해도 이의 없습니까.

("이의 없음" 소리가 있음)

의장(부윤) : 만장일치 이의가 없으므로 이상 7안은 독회를 생략하고 위원장 보고대로 결정합니다.

(하략-원문)

5) 1928년 6월 14일 경성부협의회 회의록

항 목	내 용
문 서 제 목	京城府協議會會議錄拔萃
회 의 일	19280614
의 장	경성부윤 馬野精一
출 석 의 원	山崎鹿藏 외 23명
결 석 의 원	方奎煥 외 3명
참 여 직 원	高橋源六 외 9인
회 의 書 記	
회 의 서 명 자 (검 수 자)	
의 안	경성부 승합자동차 조례에 의한 고시의 건
문 서 번 호 (I D)	CJA0002664
철 명	경성부관계서류
건 명	경성부협의회회의록발췌
면 수	2
회의록시작페이지	160
회의록끝페이지	161
설 명 문	국가기록원 소장 '경성부관계서류'철, '경성부승합자동차조례에 의한고시의건-경성부협의회회의록첨부건'에 포함된 1928년 6월 14일 경성부협의회 회의록

해 제

이 회의록(총 2면)은 국가기록원 소장 '경성부관계서류'의 '경성부 승합자동차 조례에 의한 고시의 건- 경성부협의회 회의록 첨부'에 포함된 1928년 6월 14일 경성부협의회 회의록이다. 버스 노선의 재조정과 버스 대수 증가, 시범 운행의 시행과 철저한 점검으로 안전 운전을 주문하고 있는 협의회원들의 모습을 볼 수 있다.

내 용

22번(成松) : 버스 경영의 현황과 금후의 방침을 여쭙고 싶습니다.

번외(高橋) : 금월 3일부터 노선의 확장으로 동대문부터 의주통 방면을 향해 1선을 늘리고, 요금은 경성역에서 장충단 및 동소문행 선을 7전으로 하고 동대문부터 의주통행 선을 7전 균일하게 하기로 하였습니다. 1일의 수입은 140~150원, 일요일은 230~240원으로 하루에 150원으로 50원 오르고 황금정선에서 올라오는, 근처의 버스 대수를 증가시켜 일반 민중의 편의를 도모하도록 현재 절차가 진행중입니다. 종로 방면은 언제라도 만원이어서 20분 내지 1시간도 기다려야 합니다. 당초 가결할 대수 정도로 증가하여 운행할 방침입니다.

18번(金) : 버스에 시험 운행을 거쳐 실행 시대로 들어갔다고 생각합니다. 버스가 탄생한 동기에는 여러 가지 의견이 있겠지만 지금 상당한 성적을 보이고 있는 것은 마음 든든하며 앞으로 경영이 잘된다면 경성부의 하나의 재원이라고 생각하므로 이제부터 노선 그 외 시설에도 적극적으로 해야 하는 시대인 셈입니다. 동대문선은 만원인 상태를 목격하여 우리들은 매우 유쾌하지만 현재에도 20~30분 기다려서 승차해야 하는 모양인데 대수의 부족함을 느낍니다. 그 수를 증가시켜야 합니다. 또 노선의 위치를 조금 변경하여 교통량과 지세를 감안하고 종로를 기점으로 해서 동서남북의 선을 연장해야 한다고 생각하고 또 갈아타면서 이용하는 승객의 편의도 적극적으로 고려해야 합니다. 즉 대수를 늘리고 다시 현 선로에 더해서 종로 또는 황금정을 중심으로 계획해야 합니다.

번외(高橋) : 남대문역에서 남대문통을 통해 종로에 가는 노선도 현재는 노선으로 고려하고 있기 때문에 곧 차량도 늘리는 한편 제조하

여 버스의 대수를 늘리는 것을 고려한 후 계속해서 늘려가겠습니
다.

의장(부윤) : 모두의 열렬한 요망에 의해 버스 편이 애초의 계획대로
실행되어야 합니다.

(하략-원문)

6) 1929년 3월 22일 경성부협의회 회의록

항 목	내 용
문 서 제 목	京城府協議會會議錄拔萃
회 의 일	19290322
의 장	吉村傳(경성부 내무과장)
출 석 의 원	山崎鹿藏(1) 외 21명
결 석 의 원	河合治三郎(2) 외 4명
참 여 직 원	奧山仙之(조선총독부 이사관) 외 23명
회 의 書 記	
회 의 서 명 자 (검 수 자)	
의 안	자문안 제6호 경성부 승합자동차 사용조례 중 개정안
문 서 번 호 (I D)	CJA0002731
철 명	경성부관계서류
건 명	경성부승합자동차사용조례중개정의건
면 수	8
회의록시작페이지	108
회의록끝페이지	115
설 명 문	국가기록원 소장 '경성부관계서류'철의 '경성부승합자동차사용조례중개정의건'에 포함된 1929년 3월 22일 경성부협의회 회의록 발췌본

해 제

본 회의록(8면)은 국가기록원 소장 '경성부관계서류'철의 '경성부승합자동차사용조례중개정의건'에 포함된 1929년 3월 22일 경성부협의회 회의록의 발췌본이다. 자문안 제6호 경성부 승합자동차 사용조례중 개정 건, 제7호 1929년도 경성부 특별회계 승합자동차비 세입출 예산의 건, 제8호 경성부 승합자동차 충당 기채의 건 등 승합자동차와 관련한 안건의 제1독회 내용이다.

같은 문서철에 포함된, 경성부 내무국장이 경기도지사 앞으로 보낸 '승합자동차 사용조례 중 개정 건'의 개정 이유는 다음과 같다.

"경성부 승합자동차 사용조례에 의한 승차료는 1區 7전을 징수하고 있다. 1928년도 실적에 의하면 1哩당 수입 17전 788의 승객 수를 보이는데, 교통량 증가에 따라 승객 수는 점차 증가하는 추세이므로 1929년도부터 새롭게 차 10대를 구입하여 원활한 운전을 기하고자 한다. 이와 함께 승차료 1구 7전이던 것은 1928년도가 창업 초년에 속해 부민들도 그 사용에 익숙하지 않고 전차 임금에 비해 어느 정도 고액이었다. 차의 대수 역시 소수였기 때문에 기다리는 데 시간을 허비하는 등의 이유로 前記한 성적에 그쳤다. 계획 당초의 예상액인 1리당 21전 161에 도달하지 못했으나 본 사업은 기왕의 실적에 비추어 1리당 18전의 수입이라면 경영상 지장 없음을 확인함으로써 위 18전을 기초로 하여 1929년도 계획을 수립했다. 그래서 1구 승차료 7전을 5전으로 인하하면 승차 인원에 있어서 1리당 1인 1푼 강의 증가가 되나 전차 임금과 동률로 되고 속력도 우월할 뿐 아니라 운전 계통의 정리 증가와 배차 수의 증가에 의해 현저히 승객의 편리를 증가시키고 교통량의 증가 및 부민이 점차 사용에 익숙해지는 것에 따라 상당히 승객 수를 증가시킬 예정이므로, 전기 1리당 1인 1푼 이상의 증가는 불가능하지 않으므로 허가되는 것이 가하다고 생각함."

그리고 조례 개정의 참조로서 고베시(神戶市)의 전기궤도승차료 조례를 들고 있다. 이로써 조례에서 제3조 중 보통승차권 '1區券 7전'을 '1구권 5전'으로, 회수승차권에서 '15區券 1원'을 '21구권 1원'으로, '31구권 2원'을 '43구권 2원'으로 고치는 등의 개정을 하고자 했다.[7]

즉 경성 부영 버스의 성적은 꽤 양호하여 이익을 보던 중이었고

1929년 4월 1일부터 버스를 새로 10대 증설하고 요금을 5전 균일로 감하하고자 예산편성을 하고 부협의회에 부의된 것이다. 버스가 증설됨에 따라 버스걸도 30명을 채용하고자 시험을 치렀는데 응모자가 130명에 달해 4배 이상의 여성들이 모였다. 응모자는 대개 보통학교 졸업자였다.[8]

또 회의에서는 버스 운전 시간을 밤시간까지 연장하자는 의견도 나오고 있는 것을 볼 수 있다. 부영 버스 운전 시간은 원래 오전 8시부터 오후 6시였다가 1929년 5월 1일부터 오전 7시부터 오후 10시까지로 변경되었다.[9]

내 용

(전략-원문)

의장(吉村博 경성부 내무과장) : 제6호안의 제1독회를 열겠습니다. 자문안 제6호 경성부 승합자동차 사용조례 중 개정 건.

("질문 없음" "이의 없음" "찬성"이라 말하는 자 있음)

의장(吉村博 경성부 내무과장) : 자문사항 제7호 1929년도 경성부 특별회계 승합자동차비 세입출 예산의 건.

("질문 없음" "이의 없음"이라 말하는 자 있음)

의장(吉村博 경성부 내무과장) : 그러면 다음으로 넘어가 제8호 경성부 승합자동차 충당 기채의 건.

---

7) 「경성부 승합자동차사용조례 중 개정의 건」, 『경성부관계서류(CJA0002731)』, 1929, 국가기록원.
8) 『동아일보』 1929.3.17.
9) 『동아일보』 1929.5.2.

의장(吉村博 경성부 내무과장) : 일괄해서 질문해주시기 바랍니다.

寺尾猛三郎(25번) : 예산 심의에 들어가기 전에 자동차 계획에 관해 묻고 싶은데, 처음 계획과 거의 다릅니다. 府營이 된 당시에는 상당히 세간의 비난도 있었지만 저는 찬성한 사람입니다. 선배인 大村 씨 앞에서는 별로 큰 소리로 말하지 않았지만 저는 이에 대해 시민으로부터 송덕표를 받으리라 예상합니다.(웃음소리) 그러나 부가하는 방식이 좋지 않고 자신의 영리만을 생각해 시민 일반의 이익을 주지 않는다는 비난을 듣는 것은 유감입니다. 물론 이것도 제가 처음에 찬성한 취지가 좋지 않은 결과를 낳은 것이면 저는 그 책임을 지지 않을 수 없습니다. 예정선을 우선 어디부터 어디로 할지, 차 수는 얼마나 하면 적합할지, 시간은 몇분 정도 나오는지 이런 것에 대해 성의있는 답변을 듣고 싶습니다.

번외(古木) : 시간이 맞지 않는 것은 우리 담당자들도 잘 알고 있지만 현재 차륜으로 현재 거리를 달리면 현재 이상 시간을 단축하는 것은 불가능합니다. 그러나 최선의 노력을 다해 이걸 보완하려고 합니다. 노선은 처음 발표한 선을 다양하게 고려하여 우선 시험적으로 하고 있는 것인데 말씀해주신 노선 전부를 달릴 수는 없습니다. 여기에 노선의 도면도 있습니다만 내년도에는 대체로 이 계획으로 예정을 실행할 것입니다. 시간에 관해서도 표가 있습니다.

의장(吉村博 경성부 내무과장) : 도면이라든가 세부적인 것이 나와서 위원회에서 심의하면 어떨까 생각하는데 도면 등이 여기에 첨부되었지만 잘 보이지 않습니다.

寺尾猛三郎(25번) : 현재 하는 방식은 제가 협찬한 방법에 의한 것입니다. 그것이 여하튼 시민에게 만족을 준다는 답변은 크게 만족스럽습니다. 만족하지 못하는 점은 만족 가능하도록 방법을 취해주길 바랍니다.

번외(古木) : 지금은 올해 실적을 말씀하신 것이고 내년도에는 충분히 기대에 부응하도록 하겠습니다.

寺尾猛三郎(25번) : 그러면 위원회에서 듣겠습니다.

("질문 없음")

大村百藏(27번) : 저는 자문안 순서를 변경했으면 합니다. 즉 기채사업 같은 것은 총예산을 심의한 후 예산에 다소 여유를 보는 것이 가능하면 거기에 찬성한다든가 혹은 찬성 못한다든가 할 텐데, 근본은 예산의 상황 여하에 의한 것이므로 그런 식으로 하길 원합니다. 어제도 대체적으로 질문했지만 오늘은 의원 중에도 제가 질문한 취지에 공감하는 의견도 나왔습니다. 사실 저는 마음이 아픕니다. 오늘은 부윤이 병에 걸려 출석을 못해서 吉村 내무과장이 회의장을 통솔하고 당국자로서 질문 응답도 하고 있는데, 제가 이러저러하게 당국을 향해서 곤란한 말을 쏟아내는 것은 무정한 점도 있겠지만, 실은 부윤이 출석하지 않았을 때가 가장 제 의견을 말씀드리기에는 상황이 좋다고 느껴집니다. 제 의견으로는 경성부 재정은 현재 방만한 예산에 대해 철저히 정리를 가하지 않으면 안된다고 생각합니다. 그런데 前부윤은 함경남도에 가고 새 부윤은 출석하지 않았습니다. 이 기회가 예산에 대해 개정을 가할 가장 적당한 시기입니다. 전 부윤 재임 때부터 매년 말씀드리는 것이 있는데, 여하튼 부윤들에게서 보여지는 점은 자신의 재임 중 뭔가 새로운 사업에 손을 뻗으려고 합니다. 전 부윤, 그 전 부윤도 역시 그런 경향이었습니다. 버스 같은 것도, 제가 당초에 반대한 의견은 조금도 정정할 필요가 없습니다. 지금 제가 존경하는 寺尾 씨는 제가 이미 말씀드린 점을 질문하고 있습니다. 처음에는 전차 등은 피하고 다른 방면으로 운전하면 어떤가 하는 의견이었습니다. 그 점은 확실히 우리에게 보여진 것입니다. 그런데 처음의 목소리와 다르게 전차선과 경쟁하는 현재의 상태에서 보면, 오히려 전차가 통하지 않는 곳이 가장 필요합니다. 또는 교외에 전차를 이용하기 어려운 장소에 운전해서, 그래야 버스 같은 새로운 사업을 시도한 의의가 살아날 수 있습니다. 여하튼 이 버스 운전은 현재 경성부 재정 및 실제의 필요에서 보아도 꼭 해야 하는 사업은 아니라고 생각합니다. 금년은 더 의의가 있는 새로운 안건이 제출되어 있습니다. 거기에는 크게 공명합니다. 세민주택 같은 것, 혹은 공설질옥 같은 것은 현대 도시로서 소위 사회정책적 중요한 의의가 있는 사업으로서, 저는 그런 취지에 찬성을 말씀드립니다. 실은 부 당국은 사회정책 등을 입으로만 말합니다. 즉 현재까지 예산을 보아도 혹은 사회개량이라든가 하는 안을 계상하고 있지만, 그것은 사실 이야기할 만한 것이 못됩니다. 그런데 이번에는 우리가 가장 필요를 느끼는 공설질옥 혹은 세민주택 경비 같은 것이 계상되어 있습니다. 그러나 이것은 어제 말씀드린 것처럼 자발적이 아니라 소위 타율적인 것이고 하지 않으면 안되는 사정이 있었기 때문인 것입니다. 저는 그 취지에는 찬성하지만 여하튼 현재까지 보면 옛 부청 토지를 처분한다 해도 될 수 있는 한 세심하게 했으면 합니다.

小林藤右衛門(23번) : 긴급동의를 제출합니다. 지금 大村씨의 의론을 잘 들었습니다. 그런데 지금 자문안 이외의 문제로 이동하는 것 같습니다.

大村百藏(27번) : 순서를 변경해달라는 이유로서 말씀드린 겁니다.(웃음소리) 옛 경성부청사 자리에 대해서도 이걸 처분할 거면 빨리 처분하면 매년 많은 이자를 부담하지 않아도 됩니다.(중략-편자)

藤村忠助(4번) : 1독회입니까, 2독회입니까.

("진행" "의장, 회의장을 정리해주세요. 저런 걸 멋대로 말해도 된다면 나도 해"라고 소리치는 자 있음)

大村百藏(27번) : 저는 발언을 허가받은 겁니다.

의장(吉村博 경성부 내무과장) : 1독회입니다. 간단히 설명을 원합니 다.

大村百藏(27번) : 요컨대 저는 이 예산에 대해서는 아마비키(天引)[10] 주의로 진행할 예정입니다. 또 명칭만 그럴듯하고 실질적인 것은 없는 의안은 이번에는 삭제하지 않으면 안 된다고 생각합니다. 1929년도 예산 중 엄밀히 심의하면 삭감할 만한 여지가 있다고 생 각합니다. 이같이 예산을 심의하면 그 중 1할 즉 천육백만, 육십만 의 삭감이 가능하다고 믿습니다. 제 말대로 되지 않을 것도 많이 있 습니다. 도로 계획 같은 것.

의장(吉村博 경성부 내무과장) : 좀 기다려 주십시오.

武上安一(5번) : 그런 것은 2독회에서 합시다.

의장(吉村博 경성부 내무과장) : 총예산을 먼저 논의하자는 겁니까.

大村百藏(27번) : 결국 예산 심의를 먼저 하고 기채가 필요한 안을 예 산 심의 끝내고 심의하는 게 좋다고 생각합니다.

池田長次郎(9번) : 지금 大村 씨의 의견은 저도 존중하지만, 유감이라 면 제1독회에서의 권한을 넘어섰다고 생각합니다. 특히 버스 문제 에 관해 교통기관이 완비되어 더구나 그것이 유일한 재원이 되는 문제에 관해 언급하면, 大村 씨 對 우리의 문제가 생깁니다. 저는 大村 씨의 의지를 존중하여 6호 의안까지는 기채에 관한 문제는 1독

10) 미리 일정액을 공제함.

회 2독회, 3독회를 열어 가결하고 싶지만, 6호 의안 이하는 모두 1독회에서 마지막에 가결하면 어떻습니까. 大村 씨, 어떻습니까.

大村百藏(27번) : 좋습니다.

의장(吉村博 경성부 내무과장) : 잠시 휴식하겠습니다.

(오후 3시 25분 휴식, 오후 3시 40분 재회)

의장(吉村博 경성부 내무과장) : 개회합니다. 오해가 있을까 해서 좀 말씀드리면, 2호 3호 29호는 수속상 급한 것이므로 따로 분리해서 심의를 바라지만, 6호 이하는 1독회에서 논의하는 것으로 심의를 부탁드립니다.

大村百藏(27번) : 질문이 끝나면 2독회에 회부하는 것만은 뒤에 하고 싶습니다.

池田長次郎(9번) :지금 9호 의안입니까?

의장(吉村博 경성부 내무과장) : 8호의안입니다.

("질문 없음"이라 소리치는 자 있음)

成松綠(22번) : 1독회에서 이 문제에 관해 당국에게 묻고 싶습니다. 예산에 간접적인 문제이지만 버스 운행은 낮 동안만 하고 있는데 연장할 수는 없는 겁니까. 또 하나, 버스 운전은 교통기관의 사명으로서 부민이 이익을 얻는 것이 아니면 안됩니다. 예를 들면 한강 연화대회가 있거나 혹은 경마가 있다든지 이런 특별한 경우 허가를 주지 않는 노선은 운전이 불가능합니다. 이런 점에 관해 감독관청과 연결하여 자유롭게 가능하도록 하면 어떻습니까.

의장(吉村博 경성부 내무과장) : 야간 운전은 시기의 관계가 있는데, 해질무렵까지도 하는 것으로 되어 있습니다. 그리고 특수한 경우는 당국과 교섭하여 임시운전으로서 장래 그러한 필요가 있는 경우 간단한 허가에 의해 운전할 수 있도록 할 생각입니다.

("질문없음")

의장(吉村博 경성부 내무과장) : 다음으로 제9호 공익질옥비 특별회계
　설정의 건.

(하략·원문)

7) 1929년 3월 23일 경성부협의회 회의록

항 목	내 용
문 서 제 목	京城府協議會會議錄拔萃
회 의 일	19290323
의 장	吉村傳(경성부 내무과장)
출 석 의 원	山崎鹿藏(1) 외 21명
결 석 의 원	河合治三郎(2) 외 4명
참 여 직 원	奧山仙之(조선총독부 이사관) 외 16명
회 의 書 記	
회 의 서 명 자 (검 수 자)	
의 안	제14호 국세 및 지방세 부가세 부과 징수 조례 중 개정의 건
문서번호(ID)	CJA0002731
철 명	경성부관계서류
건 명	경성부부세특별소득세조례폐지의건
면 수	2
회의록시작페이지	61
회의록끝페이지	62
설 명 문	국가기록원 소장 '경성부관계서류'철의 '경성부부세특별소득세 조례폐지의건'에 포함된 1929년 3월 23일 경성부협의회 회의록

> ## 해 제

　본 회의록(2면)은 국가기록원 소장 '경성부관계서류'철의 '경성부부세특별소득세조례폐지의건'에 포함된 1929년 3월 23일 경성부협의회 회의록의 발췌본이다. 회의내용 중 자문안 제14호 경성부 국세 및 지방세 부가세 부과 징수 조례 중 개정 건에 대한 논의 내용이 게재되어 있다. 1929년부터 세제가 변동되어 소득세 부가세의 일부와 특별소득세는 지방세로 이동했으므로, 부는 지방세 특별소득세 부가세 항목을 새로 만들었다. 또 시가지세령을 폐지, 소득세 부가세의 부과율의 개정과 지세 부가세를 징수하는 내용으로 조례개정을 하고 있다.

개정된 내용은 다음과 같다.

제1조 중 '시가지세 부가세'를 '지세 부가세'로, '소득세 부가세는 본세 1원에 대해 금 14전'을 '소득세 부가세는 본세 1원에 대해 금 7전'으로 바꾼다. '지방세 차륜세 부가세는 본세 1원에 대해 금1원'의 다음에 '지방세 특별소득세 부가세는 본세 17전에 대해 금 7전'을 더한다.

제1조의 2, 제1항에서 '부의 내외에 걸쳐'의 위에 '소득세 부과를 받아'를 더하여 제2항의 뒤에 다음과 같은 1항을 더한다. '지방세 특별소득세 부과를 받아 부의 내외에 걸쳐 소득있는 법인은 매 사업 년도의 지방세 특별소득세액, 부의 내외로 구분한 소득 금액 및 그 소득금액의 비율에 의해 산출한 지방세 특별소득세 상당액을 지방세 특별소득세의 부과를 받은 후 1월 이내에 부윤에게 신고해야 한다.'

제2조 중 '단'의 아래에 '소득세 부과를 받아'를 '영업세 부가세'의 아래에 '및 지방세 특별소득세 부과를 받아 부 내외에 걸쳐 소득있는 법인에 대한 지방세 특별소득세 부가세'를 더한다.

제2조의 2에서 '주된 영업장을 갖지 않은 경우' 아래에 '또는 지방세 특별소득세 부가세의 납세 의무가 있는 법인'을 '또는 영업세 부가세'의 아래에 '또는 지방세 특별소득세 부가세'를 더한다.

부칙 본 조례는 1929년도분부터 적용한다.[11]

---

[11] 「경성부국세 및 지방세부가세 부과징수조례 중 개정의 건」, 경성부관계서류 (CJA0002731), 1929[국가기록원 소장].

내 용

의장(吉村博 경성부 내무과장) : 어제 보류한 자문안 제9호부터 11호
　까지 심의하겠습니다.

(중략-원문)

(자문안 낭독)

번외(高橋) : 府는 소득세 부가세 및 조선 내 본점을 가지지 아니한 지
　점 또는 출장소에게는 특별소득세를 부과했는데, 1929년도부터 소
　득세 부가세의 일부 및 특별소득세는 지방세로 이동시키기로 되었
　으므로, 부는 지방세 특별소득세 부가세를 취합니다. 그리고 조선
　은 시가지세와 지세가 있을 뿐인데 시가지세가 폐지됨으로써 지세
　부가세를 취하는 것으로 합니다.

("질문없음")

의장(吉村博 경성부 내무과장) : 질문 없으니 1독회를 종료합니다.

의장(吉村博 경성부 내무과장) : 다음은 자문안 제15호 1독회입니다.

("질문없음")

의장(吉村博 경성부 내무과장) : 질문 없으니 1독회를 종료합니다.

의장(吉村博 경성부 내무과장) : 다음은 자문안 제16호입니다.

("질문없음")

의장(吉村博 경성부 내무과장) : 질문 없으면 다음은 자문안 제18호로
　넘어가겠습니다.

(하략-원문)

8) 1929년 3월 29일 경성부협의회 회의록

항 목	내 용
문 서 제 목	京城府協議會會議錄
회 의 일	19290329
의 장	吉村傳(경성부 내무과장)
출 석 의 원	山崎鹿藏(1번), 藤村忠助(4번), 武上安一(5번), 三上豊(8번), 池田長次郎(9번), 李東善(11번), 李仁用(12번), 芮宗錫(13번), 安藤靜(14번), 李升雨(16번), 高木德彌(17번), 金思演(18번), 韓萬熙(21번), 成松綠(22번), 小林藤右衛門(23번), 大村百藏(27번), 肥塚正太(29번), 增田三穗(30번)
결 석 의 원	河合治三郎(2번), 富井實太郎(15번), 李恒鍾(19번), 鄭完圭(20번), 朴榮根(24번), 寺尾猛三郎(25번), 淺野太三郎(26번), 関溶鎬(28번)
참 여 직 원	奧山仙三(조선총독부 이사관), 吳斗煥(조선총독부 이사관), 高橋源六(조선총독부 이사관), 岩城信太郎(조선총독부 기사), 杉山食一(조선총독부 토목기사), 多村淺太郎(조선총독부 부주사), 眞野富太郎(조선총독부 부주사), 森岡收(조선총독부 위생기사)
회 의 書 記	
회 의 서 명 자 (검 수 자)	
의 안	자문안 제27호
문서번호(ID)	CJA0003232
철 명	부에관한서류철
건 명	경성부특별세수익세조례설정의건(도면회의록첨부)
면 수	8
회의록시작페이지	120(발췌본은 CJA0002731 86쪽 1면)
회의록끝페이지	127
설 명 문	국가기록원 소장 '부에관한서류철'의 '경성부특별세수익세조례설정의건'에 포함된 1929년 3월 29일 경성부협의회 회의록

본 회의록(8면)은 국가기록원 소장 '부에관한서류철'의 '경성부특별세수익세조례설정의건'에 포함된 1929년 3월 29일 경성부협의회 회의에서 경성부 특별세 수익세 조례 설정의 건에 대해 논의한 회의록이다.

경성부협의회 제8일은 3월 29일 오후 2시 15분부터 개최했다. 1929년부터 수익세 부과를 실시하자는 안이 상정되어 의장(吉村博 경성부 내무과장)이 그 내용을 설명한 후 池田長次郎(9번)이 국유지 부근의 땅을 가진 사람은 국가에서는 수익세를 부담하지 않는 관계상 그것까지 부담하게 되어 세액이 과중하지 않겠느냐고 질문하고, 기타 여러 의원들이 수익세가 주목되는 만큼 논의가 많이 나와서 "수습지 못할 결과를 초래할 형세"가 되어, 李升雨(16번)의 발언으로 위원회에 부탁하여 신중히 토의하게 되자고 되어 전원을 위원으로 하고 폐회했다.[12]

3월 20일자로 경성부윤이 부협의회에 자문한 제17호의 제안 이유는 다음과 같다. "도로 또는 광장의 신설, 확축, 노면 개량과 하수도 신설 또는 개량사업에 대해 특별 재원을 필요로 하므로 이들 사업에 의해 현저한 이익을 보는 자에 대해 수익세를 부과 징수하는 관계상 조례 설정의 필요가 있다"는 것이었다. 즉 경성부의 논리는 '시구개수로 이익을 받는 사람에게 특별한 부담을 하게 하는 것이 공평한 처치'라는 것인데, 그렇다면 수익세를 낼 수 없는 사람은 결국 수익세를 낼 수 있는 사람에게 토지를 방매할 수밖에 없는 결과를 불러오게 될 것이

---

[12] 「道路受益稅上程 議論百出로 騷亂」, 『동아일보』 1929.3.31.

었다. 결국 이 회의에서 수익세 조례 설정은 보류되었다.

이 수익세는 그 전까지 경성에 없던 것이었고 반대여론이 만만치 않았다. 부민의 능력이 없는데 부담만 과중하여 발전은커녕 도리어 위축을 가져오리라는 우려가 높았다. 이 당시 경성부 도시계획안에 의한 도로 공사는 12곳으로 이 중 북부 간선도로인 창덕궁 돈화문 앞부터 대학병원 앞까지 이르는 도로만은 그 기공을 총독부가 직영하므로 수익세를 부과하지 않기로 하고, 나머지 도로는 전부 부과하기로 되었다. 1,010만 원 중 3분의 1은 그 도로에 면한 지주가 부담하기로 도시계획연구회에서 결정이 되어, 그 계획에 의해 부청에서 예산을 편성하여 부협의회에 자문을 구한 것이었다. 부협의원들도 반대하는 자가 있어 결국 보류하고 협의회를 종료한 후 다시 회의를 열고 신중히 토의하기로 되었다. 수익세를 반대하는 사람 중에는 일본인 의원도 다수 있었다. 그들이 반대하는 것은 조선은행 앞에서 일출소학교 앞까지 이르는 남부간선도로인데, 그 공사비 147만 원 중 약 50만 원은 수익세로 지주들이 부담하게 되었다. 그 부담률 즉 토지 시자의 2할 4푼 8리를 부담할 능력조차 충분하지 못할 뿐 아니라, 그 도로는 경성의 전체적인 상황을 보았을 때 그다지 급한 것이 아니고, 도로를 신설해도 본정과 대항할 만큼 번성하려면 수십 년 후는 몰라도 당시로서는 바라기 힘들다고 생각한 것이다. 그 길만이 아니라 그 외 도로들도 대동소이했다. 북부 일대의 조선인 지주들은 그 9할이 대개 저당에 들어간 처지였는데, 1평에 4원에서 7원을 내라는 것은 장래에 이익이 있으리라는 희망이 있다 한들 당장 그 부담을 못 이겨 방매할 수밖에 없는 처지에 빠질 것이라서, 결국은 번성보다도 파멸이 가까울 것이라고 했다. 이같이 일본인과 조선인 할 것 없이 모두 수익세에 대해 반대 의견을 갖고 있었다. 그러나 민간기관인 도시계획연구회에서 만

들어놓은 안이므로 부협 의원들은 정면으로 그 계획을 깨뜨리자는 주
장은 하지 못했고 오직 총독부 재무국장이 부결해주기만 기다리는 딜
레마에 빠져 있었다.[13] 경성부가 독자적으로 시구개수 계획을 세우고
수익세를 제정하려 하는 것에 대해 총독부의 수뇌부 내에서도 부정적
인 여론이 있었음을 알 수 있다. 이 문제는 이후 8월에 가결 확정된
다.

이 회의록과 함께 국가기록원 소장 '경성부관계서류'철(CJA0002731)
의 '경성부국세및지방세부가세부과징수조례중개정의건'에 같은 1929년
3월 29일 경성부협의회(제8일) 회의록의 발췌본이 실려 있다. 발췌본
에는 상이한 내용이 실려 있으므로 발췌본의 내용을 함께 제시한다.

내 용

의장(吉村博 경성부 내무과장) : 연일 노고가 많으십니다. 출석 16명,
지금부터 개회합니다. 자문안 제27호의 1독회를 원합니다.
(자문안 제27호)
번외(森岡收, 조선총독부 위생기사) : 추가예산은 계속사업으로서 현
재 진행하고 있는 묘지 신설 및 화장장 신설의 경비인데, 각종 사정
하에 공사가 금년 내에 종료되지 못하므로 어쩔 수 없이 1년간 조
월해서 계상할 수밖에 없었습니다. 대체로 신설 묘지의 공사 등은
끝났는데 화장장 건축과 기타가 6푼 정도 되어 6월중에 완성되어
7월 1일부터 사용할 예정입니다. 유감입니다만 어쩔 수 없이 추가
예산을 낸 것입니다.

---

13) 『동아일보』 1929.4.25.

小林藤右衛門(23번) : 본안은 작년 결정한 것인데 남은 것입니까?

번외(森岡收, 조선총독부 위생기사) : 그렇습니다.

小林藤右衛門(23번) : 특별대합실과 사무실 두 개로 나뉘어 있는데 두 개를 축조하는 것은 무슨 이유입니까?

번외(森岡收, 조선총독부 위생기사) : 대합실은 사무소와 함께이고 보통의 土間式이며 장례식 때 일시적으로 기다리는 대합실입니다. 특별대합실은 다다미식 2개 방이며 그런 방을 필요로 하는 사람이 있습니다. 혹은 또 특별한 의상을 원하는 경우 사용합니다. 경성에서는 처음이지만 내지에서는 전부터 있습니다.

小林藤右衛門(23번) : 이해했습니다.

("질문 없음")

(중략-편자)

의장(吉村博 경성부 내무과장) : 다음으로 넘어갑니다. 자문안 제17호.

(자문안 제17호)

의장(吉村博 경성부 내무과장) : 대체적인 것에 관해 간단히 말씀드리겠습니다. 새로운 시도로 立案에서도, 실행에서도 상당히 체험이 쌓이면 완전하게 되리라 생각합니다.(중략-편자)

池田長次郎(9번) : 도시 건설에 대해서 합리적 조례가 필요하다는 점은 누구나 인정하고 있다고 생각합니다. 그러나 반면 생각해보면 대단히 무리하게 행하는 것 아닙니까. 결국 민력에 미치는 영향이 큰 것이라 생각합니다. 국유지가 많이 있는 장소는 대단히 그 부근에 토지를 가진 사람은 의혹을 느끼는 사람이 많이 있으리라 생각합니다. 이 같은 견지에서 이 조례에 대해 합리적으로 민력이 피폐하지 않는 범위에서 도시 건설을 완전히 이루는 것을 연구해야 한다고 생각합니다. 따라서 본 조례는 대단히 신중히 연구해야 합니다. 고로 특별히 위원회를 만들어 연구해야 한다고 생각합니다. 이 의미에서 위원에게 부탁하는 것을 제의합니다.

의장(吉村博 경성부 내무과장) : 뭔가 자문하지 않으면 안된다고 생각 하는데 1독회를 여기서 끝내면 어떻습니까.

池田長次郎(9번) : 부협의회의 의견을 들으면 종래 관례에서 2독회의 위원 부탁이라는 문제가 올해는 2독회에서 대체로 공개적으로 언사 와 논의가 나오고 있으므로 특별히 의견을 말씀드립니다.

李升雨(16번) : 9번의 동의에 찬성합니다. 본 조례는 문자 그대로 읽으 면 아무것도 아닌 듯하지만 좀 잘못하면 크게 좋지 않은 결과를 야 기할 염려가 있고 또 이 조문 중 몇 번을 읽어도 의미가 통하지 않 는 곳이 있습니다. 본 회의에서 논의하는 것은 아무래도 무리가 아 닐까 생각되니 위원 부탁으로 해서 신중히 조사해서 결정하길 바랍 니다.

("찬성")

의장(吉村博 경성부 내무과장) : 질문 없으면 1독회는 대체로 끝난 것 같은데 하나 더 30호 의안이 있으므로 이것은 마지막에 하고 싶습 니다.

(하략-편자)

<1929년 3월 29일 경성부협의회 회의록 발췌>

의장(吉村博 경성부 내무과장) : 개회하겠습니다. 출석자 16명, 자문사 항 제17호의 1독회입니다.

(중략-원문)

의장(吉村博 경성부 내무과장) : 작년은 전원위원에게 부탁했으나 올해는 이어서 2독회에 들어가고자 하는데 의견이 어떠하십니까.

大村百藏(27번) : 지금까지의 예로는 대체로 질문을 거치면 위원에게 부탁했지만 이번엔 본 회의에서 결정하는 것이 능률을 올리는 것이라 생각합니다. 도평의회에서도 마찬가지였습니다. 특히 부는 직접 민중에 관계되어 있으므로 더욱 그러합니다. 특별한 의안은 위원회에 부탁하고 다른 의안은 제2독회를 열고 싶습니다.

成松綠(22번) : 처음부터 위원 부탁하는 의향이었기 때문에 질문을 드렸으나 2독회에서는 질문이 불가능합니다. 모든 분들이 그게 좋겠다면 저도 곧장 2독회 여는 것에 찬성합니다.

三上豊(8번) : 저도 22번과 동감합니다. 역시 하던대로 일단 위원에게 부탁하고 싶습니다.

池田長次郎(9번) : 버스에 관해서도 질문할 점이 많은데 질문이 있으면 자기가 직접 질문하여 상세히 진상을 알 수 있으니 위원회를 폐하고 곧장 본회의로 넘어가고 싶습니다.

大村百藏(27번) : 제2독회에서 질문은 금지되어 있지 않지만 대체로 질문은 적다고 생각합니다. 위원회에서 심의하면 의혹을 초래하는 점이 있습니다. 2독회로 넘어가고 싶습니다.

成松綠(22번) : 위원회로 넘기는 것을 주장하진 않습니다. 당국도 위원회에서 설명한다고 한 점이 많으므로 그 점을 승지하신다면 곧장 본회의로 이동하지 않는 것을 원합니다. 작년도 곧장 2독회로 넘어가자고 밝힌 적이 있습니다.

의장(吉村博 경성부 내무과장) : 잠시 휴식하겠습니다. (휴식)

의장(吉村博 경성부 내무과장) : 다시 개회하겠습니다. 전원위원하자는 이야기가 많아서 그대로 하려고 하는데 어떻습니까.

("이의 없음")

의장(吉村博 경성부 내무과장) : 이의 없으니 전원위원으로 이동하는
  것으로 하겠습니다. 잠시 휴식하고 위원장 선거를 해주십시오.
(하략-원문)

9) 1929년 4월 11일 경성부협의회 회의록

항 목	내 용
문 서 제 목	京城府協議會會議錄
회 의 일	19290411
의 장	吉村傳(경성부 내무과장)
출 석 의 원	山崎鹿藏(1번), 藤村忠助(4번), 武上安一(5번), 三上豊(8번), 池田長次郎(9번), 李東善(11번), 李仁用(12번), 安藤靜(14번), 李升雨(16번), 韓萬熙(21번), 成松綠(22번), 淺野太三郎(26번), 大村百藏(27번), 肥塚正太(29번), 增田三穗(30번)
결 석 의 원	河合治三郎(2번), 芮宗錫(13번), 富井實太郎(15번), 高木德彌(17번), 金思演(18번), 李恒鍾(19번), 鄭完圭(20번), 小林藤右衛門(25번), 閔溶鎬(28번)
참 여 직 원	吳斗煥(조선총독부 이사관), 高橋源六(조선총독부 이사관), 岩城信太郎(조선총독부 기사), 杉山食一(조선총독부 토목기사), 梅田宗二郎(조선총독부 부속), 森岡收(조선총독부 위생기사), 多田隆吉(조선총독부 수도기사), 多村淺太郎(조선총독부 부주사), 眞野富太郎(조선총독부 부주사), 鶴見米三郎(조선총독부 부주사), 古木保喬(조선총독부 부서기)
회 의 書 記	
회 의 서 명 자 (검 수 자)	
의 안	자문안 제6호 경성부 승합자동차 사용조례 중 개정의 건, 7호, 8호
문 서 번 호 (I D)	CJA0002731
철 명	경성부관계서류
건 명	경성부승합자동차사용조례중개정의건
면 수	5
회의록시작페이지	118
회의록끝페이지	121
설 명 문	국가기록원 소장 '경성부관계서류'철의 '경성부승합자동차사용조례중개정의건'에 포함된 1929년 4월 11일 경성부협의회 회의록

해 제

이 회의록(5면)은 국가기록원 소장 '경성부관계서류'철의 '경성부승합자동차사용조례중개정의건'에 포함된 1929년 4월 11일 경성부협의회 회의록으로 경성부 승합자동차 사용조례 개정을 확정하고 있다.

승합자동차 사용조례는 부영 버스를 10대 늘리고 요금을 7전에서 5전으로 인하하는 등의 개정안이었다. 협의회 의원들은 10대가 아니라 버스 대수를 더 늘리는 것을 희망하여 20대를 조건으로 내걸고 찬성하였으며, 이에 따르는 기채는 5만 4천 원으로 상정되었다.[14] 이번 회의는 부윤을 대신해 吉村博 경성부 내무과장이 의장을 맡았다.

내 용

의장(吉村博 경성부 내무과장) : 출석의원 15명입니다. 지금부터 개회하겠습니다. 아직 위원회가 끝나지 않았지만 수속 준비의 필요상 급하니 제6호, 제7호, 제8호를 심의해주시기 바랍니다.

의장(吉村博 경성부 내무과장) : 심의에 들어가기 전에 위원장의 보고를 원합니다.

大村百藏(27번) : 위원회 결과 제6호, 제7호, 제8호의 세 의안인데 원안을 승인했습니다. 즉 제6호는 조례 개정입니다. 이것은 원안을 승인했습니다. 그리고 제7호 기채 계획 5만 4천 원, 이것은 지금 좀 기채액을 늘려서 차 대수를 60대 정도로 해달라는 희망도 있었지만 본년도에는 원안으로 하고 이후 상황 여하에 따라 다른 기회에 고

---

14) 『동아일보』, 1929.4.12.

려하기로 했습니다. 세 의안 모두 원안을 승인했음을 보고드립니다.

의장(吉村博 경성부 내무과장) : 세 의안을 일괄해서 심의해주십시오.

韓萬熙(21번) : 본 문제에 대해서는 제7호안에 관해 위원장이 희망 조건에 관해 다소 말씀하셨습니다. 위원회에서 희망한 것은 원안대로 되었으나 승합자동차 운전을 하는 이상은 지금 좀 늘려서 총 60대 정도로 해서 그 효력을 현저하게 하자는 희망이었습니다. 주위의 사정으로 어쩔 수 없이 원안에 찬성했지만 차차 증가해서 가능한 운전을 원활히 하고 또 하나의 노선으로 운전을 시작한 이상 성적 여하를 충분히 확인한 후 변경하는 식으로 운전 계통의 변경을 해주길 바랍니다. 또 3월 1일부터 10월 말경까지는 동대문부터 청량리 사이를 시외선으로 해서 따로 요금을 받아도 되겠지만 운전을 늘리자는 희망 조건하에 원안에 찬성하는 것입니다.

의장(吉村博 경성부 내무과장) : 의견을 내주십시오.

大村百藏(27번) : 한만희 씨의 의견은 위원회의 전체 의견은 아니라는 것을 말씀드립니다.

安藤靜(14번) : 위원회에서 大和町으로부터 日之出소학교 앞을 통과시키길 바란다는 점을 말씀드렸습니다만 일지출소학교 앞이 위험하여 그 공사가 용지 외에 3백 원이 듭니다. 용지는 학교조합 것이므로 기부라도 구하고 싶다는 생각인데 이 점은 어떻습니까.

의장(吉村博 경성부 내무과장) : 질문입니까 희망입니까.

武上安一(5번) : 본년부터 실행하길 원합니다.

安藤靜(14번) : 이 안에 저는 찬성합니다.

池田長次郎(9번) : 본 안에 관해서 21번 의원이 희망이 있고 또 14번 의원도 희망이 있는데 위원회에서 희망 조건을 붙인 찬성은 결국 기채 금액을 늘려 원안보다 많은 20대를 구입하는 것이 박람회도 있고 하니 적당하지 않은가라는 희망 조건이라고 생각합니다. 결국 찬성한 당시는 점진주의로써 하자는 것으로 그 취지에서 말하면 급히 늘리는 것은 반대합니다만 경제적으로 말해도 시기가 오면 늘리는 게 당연합니다. 현재는 버스를 기다리는 시간이 정해져 있지 않아 불편하고 따라서 승객도 적습니다. 대수를 늘려 시간을 정확히 하면 편리하고 승객이 늘어 결손이 없어지리라 생각하므로, 대수 증가의 조건을 붙여 찬성합니다.

安藤靜(14번) : 저도 조건부 찬성입니다. 그리고 지금 질문은 희망인데, 가능한 大和町線의 실시를 희망합니다.

成松綠(22번) : 저도 간단히 말씀드리면 이 예산으로 20대를 증가하는 것으로 되어 가능한 현재 하고 있는 노선의 차수를 증가하여 충실하게 되길 원합니다. 그런 의미에서 찬성합니다.

의장(吉村博 경성부 내무과장) : 어떻습니까.

("이의 없음")

의장(吉村博 경성부 내무과장) : 독회 생략에 이의 없습니까?

("이의 없음")

의장(吉村博 경성부 내무과장) : 3안 모두 이의 없으니 독회 생략하고 확정하겠습니다. 오늘은 이것으로 산회합니다. 계속해서 위원회를 열어주길 바랍니다.

오후 2시 52분 산회

10) 1929년 4월 13일 경성부협의회 회의록

항 목	내 용
문 서 제 목	京城府協議會會議錄拔萃
회 의 일	19290413
의 장	吉村傳(경성부 내무과장)
출 석 의 원	山崎鹿藏(1) 외 16명
결 석 의 원	河合治三郎(2) 외 8명
참 여 직 원	高橋源六(조선총독부 이사관) 외 12명
회 의 서 기	
회 의 서 명 자 (검 수 자)	
의 안	자문안 제9호~17호와 제10호 경성부 공익질옥 조례 개정안을 심의한 위원회의 보고
문 서 번 호 (I D)	CJA0002731
철 명	경성부관계서류
건 명	경성부국세및지방세부가세부과징수조례중개정의건
면 수	2
회의록시작페이지	91
회의록끝페이지	92
설 명 문	국가기록원 소장 '경성부관계서류'철의 '경성부국세및지방세부 가세부과징수조례중개정의건'에 포함된 1929년 4월 13일 경성 부협의회 회의록 발췌

해 제

본 회의록(2면)은 국가기록원 소장 '경성부관계서류'철의 '경성부국 세및지방세부가세부과징수조례중개정의건'에 포함된 1929년 4월 13일 경성부협의회 회의록의 발췌본이다. 전원위원회 후 위원장의 보고가 있고 17호를 제외한 나머지를 대체로 원안대로 가결 확정하는 내용이다. 전원위원장 大村百藏(27번)이 4월 13일에 부협의회 의장(松井房治郎,[15] 경성부윤)에게 보고한 보고서 내용은 다음과 같다.

최근 위원에게 부탁한 자문안 제9, 10, 11, 12, 14, 15, 16, 17, 18, 19, 20, 21, 22, 23, 24, 25, 26, 27호에 대해 4월 1일부터 4월 11일(그 중 3일, 6일, 7일은 제외)까지 8일간에 걸쳐 심의한 결과를 다음과 같이 보고합니다.

자문안 제9호 : 원안에 동의

제10호 별지와 같이 일부 수정

제11호, 제12호, 제14호, 15호, 16호 원안에 동의

제17호 신중 심의를 위해 보류

제18호, 제19호, 제20호, 제21호, 제23호, 제25호 원안에 동의

제26호 : 본 안에 대해서는 세출임시부 제17관 소주택 신축비 4만 5천 원 삭제설이 있어서 채결의 결과 15표 중 반대 10, 찬성 5로 소수이므로 원안에 동의.

세출임시부 제22관 조선박람회 기부 25만 원 삭제설 5만 원 감액설이 있어 채결 결과 18표 중 25만 원 삭제를 반대 15, 찬성 3, 또 5만 원 감액설을 거부 10, 찬성 6, 기권 2, 모두 소수이므로 원안에 동의.

세출임시부 제29관 용산출장소 신축비 5만 5천 원 연기설이 있어 채결한 결과 18표 중 반대 13, 찬성 5 소수이므로 원안에 동의.

자문 제22호, 24호, 27호 원안에 동의.

별지) 자문안 제10호 경성부 공익질옥조례 제3조 중 "1口 금10원 이내, 1세대 금 30원 이내"를 "1口 금 5원 이내, 1세대 금 20원 이내"로 수정.

---

[15] 1929년 1월 21일부터 1929년 12월 10일까지 경성부윤으로 재임(김대호, 「1920~1933년 경성부윤과 주요 직책」 참조).

공익질옥조례 제23조 중 "매월 3일 및 大祭祝日"을 "매월 20일 및 4대절"로 수정.

기타는 원안에 동의.

요망사항)

1. 명진사 사업에 대해 천 원을 보조하는 것.

2. 일지출소학교 앞부터 대화정에 통하는 도로를 공비 약 3백 원으로 개수할 것.

3. 청계천 연안도로를 공비 약 3천 50원으로 개수할 것.

4. 상품진열관 건축비로 3천 원을 기부하는 것.

위는 적당한 시기에 추가예산 제안 후 가급적 속히 희망에 부합하길 바람.

5. 1929년도 예산에 대해서는 상당히 삭감을 가하자는 희망이 있으나 부윤은 병으로 정양중이라 지금 사무를 할 수 없어 번외 각 이사관의 입장을 고려하여 원안을 인정하게 되었음. 그러나 부 재정은 매년 팽창하고 부민은 부담이 과중하여 곤란한 현상이므로 장래 부 재정에 대해서는 큰 결심으로써 근본적 정리를 단행할 필요를 느낌과 동시에 1930년도 예산 편성 때는 앞서 기술한 희망을 존중하여 대대적 긴축의 열매를 거두길 요망함.[16]

내 용

의장(吉村博 경성부 내무과장) : 출석의원 15명이고 지금부터 개회하겠습니다. 위원장은 보고해주시길 바랍니다.

---

[16] 경성부국세및지방세부가세부과징수조례중개정의건, 경성부관계서류(CJA0002731), 1929, 국가기록원.

大村百藏(27번) : 보고 드리겠습니다. 제9호 이하를 매일 심의한 결과 보고서와 같이 제9호안 이하 17호안 외 제10호 공익질옥 조례 제3조의 1구(口) 10원 1세대 30일 이내를 1구 5원 1세대 20원으로 수정했습니다. 그 외에는 전부 원안을 승인했습니다.

이번 회는 꽤 새로운 계획이 있어 상당히 논의가 비등했는데 그 중에도 한때 걱정한 것처럼 조선인 측과 내지인 측의 의견이 충돌했지만 의원의 입장을 생각하여 일치점에 도달하게 된 것을 기쁘게 생각합니다. 또 채결한 결과 소수가 피력했던 문제는 본회의에서 논의하는 것으로 생각합니다. 17호는 경성에서 새롭게 시도하는 내용이고 문제를 야기하는 것이므로 다른 기회에 소위원회나 전원위원회를 열어 심의가 필요하지만 그 외는 전부 원안에 찬성했습니다.

(중략·원문)

의장(吉村博 경성부 내무과장) : 2독회로 넘어가도 되겠습니까?

("이의 없음")

의장(吉村博 경성부 내무과장) : 그러면 제26호 세출경상부를 일괄해서 심의해주시기 바랍니다.

(중략·원문)

의장(吉村博 경성부 내무과장) : 다음은 제9호부터 제12호입니다.

("이의 없음")

의장(吉村博 경성부 내무과장) : 이의 없으시면 독회 생략하고 가결 확정하겠습니다.

(하략·편자)

11) 1929년 4월 30일 경성부협의회 회의록

항 목	내 용
문 서 제 목	京城府協議會會議錄
회 의 일	19290430
의 장	吉村傳
출 석 의 원	山崎鹿藏(1), 藤村忠助(4), 武上安一(5), 池田長次郎(9), 이동선(李東善)(11), 이인용(李仁用)(12), 예종석(芮宗錫)(13), 富安藤靜(14), 이승우(李升雨)(16), 高木德彌(17), 김사연(金思演)(18), 한만희(韓萬熙)(21), 成松綠(22), 小林藤衛門(23), 寺尾猛三郎(25), 淺野號三郎(26), 大村百藏(27), 肥塚正太(29), 增田三穗(30)
결 석 의 원	河合治三郎(2), 三上豊(8), 井實太郎(15), 이항종(李恒鍾)(19), 정완규(鄭完圭)(20), 박영근(朴榮根)(24), 민용호(閔溶鎬)(28)
참 여 직 원	奧山仙之, 오두환(吳斗煥), 高橋源六, 岩城信太郎, 杉山食一, 多村淺太郎, 眞野富太郎
회 의 書 記	井上一郎
회 의 서 명 자 (검 수 자)	없음
의 안	
문 서 번 호 (I D)	CJA0002695
철 명	경성부관계서류
건 명	경성부협의회회의록
면 수	16
회의록시작페이지	348
회의록끝페이지	363
설 명 문	국가기록원 소장 '경성부관계서류'에 포함된 1929년 4월 30일 경성부협의회 회의록

해 제

본 회의록(총 16면)은 국가기록원 소장 '경성부 예산서류'의 '경성부

세입세출 예산 추가의 건(제2회)- 회의록 첨부'에 포함된 1929년 4월 30일 경성부협의회 회의록이다.

이 협의회에서는 이른바 '신당리 토지 문제'에 대한 논의가 주로 이루어졌다. 4월 30일 도로축조안을 결정하기 위해 19명의 의원이 참석해 보류 중인 제31호 의안, 즉 9만 9,440원으로 도로 2선을 축조하는 건이 제2독회에 상정되어 의견 대립이 전개되었다. 이 회의에서 논의된 신당리 토지 사건에 대해서는 김동명의 논문과 저서에서 자세히 다루고 있다.[17] 부협의회 회의 분위기와 내용 전개를 다루고 있기는 하지만, 『경성일보』와 『동아일보』의 기사를 주로 인용하고 회의록의 내용을 직접 활용하고 있지는 않다.

이 협의회에서 논란이 된 신당리 토지분규 문제를 중심으로『매일신보』가 전하는 이날 경성부협의회의 내용은 다음과 같다.

<신당리 토지문제 또다시 분규 재연, 30일 부협의회 본회의에서, 형세 돌변, 부결론 대두>

부정(府政) 당국자의 실태로 분규가 중첩되는 경성부와 시마 도쿠조(島德臟) 사이의 광화문 밖 신당리 토지 매매에 관한 조건인 도로 2선 신설 문제에 대한 경성부의 4년도 추가 예산 9만 9,440원은 그동안 수십 일을 두고 부협의원 간에 심의 또는 고려를 거듭하여 해결의 선후책을 강구하였으나 하등의 효과를 얻지 못하던 중 지난 27일 부의원 간담회에서 당국자의 조치의 부당함을 감독관청에 문책하는 동시에 동 문제는 원안을 통과시키기로 하여 해결이 막연하던 도로문제

---

17) 김동명, 「식민지 조선에서의 부협의회의 정치적 전개: 1929년 경성부「신당리토지문제」를 중심으로」, 『한일관계사연구』 제43집, 2012; 김동명, 『지배와 협력-일본제국주의와 식민지 조선에서의 정치참여』, 역사공간, 2018.

도 한줄기 서광을 보게 되매 30일 본회의에서는 이의가 없이 현안 가결되리라고 일반은 관측하였다. 그런데 다시 30일 본회의에서 예상 이외의 당국 공박이 일어나고 한만희(韓萬熙) 군이 절대 부결론이 재연함에 반하여 당국자의 태도가 아직도 선명치 못하고 의원을 무시, 기만, 압박한다 하여 분개한 나머지에 퇴장을 하였다. 그에 따라 7,8명의 의원이 퇴장하였고 더욱이 처음부터 원안을 찬성하던 의원들 중에도 찬의를 번복하여 부결을 주장하게 되는 등 큰 파란이 일어나 겨우 일단락을 고하게 되었던 동 문제는 또다시 암초에 올라앉게 되었다.

<장내 공기 험악, 분란 속에 필경 유회>

　도로 2선 신설 공사비 추가 예산 9만 9,440원은 그 내용에 있어 제1노선인 장충단으로부터 신당리에 이르는 연장 860미터, 폭원(幅員) 18미터의 도로는 용지 매수비로 1만 824원이 계상되어 있으나, 제2노선인 신당리 地內 도로는 연장이 1,440미터, 폭원 18미터로 폭은 제1노선과 동일하나 연장이 약 9할이나 더함에도 불구하고 용지 매수비가 1分도 계상되지 아니하였음은 어째서인가라는 나리마쓰 미도리(成松綠) 군으로부터의 질문이 있었으나 당국의 답변이 제2선 도로 용지는 전부 기부를 받도록 할 예정이라 하여 다시 성송록 군이 기부를 받을 확신이 있으면 있다는 것을 성명하고 따라서 지주들이 기부를 하지 아니하면 어찌 하겠느냐고 공박을 하였으나 부 당국은 이에 대한 답변을 확실하게 하지 못하여 태도가 불분명 하게 되니 각 의원 간에는 당국자가 처음의 예산만 적게 계상을 하여 아무렇게 하든지 협의회만 통과하여 놓고는 다시 예산을 추가할 심산이라 하여 협의원을 기만한다고 장내의 공기는 불온하여지고 처음부터 찬의를 표하던 의원까지도 부결을 언명하게 되자, 한만희 군이 철저히 부결을 역설하였고 그 뒤 다시 成松綠 군이 당국을 공박하려 할 즈음에 의장은 토론 종결을 선언하고 발언권을 주지 아니하여 일동은 의원을 압박하여 당국은 무리하게 원안을 집행하려 한다고 극도로 분노하게 되었다. 한만희, 김사연(金思演), 예종석(芮宗錫), 이인용(李仁用), 이동선(李東善), 成松綠, 藤村忠助 등 여러 의원은 심의할 필요가 없다고 퇴장을 하였음으로 의장은 창황하여 휴회를 선언하였다. 그러다가 다시 의장의 사과로 재개하였으나 중도에 두세 명의 의원이 돌아가, 의원이 정원의 반수에 부족하게 되어 결국 유회되었는데 동 문제는 다시 이로 말미암아 복잡다단하게 되었다.

<계약 기한의 절박과 초조해하는 부 당국, 금월 25일이 기한이다>

도로 2선은 계약면에 5월 25일까지 완성하여 島德臟 씨에게 인도하기로 되어 있는데 인도기일이 앞으로 20여 일밖에 남지 아니한 오늘까지 문제의 해결조차 모연하여 부 당국자는 크게 우려하고 있으며, 25일 내로 도로 이선 신설안이 협의회에서만 통과된다고 하면 다시 島 씨에게 앞서의 내용을 말하여 기일을 연기하도록 할 예정이나, 오늘까지 일호의 양보도 없이 계약만을 고집하는 島 씨가 과연 이번에는 부당국자의 처지에 동정하여 기일 천연(遷延)을 승낙하여 줄는지, 또는 계약대로 이행치 못하였다는 구실하에 어떠한 방법을 취하게 될 것인지 의문을 남기게 되어 부당국자는 다행히 협의회에서 동 안이 통과된다고 할지라도 또다시 島氏의 태도 여하를 걱정하지 않을 수 없게 되었다. 일시의 실태로 인하여 일개 시정의 상인에게 부 당국자가 이와 같이 약자의 처지에 있다는 것은 경성부민을 위하여 애석한 일이라고 모 의원은 더욱 분개한다.[18]

내 용

의장 : 지금부터 개회합니다. 출석의원 18명. 제31호안에 대해 대부분
　논의를 하였다고 생각합니다만 어떻게 하면 좋을지 말씀드립니다.
(중략-편자)

成松(22번) : 이 문제는 상당히 논의되었으나 계속해서 이의 책임문제
　로 감독관청의 반성을 촉구하는 결의를 하고 知事의 성명도 받아내
　자는 책임론과 선후책을 혼동하고 있는 현상도 드러나고 있다. 그
　렇지만 이것과 별도로 취급해야 할 것임을 알아주시기 바랍니다.
　나는 이전 본안의 선후책 하나를 만드는데 찬성한 적이 있다. (중
　략) 즉, 신당리 지내가 4만 원으로 가능하다고 되어 있는데 과연 이
　것이 4만 원에 가능한가. 나는 2독회에서 원안은 정말로 불합리하
　다고 말했는데 대체로 말씀드리면 총액 9만 9,440원의 토목비 추가
　예산을 나누어보면 장충단으로부터 신당리에 이르는 도로는 5만
　9,440원으로 되어 있다. 그리고 신당리의 도로는 4만 원으로 되어
　있다. 장충단의 도로는 용지비로 평당 거의 8원으로 1만여 원이 계
　상되어 있음에도 불구하고 신당리의 약 9천 평에 대해 용지매수비
　가 계상되어 있지 않다. 같은 장소 같은 시기에 만들어졌는데 한 쪽
　에는 용지비가 있고 한 쪽에는 아무것도 보이지 않는다. 이것으로
　사업이 원활히 수행될 수 있을까. 1노선과 마찬가지로 신당리 지내
　의 노선도 용지비로 평당 8원에 매수한다고 하면 7만 3천 원이라는
　거액의 용지비가 필요하다. 따라서 4만 원으로 가능한 공사는 11만
　3천 원이라는 돈이 없으면 불가능하다. 그런데 4만 원에 가능하다

---

18) 『每日申報』 1929.5.2, 2면.

고 원안에 되어 있다. 심한 모순이 있다고 생각한다. 두 가지 제안
은 한 편은 용지를 모두 매수하고 다른 한 편은 무상으로 제공하는
것으로 되어 있다. 냉정하게 생각하면 그곳은 고양군이라는 府外의
토지여서 수익세를 부과할 수 없는데 東拓은 매우 광대한 토지를
갖고 있어 도로가 생긴다면 수익이 있을 것이기 때문에 동척은 潰
地를 무상으로 제공할 수 있다고 생각한다. 그리고 동척이 무상으
로 제공할 수 있는 것으로 먼저 민유지만큼은 매수하는 의미로 그
방침에서 나는 수정안을 만든 것이다. 이것은 원안에 대한 수정안
으로 이것을 회의에서 수정하여 반드시 동의하라, 승인하라는 의미
는 아님을 알아주시기 바란다. (중략) 나의 수정안이 불합리하다면
지적해주기 바란다. 충분히 답변을 듣고 토론할 예정이다.

寺尾(25번) : 방금 寺尾 군이 수정안을 제출했는데 벽두에 수정 動議
를 제출했지만 수정하고 싶다고 해서 반드시 찬성하지 않아도 된다
고 받아들였다. 그렇다면 과연 수정안은 무엇을 위한 수정안인지
모르겠다. (중략)

韓(21번) : 22번의 참고안에 관해서는 잠시 논의를 제쳐두고 지난번
나는 본안에 관해 근본으로부터 부결을 주장했다. 나는 두 번째로
의장의 허가를 받아 발언을 하려고 했는데 大村 군이 양보해달라고
해서 경의를 표하고 잠시 보류했는데 오늘 나머지 말을 다하려고
생각한다. 먼저 安藤 군에게 질문하고 싶은데 부협의회는 권위가
없다고 단언하며 말했는데 권위가 없는 협의회에 한가하게 의석를
더럽히는 安藤 군의 의지는 무엇인지 듣고 싶다. 그런데 우리가 본
안의 부결 혹은 수정을 논하는 것은 너무나도 당국의 失態를 미워
하는 나머지 말한 것처럼 논하는 찬성론자가 있는데 그 찬성자는
당국에 맹종하는 의지가 아닌가 생각한다. 우리들은 결코 부 당국

의 방식을 미워하는 것이 아니다. 단지 9만 9천 원이나 지출하여 이
러한 도로를 만들어야 하는 道理를 알 수 없다. 더구나 2노선에 관
해 3원 20전인 토지를 島 씨에게 팔 당시의 馬野 부윤의 수완에 경
을 표하고 감사했다. 그런데 나중이 되어 2노선에 관한 조건이 부
수되어 있는 것을 알고 나는 아연했다. 신당리의 토지는 2노선에
대해 3원 20전이 과연 적당한가 이것이 가부를 논하는 근본이다. 그
런데 이것을 너무나도 당국을 책망하기 위해 반대하는 것처럼 여기
고 우리의 반대론을 반박하는 것은 정말로 개탄스러운 일이다. 여
기에서 나는 다시 분명하게 찬성론자, 부 당국, 토목과장에게 묻고
싶다. 2노선에 대해 여전히 3원 20전이 합당한가. 만일 합당하다는
확신을 가지고 우리에게 말한다면 나는 깨끗하게 부결론을 포기하
고 본안에 찬성하기를 꺼리지 않는다. 그것을 단지 반대를 위한 반
대인 것처럼 생각하는 것은 유감이다. 지난번 말씀드린 대로 2노선
에 관해서는 평당 2원 내지 3원을 인상해야 한다고 생각한다. 府의
체면 등 쓸데없는 것을 위해 島 씨와의 계약을 지키는 것은 불가능
하다. 만일 계약보증금을 배로 돌려주더라도 부민에게 이익이 있다
면 무엇이 힘들어 찬성하는 것인가. 만일 2노선에 관해서도 3원 20전
이 매우 고가라고 한다면 나는 언제라도 부결론을 유지하지 않겠
다. 그러므로 당국은 전문가에게 2노선에 관해 문의한 뒤 假定 시
세를 결정해 우리에게 자문하기 바란다.

大村(27번) : 본 문제는 전 부윤이 시작을 잘못했기 때문에 협의회의
상당한 암초가 되었다. 나는 이미 가부의 의견을 결정했으나 회의
장에는 매우 우려할만한 공기가 팽창하고 있다고 직감한다. 그래서
가부를 원만한 양해 아래 결정하고 싶다는 생각을 갖고 있다. 이 문
제에 대한 전 부윤의 처치는 완전히 부협의회의 존재를 무시한 것

으로 협의회원으로서는 상당히 공분을 터뜨릴 수밖에 없는 일이다. 감독관청의 반성을 요구하여 조금이라도 앞으로 그러한 일이 반복되지 않도록 우리들이 안심할 정도까지 당국의 보증을 받지 않으면 안 된다고 생각한다. 결의안이 되어 그제 의원간담회에서 상담한 결과 도지사를 방문했다. 부협의원에 대한 언명은 만족할 만한 것은 아니었지만 오늘날에 있어 도지사로서는 상당히 적나라하게 소신을 피력하였다. 첫째로는 부윤의 처치가 유감스럽다는 것을 말하였고, 둘째로는 부협의원의 당일 결의를 지극히 지당한 것이라고 명언했다. 셋째로는 앞으로 이와 같은 일이 반복되지 않도록 충분히 감독할 결심이라는 것을 보증하였다. 우리는 현재의 제도 아래에서 더 이상의 언급을 당국에 재촉할 수는 없다. 그러므로 나는 당일 도지사의 언명에는 일단 만족의 뜻을 표하는 한 사람이다. 그렇다면 당일의 결의 목적은 일단 달성되었다는 견해를 갖고 있다.

그렇다면 본제로 돌아가 문제를 가부를 언명해야 한다. 이전부터 열심히 찬부의 논의를 한 것은 하나 하나 지당한 이유가 포함되어 있지만 간단하게 말하면 이 문제는 말할 필요도 없이 우리 경성부를 대표하는 사람이 제3자인 島 씨와 계약을 맺었다. 그것을 파기한다면 우리는 불신자라는 비난을 감수해야 한다. 또 이것을 경성부가 파기한다면 아마도 島 씨의 성격상 손해배상 혹은 계약보증금을 두 배로 돌려주도록 요구한 것으로 생각한다. 그리하여 경성부는 물질상으로도 명예에 있어서도 확실히 계약 파기에 의해 타격을 입어야 한다. 매우 냉정하게 판단해 이 문제에 대해 취해야 할 최후의 처치는 계약을 이행하는 수밖에 없다고 생각한다. 한만희 군은 가격을 운운하지만 지금은 유감스럽게도 가격을 탐색할 시기를 놓쳤다. 또 지난번 成松 씨가 원안을 수정하지 않으면 이 노선은 완성할 수 없다는 의견은 완전히 成松 군의 전문적이고 귀중한 의견이라고 경청했다. 또 당국의 설명은 成松 군과 함께 약간 불만의 뜻을 표하지 않을 수 없다. 그렇지만 계약의 조항을 살펴보면 그다지 많은 금액을 지출하지 않더라도 두 개의 도로가 가능하다고 생각되는 점이 있다. 그것은 계약의 文面 가운데 어쨌든 도로의 폭 만큼은 결정되어 있는데 그 외의 細目에 관한 규정은 없는 것으로 기억하기 때문에 다소 도로가 보잘 것 없는 것이 되어도 좋다. 이 예산으로 2노선을 만든다는 결심으로 진행한다면 가능하지 않을까 생각한다. 요컨대 원안에 대한 마지막 처치에 관해 여러 가지 고려를 했으나 지금에 이르러 우리는 유감스럽게도 원안을 찬성하는 수밖에 다른 길이 없다. 이 문제는 오랫동안 논의해 전 의원이 일치하는 것은 지난한 일일지 모르지만 오늘까지 허술하게 다루어 온 것은 아니므로 光風霽月의 마음가짐으로 의지를 표시하려고 한다. 이상의 이유에 따라 나는 원안에 대해 찬성 의견을 말하는 바이다.

의장(吉村) : 도로 공사 등에 관해서 극력으로 모든 수단을 다해 이 예산의 범위 내에서 완성할 결심을 갖고 진행하려고 한다. 이를 통해 토론을 종결하고 표결에 들어가려고 하는데 어떠한가.

成松(22번) : 나는 찬성할 수 없다. (22번의 발언을 허용하지 않다)

의장 : 대체로 토론을 다한 것 같은데 어떠한가.

成松(22번) : 발언을 허용하지 않는 것은 횡포이다.

(22번, 18번, 27번 기타 사적 발언을 하는 자가 많아 청취하기 어렵다)

의장(吉村) : 잠시 휴게한다.

(하략-편자)

12) 1929년 8월 9일 경성부협의회 회의록

항 목	내 용
문 서 제 목	京城府協議會會議錄
회 의 일	19290809
의 장	松井房治郎 (경성부윤)
출 석 의 원	山崎鹿藏(1번), 藤村忠助(4번), 武上安一(5번), 三上豊(8번), 池田長次郎(9번), 李仁用(12번), 安藤靜(14번), 富井實太郎(15번), 李升雨(16번), 高木德彌(17번), 金思演(18번), 韓萬熙(21번), 成松綠(22번), 寺尾猛三郎(25번), 肥塚正太(29번), 增田三穗(30번)
결 석 의 원	河合治三郎(2번), 李東善(11번), 芮宗錫(13번), 李恒鍾(19번), 鄭完圭(20번), 朴榮根(24번), 淺野太三郎(26번), 大村百藏(27번), 閔溶鎬(28번)
참 여 직 원	吳斗煥(조선총독부 이사관), 高橋源六(조선총독부 이사관), 岩城信太郎(조선총독부 기사), 杉山食一(조선총독부 토목기사), 多村淺太郎(조선총독부 부주사), 鶴見米三郎(조선총독부 부주사), 平石謙吉(부속), 眞野富太郎(조선총독부 부주사)
회 의 서 기	
회 의 서 명 자 (검 수 자)	
의 안	경성부 특별세 수익세 조례 개정
문서번호(ID)	CJA0003232
철 명	부에관한서류철
건 명	경성부특별세수익세조례설정의건(도면회의록첨부)
면 수	12
회의록시작페이지	128
회의록끝페이지	139
설 명 문	국가기록원 소장 '부에관한서류철'의 '경성부특별세수익세조례설정의건'에 포함된 1929년 8월 9일 경성부협의회 회의록

해 제

이 회의록(12면)은 국가기록원 소장 '부에관한서류철'의 '경성부특별
세수익세조례설정의건'에 포함된 1929년 8월 9일 경성부협의회 회의에
서 경성부 특별세 수익세 조례설정의 건에 대해 가결 확정한 회의록
이다. 1929년 3월 부협의회에서 수익세 조례안을 전원위원회에 넘겼
고, 전원위원장 肥塚正太 주도 아래 4월 10, 11일 양일간 심의했다가
충분한 연구가 필요하므로 보류되었던 안을 8월에 다시 경성부가 부
협의회에 제출했다. 다시 8월 3일부터 8일까지 심의를 속행하여, 일부
를 수정하고 기타는 모두 원안에 동의하고, 한만희 등 원안 보류파의
반대가 있었으나 결국 부협의회는 이를 가결 확정했다.[19]

조례 확정 후 8월 14일 경성부윤이 조선총독에게 제출한 내용은 다
음과 같다.

"부내의 도로 또는 광장의 신설, 확축, 노면 개량과 하수도 신설 또
는 개량비는 종래 보조금, 기부금, 부채, 일반 부비 조입금 등으로 사
업을 진행해왔는데 근래 시구 발전에 따라 이들 사업에 긴급한 시설
이 필요한 것이 날로 증가하나 부 재정의 팽창에 의해 현재 상태로는
도저히 일반 부비로 이들 재원을 충당할 여유가 없기 때문에 사업 수
행상 장래 특별 재원을 필요로 합니다. 이들 사업에 의해 현저히 이익
을 거두는 자에 대해 수익세를 부과 징수함으로써 이를 사업비 재원
의 일부로 충당하는 게 가장 적절하다고 생각하여 별지와 같이 경성
부 특별세 수익세 조례를 설정하고 부협의회의 자문을 거쳤으니 허가
를 바랍니다."[20]

---

19) 「連日愼重審議하던 受益稅案可決確定 委員會의 修正대로 本會議通過 九日京城府
    協議」, 『每日申報』 1929.8.11, 2면 1단.

내 용

자문안 - 경성부 특별세 수익세 조례 개정

의장(松井房治郞, 경성부윤) : 지금부터 개회합니다. 어제부터 심의안에 관해 위원장의 보고를 듣겠습니다.

肥塚正太(29번) : 제가 위원회 경과 결정을 보고 드리겠습니다. 특별수익세 조례는 예산회의 이래 계속된 문제이고 신중히 심의가 필요하므로 전원위원에 부탁하여 4월 10, 11일 양일 심의를 했습니다. 그 후 여러 사정 때문에 보류되었습니다. 다시 지난 8월 3일부터 어제까지 오후 2시부터 더위에도 불구하고 신중 심의를 하여 그 결정한 사항을 보고드립니다. 첨부한 것과 같이 수정한 제조 제1항 제4호중 '배수지역'을 '지역은 부윤이 이를 정한다'로 하고 또 제5조 4항에서 '배수지역 내에 있어서 면적에 비례해서 그 부과액을 정한다'를 '지역 내에 있어서 면적 또는 길이 혹은 면적 및 길이에 비례해서 그 부과액을 정한다'로 수정, 제8조 제1항은 다음과 같이 1항을 추가했습니다. '전항에 의해 분납의 허가를 받은 자에 대해서는 앞조 제1항 但書의 규정은 이를 적용하지 않는다' 이렇게 수정했습니다. 그 다음은 전부 원안을 승인했으나 단지 제4조 제2항의 규정에 관해 수정 의견이 있었는데 소수라서 부결했습니다. 그 수정 의견은 배부해드린 보고서의 마지막에 있으니 그것을 참고해주시기 바랍니다. 위원회의 심의는 이렇게 끝났습니다. 처음으로 실시되는 사항이고 더구나 경성부 진전을 위해서도 다대한 관계가 있으며 또

---

20) 〈경성부특별세수익세조례설정의건(도면회의록첨부)〉, 《부에 관한 서류철》 (CJA0003232), 1929, 국가기록원.

시민의 이해 휴척에 다대한 영향을 미치는 것이므로 이것을 실시할 때 극히 주도면밀한 주의와 신중한 고려하에 입법했습니다. (중략-편자)

의장(松井房治郎, 경성부윤) : 위원회에서 수정한 안을 기초로 해서 심의를 하겠습니다.

("이의 없음")

韓萬熙(21번) : 원래 수익세 자체는 위원회에서도 누누이 제가 말씀드린 것처럼 조선의 현상에 비추어 어떠한 불안도 없도록 한다는 데 있지 않습니다. 내지의 예를 조사한 바 명치유신 후 1919년 비로소 수익세 조례가 발포되었던 것으로, 빈약한 경성부가 선진 도시의 예를 모방하여 무조건 이렇게 부민에 이해휴척을 미치는 조례를 발포함은 저는 우려를 금할 수 없습니다. 그런 이유로 보류안을 제출했습니다만, 주위 사정과 또 백년대계를 고려하여 할 수 없이 보류를 철회하고 본 안을 신중 심의하여 일부 수정하여 가결했습니다. 바라건대 우리 경성 부민에게 적합하게 현재 및 장래에 있어서 시민의 실생활에 따르도록 조례가 실시되길 바랍니다.

(하략-편자)

2. 인천부협의회

1) 1927년 3월 20일 제3회 인천부협의회 회의록

항 목	내 용
문 서 제 목	第3回仁川府協議會會議錄
회 의 일	19270320
의 장	橫田克己(府尹)
출 석 의 원	金允福, 安永淳, 鄭世澤, 張錫佑, 金相勳, 孫亮漢, 鄭順澤, 內海淑郎, 增田米吉, 吉田秀次郎, 平山松太郎, 今村覺次郎, 力武嘉次郎, 村田卓, 藤井八重藏, 河野竹之助, 美濃谷榮次郎, 後藤連平
결 석 의 원	李彰義, 丹羽茂三郎
참 여 직 원	遠山秀道, 兵働義雄(이상 부속)
회 의 書 記	
회 의 서 명 자 (검 수 자)	
의 안	1926년도 인천부 세입출예산 추가의 건 부세조례 설정의 건 특별세 호별세 조례 설정의 건 공설일용품시장 사용조례 설정의 건 1927년도 인천부 세입출 총예산의 건
문 서 번 호 (I D)	CJA0002610
철 명	인천부관계서류
건 명	인천부부세조례설정의건-회의록첨부
면 수	4
회의록시작페이지	1209
회의록끝페이지	1212
설 명 문	국가기록원 소장 '인천부관계서류'철의 '인천부부세조례설정의건-회의록첨부'에 실려 있는 1927년 3월 20일 제3회 인천부협의회 회의록

해 제

본 회의록(4면)은 국가기록원 소장 '인천부관계서류'철의 '인천부부
세조례설정의건-회의록첨부'에 실려 있는 1927년 3월 20일 제3회 인천
부협의회 회의록이다. 제3회 인천부협의회의 의안은 자제2호 1926년
도 인천부 세입출예산 추가의 건, 자제3호 부세조례 설정의 건, 자제
4호 특별세 호별세조례 설정의 건, 자제5호 공설일용품시장사용조례
설정의 건, 자제6호 1927년도 인천부 세입출 총예산의 건인데 이날은
자제2호 1926년도 인천부 세입출예산 추가의 건 가운데 부도(敷島) 유
곽조합의 매독검사비[駆黴費]의 보조 건을 원안대로 가결하고 폐회하
였다.

내 용

부윤 : 의장석에서 개회를 선언

부윤 : 이번에 모이시라고 한 것은 지난번 여러분에게 직접 보내드린
청의안을 심의하기 위함입니다. 먼저 자제2호 1926년도 인천부 세
입출예산 추가의 건부터 심의해주시기 바랍니다. 전에 상담을 하여
이미 알고 계신 부내 부도(敷島) 유곽조합의 구매비(駆黴費)에 대해
천 원을 보조하려고 생각합니다.

12번(平山) : 본안은 지난번 상담회에서 이미 결정되었던 것이기 때문
에 독회를 생략하고 원안대로 가결 확정하면 어떻겠습니까?

(찬성이라는 소리 들림)

의장 : 12번 의원으로부터 독회를 생략하고 원안대로 가결 확정하자는
말이 나왔습니다. 여러분은 어떻습니까?

(전원 이의 없음)

의장 : 전원이 찬성이므로 본안은 독회를 생략하고 원안대로 가결 확
　　정합니다. (중략)

오늘은 이로써 폐회하기로 하고 내일, 모레 양일은 의안의 연구를 위
　　해 휴회하기로 하면 어떻겠습니까?

(전원 찬성)

그러면 내일과 모레 이틀 동안은 휴회합니다. 25일 오후 2시부터 계속
　　해서 개회하기로 합니다.

의장 : 폐회를 선언 (오후 4시)

2) 1927년 3월 25일 제3회 인천부협의회 회의록

항 목	내 용
문 서 제 목	第3回仁川府協議會會議錄
회 의 일	19270325
의 장	橫田克己(府尹)
출 석 의 원	金允福, 安永淳, 鄭世澤, 張錫佑, 金相勳, 孫亮漢, 鄭順澤, 增田米吉, 平山松太郎, 今村覺次郎, 藤井八重藏, 河野竹之助, 美濃谷榮次郎
결 석 의 원	李彰義, 內海淑郎, 吉田秀次郎, 力武嘉次郎, 丹羽茂三郎, 村田阜, 後藤連平
참 여 직 원	遠山秀道, 兵働義雄(이상 부속)
회 의 書 記	
회 의 서 명 자 (검 수 자)	
의 안	자제2호 1926년도 인천부 세입출예산 추가의 건 자제3호 부세 조례 설정의 건 자제4호 특별세 호별세 조례 설정의 건 자제5호 공설일용품시장 사용조례 설정의 건 자제6호 1927년도 인천부 세입출 총예산의 건
문 서 번 호 (I D)	CJA0002610
철 명	인천부관계서류
건 명	인천부부세조례설정의건-회의록첨부
면 수	9
회의록시작페이지	1213
회의록끝페이지	1221
설 명 문	국가기록원 소장 '인천부관계서류'철의 '인천부부세조례설정의건-회의록첨부'에 실려 있는 1927년 3월 25일 제3회 인천부협의회 회의록

본 회의록(9면)은 국가기록원 소장 '인천부관계서류'철의 '인천부부
세조례설정의건-회의록첨부'에 실려 있는 1927년 3월 25일 제3회 인천
부협의회 회의록이다. 예산안 심의에서는 하수구수선비, 종두비, 매독
검사비, 오물청소비, 화장장 수선비, 공동묘지 문제, 대동문공원 식수
등이 다루어졌다.

제3회 인천부협의회의 의안은 자제2호 1926년도 인천부 세입출예산
추가의 건, 자제3호 부세조례 설정의 건, 자제4호 특별세 호별세조례
설정의 건, 자제5호 공설일용품시장사용조례 설정의 건, 자제6호 1927년
도 인천부 세입출 총예산의 건이다.

의장(부윤) : 의장석에 착석, 개회 선언
의장(부윤) : 심의를 시작하기 전에 일단 의안의 대강을 설명합니다.
　먼저 자제3호 부세조례 설정의 건은 국세 영업세 창설에 동반해 종
　래의 영업세를 폐지하고 새로 영업세 부가세를 설치하는 것과 국세
　영업세의 과세외 및 동 면세점에서의 영업에 대해 국세의 과율을
　참작해 특별영업세의 신설 기타 잡종세에서 시세의 추이에 따르지
　않는 세민세 등 개폐의 필요를 인정한 것입니다.
　이어서 자제4호 특별세 호별세조례 설정의 건은 현행 호별세조례는
　소득을 표준으로 하기 때문에 부과의 균형을 얻지 못하는 점이 있
　고 국세영업세 창설과 잡종세 가운데 세민과세의 폐지 등으로 생기

는 세입의 결함을 보완하기 위해 이를 폐지하고 새로 독립의 생계를 영위하는 자에 대해 그 자산, 소득 및 생계의 정도를 표준으로 하여 등급을 정해 부과하는 특별 호별세의 필요가 있음을 인정한 것입니다.

다음으로 자제5호 공설일용품시장사용조례입니다만 이는 현재의 魚菜시장은 시장규칙 제1조 제2호에 저촉하므로 이를 부영(府營)으로 고치고 싶습니다. 이는 이미 여러분의 이해를 구한 것입니다. 이어서 자제6호 1927년도 인천부 세입출 총예산의 건입니다. 이는 제출한 설명서를 통해 알고 계시리라 생각하는데 대체로 예산의 편성 방침 등에 관해 대강의 내용을 말씀드립니다.

1927년도 예산은 역시 전년도와 마찬가지로 정부의 재정 긴축방침에 근거하여 오로지 절감을 취지로 하여 편성한 것입니다. 그러나 사업의 효과를 크게 하기 위해서는 충분한 고려를 하고 또 부민의 복리를 증진하기 위해 기타 진정으로 필요 불가결한 것에 대해서는 상당한 경비를 증액하였습니다만 총액에서는 전년도 예산에 비해 12만 424원의 감소가 되어 있습니다. 지금 이를 세출의 경상부 임시부로 구별 비교하여 말씀드리면 경상부에서는 6,515원의 증가, 임시부에서는 12만 6,939원의 감소로 되어 있습니다. 나아가 경상부 가운데 특히 증액이 심한 것에 대체적 내용을 말씀드리면 협의회비의 別款 경리를 위해 1,500여 원의 증가. 그러나 이는 전년도 사무비 가운데 계상하고 있었기 때문에 협의회원 증원 때문에 진정하게 경비가 증가한 것은 600여 원입니다. 사무비에서는 구내 사설전화의 설치 및 징수사무의 향상을 꾀하기 위해 고시서 독촉장 등의 특별 우편송달을 사정 송달방법으로 고치는 외에 공고 제비용으로 공고 사항을 새로이 언문신문에 게재하기로 하는 등을 위해 1400여 원을 증액했습니다. 전염병원에서는 주로 병사 기타 수선할 곳이 많기 때문에 490여 원을 증가하고 오물소제비에서는 우량인부의 사용 및 용인우대를 위해 단가이 인상 및 위로금을 계상하는 외에 실적을 참작하고 사료비의 증액 등으로 인해 1,200여 원을 증가했습니다. 공설운동장비에서는 확장에 동반해 유지수리비에서 600원을 증가하고 武德館費에서는 다다미 교체 시기에 해당하기 때문에 100여 원을 증가했습니다. 경비비에서는 상비소방수급 평균급의 인상 및 수선비의 증가 등을 위해 1,200여 원을 증가하고 또 잡지출에서는 납세장려비의 신설 및 手砲비의 화약류비 증가 등으로 인해 900여 원을 증가했습니다. 이밖에 신규사업으로서 시대의 추세에 비추어 상당한 시설의 필요성을 인정하여 사회개량비로 700원을, 또 이전에 협의를 부탁한 시장부영을 위해 경비 3,500여 원을 새로이 계상했습니다.

그리고 수도비에 있어서는 공사의 증가에 따라 직공 1명의 증원 등에 의해, 잡급에서는 증가는 하지 않았으나 기타의 각항에서 줄어들었기 때문에 총액에서 260여 원 줄었습니다. 이는 한편으로 동력변경 완성 뒤의 예산으로써 감소 정도가 적은 것 같지만 전년도 예산은 8월 이후는 공사 완성 뒤의 경비를 전망한 것과 지금 하나는 올해는 경성부로 공급수량의 격증에 따라 수원지비의 동력비가 증가했기 때문입니다. 또 재산관리비에서는 부유(府有)건물 수리비의 감소로 2,600여 원을 줄였습니다.

이어서 임시부에서 신규사업 및 개량사업의 주요한 것을 들어보면 토목사업으로서는 3등도로 寺町 서본원사 팡, 등외도로 桃山철도 건널목선 및 花平里 철도 건널목 부근의 개수, 기타 新町, 龍岡町, 仲町, 海岸町, 花町 지내의 側溝, 暗渠 및 水拔 등의 개수 외 浜町 큰 도랑

의 개수를 행하고, 전염병비에서는 속(裏) 하수구의 개축 및 증기소독기의 설비를 행하고 오물소제사업으로서는 창고 및 인부대기소의 건설을 하고, 수도사업으로서는 外里 및 棟町 지구 내의 배수관의 설치 외에 송수선로의 교체 부설을 행하기로 했습니다. 또 새로이 여러 조사비 및 공설시장비 등의 제경비를 계상한 것 등입니다. 기타 보조금에서 새로이 천주교회당 부속 고아원 및 부세 발전 등을 위해 보조를 하기로 하고 산업 방면의 보조금도 증액을 했습니다.

세입 쪽에서 주요한 증액을 살펴보면 경상부에서는 사용료 및 수수료에서 공설시장 사용료의 실설 및 독촉수수료의 증가에 의해 2,200여 원을 증액했는데 수도사용료, 급수시설료, 증명 기타 제수수료 등에서 장연 감수되어 5,400여 원을 감소한 결과 이를 빼고 3,200여 원의 감소로 되었습니다. 부세, 교부금, 경성부부담금 등에서는 상당히 증가했습니다. 즉, 부세에서는 소득세 및 거래소세의 부가세에서 본세의 감소 및 특별소득세의 감수 등으로 7,700여 원을, 또 잡종세의 개정 때문에 4,900여 원을 줄인 외에 종래의 영업세 및 호별세의 폐지로 인해 6,400원을 감소했습니다. 한편 시가지세 부가세 및 지방세, 가옥세 부가세 등에 있어 본세의 증수 때문에 800여 원을 증가하고 또 영업세 부가세, 특별영업세 및 호별세 등이 신설로 인해 7만 8천여 원을 증액했기 때문에 공제하면 5,600여 원의 증가가 되었습니다.

그러나 이 증액 가운데에는 특종세에 속하는 電柱세의 증가가 2천여 원 있으므로 일반적인 세로서는 3,600여 원을 증가하고 또 경성부부담금에서는 경성부 사용수량의 증가로 인해 8천여 원을 증가했으므로 결국 경상부에서는 1만 1,500여 원을 증가한 것입니다.

이어서 임시부에서는 과년도 수입에서 출납 폐쇄시기를 1개월 앞당

거 전망한 관계상 1,400원의 증가를 보았습니다만 이월금에서 3,500여 원을 줄인 것과 임시사업의 감소로 인해 지방비보조금, 경성부부담 금, 기부금 등에서 3만 200여 원이 줄었고 그밖에 재산매각대에서 100원을 줄였습니다. 또 사업의 관계산 국고보조금 및 부채의 차입 이 없기 때문에 9만 7,500원을 줄였기 때문에 그것을 가감하면 13만 2천 원의 감소를 보았습니다.

이상은 매우 대체적인 것으로 상세한 것은 각각 질문에 응하는 것 으로 하겠습니다. 부디 신중하게 심의해주시기 바랍니다.

의장 : 자제3호 부세조례의 1독회를 시작합니다.

(서기 낭독하다)

12번(禾山) : 종래의 영업세가 폐지되고 특별영업세가 신설되었는데 이 영업세는 어떻게 부과합니까?

번외(遠山) : 이것은 영업의 종류에 따라 각각 과율을 정해 부과하는 데 국세영업세에 준해 부과합니다.

12번(禾山) : 그러면 이번 특별영업세는 어떠한 것에 부과합니까?

번외(遠山) : 그것은 국세영업세의 과세외 및 국세영업세의 부과되는 업태 가운데 동 면세점 아래 및 과세유예기간 중에 속하는 영업자 에 대해 부과하는 것입니다.

12번(禾山) : 본원은 이를 위원회 부탁으로 하고 싶습니다.

의장 : 지금 12번 의원으로부터 본안을 위원회 부탁으로 하자는 말이 있었습니다. 여러분은 어떻습니까?

(전원 이의 없음)

의장 : 그러면 다음으로 자제4호 특별세 호별세의 1독회로 넘어갑니다.

(서기 낭독함)

17번(등정) : 본안 제1조 가운데 독립 생계라는 것은 학교조합비의 부

과와 마찬가지로 가령 1호를 구성하지 않더라도 독립하여 생계를
세운 셋방을 빌린 사람 등에 대해서도 부과하는 것입니까?

번외(遠山) : 그렇습니다. 학교조합과 마찬가지입니다.

12번(平山) : 지난해의 호별세 보다 예산액이 증가한 것 같은데 어떠
한 이유에서 입니까?

번외(遠山) : 종래의 호별세는 소득세이고 본 특별호별세는 부과세로
완전히 그 성질이 다릅니다. 즉, 종래의 호별세는 부내에서의 소득
에 대해 조례에서 정한 과율에 따라 과세한 것이고 이번의 세는 소
득에 자산, 생계의 정도 등을 참작하여 등급을 정하고 거기에서 필
요한 세액을 부과하는 것입니다. 바고 학교조합에서 조합비 및 학
교에서 호별할의 부과와 마찬가지입니다.

18번(河野) : 각 부 모두 마찬가지입니까?

번외(遠山) : 본 조례는 총독부에서 준칙을 정한 것으로 각 부 모두 마
찬가지입니다.

의장 : 17번 의원으로부터 위원회 부탁의 주장이 있었는데 여러분은
어떻습니까?

(이의 없음)

의장 : 그러면 본안도 위원회에 부탁하는 것으로 하겠습니다.

의장 : 그러면 자제5호의 1독회로 넘어갑니다.

(서기가 낭독함)

17번(藤井) : 부영으로 될 때에는 사용자는 현재의 인원보다도 줄어들
지는 않습니까?

번외(兵働) : 현재로서는 그런 걱정은 없습니다.

17번(藤井) : 생선과 채소망의 시장으로 합니까?

번외(兵働) : 생선과 채소만에 한정하지 않고 장래를 고려하여 일용품

도 판매할 수 있도록 명칭을 공설일용품시장으로 한 것입니다.

19번(美濃谷) 그러면 명칭은 공설일용품시장으로 됩니까?

번외(兵働) : 처음에는 마을 이름을 붙이려고 생각했습니다만 두 마을에 걸치기 때문에 어시장 쪽을 공설일용품 제1시장으로 하고 야채시장 쪽을 공설일용품 제2시장으로 하려고 생각합니다.

19번(美濃谷) : 사용료는 현재 어느 정도 입니까?

번외(兵働) : 현재 야채시장의 요금 징수방법은 부영으로 한 경우의 징수방법과는 조금 다릅니다. 이를 부영으로 한 경우의 방법으로 환산하면 한 대에 약 5원에 상당합니다. 그리고 생선시장은 한 대에 4원입니다.

13번(今村) : 독회를 생략하고 원안대로 가결 확정하는 것은 어떻습니까?

('찬성'이라는 소리 들림)

17번(藤井) : 결석자도 있으므로 위원회 부탁으로 하고 싶습니다.

('찬성'이라는 소리 들림)

의장 : 지금 13번 의원으로부터 독회를 생략하고 원안대로 가결하자는 주장이 있고, 또 17번 의원으로부터는 위원회 부탁으로 하자는 주장의 2설이 나와 표결을 하는 것으로 하겠습니다.

의장 : 그러면 13번 의원설, 즉 원안대로 가결 확정에 찬성하는 분은 거수해주기 바랍니다.

(찬성자 7명)

의장 : 출석자 13명 가운데 7명이 다수이므로 본안은 원안대로 가결 확정합니다.

의장 : 그러면 오늘은 이로써 폐회하고 내일은 오후 2시부터 계속해 개회하겠습니다.

(시각 오후 6시)

3) 1929년 3월 26일 인천부협의회 회의록

항 목	내 용
문 서 제 목	仁川府協議會會議錄(第一日)
회 의 일	19290326
의 장	寺島利久(부윤)
출 석 의 원	안영순(安永淳)(2), 정세택(鄭世澤)(3), 장석우(張錫佑)(4), 손양한(孫亮漢)(7), 吉田秀次郎(11), 今村覺次郎(13), 村田孚(16번), 河野竹之助(18번), 美濃谷榮次郎(19번)
결 석 의 원	김윤복(金允福)(1), 김상훈(金相勳)(5), 이창의(李彰儀)(6), 정순택(鄭順澤)(8), 平山松太郎(12번), 力武嘉次郎(14번), 丹羽茂三郎(15번), 後藤連平(20번)
참 여 직 원	兵働義雄(부속), 生田鐵造(부속), 龜田市平(부속), 靑山正雄(부속)
회 의 서 기	
회 의 서 명 자 (검 수 자)	
의 안	1. 1928년도 인천부 세입출 추가예산 건 1. 1929년도 인천부 세입출예산 건 1. 부세특별소득세 조례 폐지 건 1. 부세조례 중 개정 건 1. 기본재산처분 건 1. 桃山공원 일부 사용 폐지와 부동산처분 건 1. 도로 및 공원지 사용조례 중 개정 건 1. 월미도공원 일부사용허가에 관한 건 1. 인천병원 위탁경영계약에 관한 건 1. 공유수면매립 면허원의 건 1. 공유수면 매립비 계속년기 및 지출방법 설정 건
문 서 번 호 (I D)	CJA0002732
철 명	인천부관계서류
건 명	인천부도로및공원지사용조례중개정의건
면 수	20
회의록시작페이지	765
회의록끝페이지	785

설 명 문	국가기록원 소장 '인천부관계서류'철의 '인천부도로및공원지사용조례중개정의건'에 포함된 1929년 3월 26일 인천부협의회 회의록(제1일)

해 제

본 회의록(20면)은 국가기록원 소장 '인천부관계서류'철의 '인천부도로및공원지사용조례중개정의건'에 포함된 1929년 3월 26일 인천부협의회 회의록(제1일)이다. 25일부터 개최하려던 인천부협의회는 당일 정원 부족으로 인해 流會되었다가 26일 개최되었다. 출석의원이 9인으로 역시 정원에 미치지 못했으나 속회이므로 그대로 계속하여 자문안을 상정했다.[21] 이날 3월 26일은 寺島利久 인천부윤이 자문안 1호 1928년도 인천부 세입출 추가예산에 대해 설명하고, 자문안 2호 1929년도 인천부 세입세출예산에 대해 상세히 설명 후, 자문안 1호안에 대해 심의하는데 이의 없이 곧장 2독회로 넘어갔으며 3독회는 생략하고 2독회에서 만장일치로 가결했다.

인천부 1929년도 세입출 예산안에서는 기본재산 35,000원을 세입에 편입했는데 이는 기본재산의 성격을 몰각한 것으로 보는 편도 있었다. 이에 대해 인천부윤의 설명은 다음과 같았다. 1929년도에 府債 145,000원을 차입하게 되었는데 그 이자는 8푼 내지 8푼 5리이고 기본재산의 예금이자는 5푼 8리에 불과하니, 저리의 예금을 하고 고리의 차금을 하는 것은 불리하므로 기본재산을 세입에 편입한 것이며, 차금 145,000원의 상환이 1929년도부터 1932년도까지 매년 24,000원씩,

---

1933년도에는 12,000원을 상환해야 되는데, 기본재산을 이용하면 1929년
도부터 1933년도까지 12,000원씩을 균분 반상하면 되므로 유리하다는
것이다.[22]

내 용

회의의 의안은 자문안 1.1928년도 인천부 세입출 추가예산 건,
1.1929년도 인천부 세입출예산 건, 1.부세특별소득세 조례 폐지 건, 1.
부세조례 중 개정 건, 1.기본재산처분 건, 1. 桃山공원 일부 사용 폐지
와 부동산처분 건, 1.도로 및 공원지 사용조례 중 개정 건, 1.월미도공
원 일부사용허가에 관한 건, 1.인천병원 위탁경영계약에 관한 건, 1.공
유수면매립 면허원의 건, 1.공유수면 매립비 계속년기 및 지출방법 설
정 건이다.

의장(寺島利久, 인천 부윤) : 지금부터 개회하겠습니다. (오후 2시 50분)
부윤(寺島利久) : 어제 배부한 안건 내 자문 제1호안 1928년도 인천부
　세입출 추가예산에 관해 설명드립니다. 이 임시부 잡지출 1,516원을
　계상한 것은 1927년도 수원지 방제공사를 시행했을 때 정산의 결과
　잔여금입니다. 이 공사 시행에 관해서는 국고 보조를 받아 시행한
　것인데 정산 결과 잔금이 생겨서 그 잔금의 3분의 1에 상당하는 금
　액은 국고에 반납해야 하고 그 나머지를 계상한 것입니다. 이 재원
　으로는 조월금이 예정 이상 있었으므로 그것을 충당하고자 합니다.
　경상부 도서관 이전비 적립금 백 원은 지정한 기부가 있었으므로

이를 적립하는 것으로 했습니다.

부윤(寺島利久) : 자문 제2호 1929년도 인천부 세입출 예산에 관해서 대요를 설명드리겠습니다. 1929년도 예산은 긴축방침을 집행한 것입니다. 총 금액은 737,645원이고 그 중 경상 세입과 경상 세출의 차액은 4,8100원입니다. 따라서 부 재정 상황은 우선 순조롭습니다. 현재 부의 借金은 127,000원이고 예정 상환액은 매년 24,000여 원입니다. 이번에 새로 차입한 매립채 및 시구개정채 235,000원을 임시로 20년 균등상환으로 계산하면 연 이자 7보 7리이고 23,403원이 필요하므로 합계 47,600원의 상환액이 됩니다. 현재 재원에서 하면 부채 상환만 가능하게 됩니다. (하략-편자)

4) 1929년 3월 28일 인천부협의회 회의록

항 목	내 용
문 서 제 목	仁川府協議會會議錄(第二日)
회 의 일	19290328
의 장	寺島利久(부윤)
출 석 의 원	鄭世澤(3번), 張錫佑(4번), 金相勳(5번), 李彰儀(6번), 孫亮漢(7번), 河野竹之助(18번), 美濃谷榮次郎(19번)
결 석 의 원	金允福(1번), 安永淳(2번), 鄭順澤(8번), 吉田秀次郎(11번), 平山松太郎(12번), 今村覺次郎(13번), 村田孚(16번), 力武嘉次郎(14번), 丹羽茂三郎(15번), 後藤連平(20번)
참 여 직 원	兵働義雄(부속), 生田鐵造(부속), 龜田市平(부속), 靑山正雄(부속), 關口久次(부속), 堤熊次郎(기수), 千市高次(기수), 阿武誠熊(부 기수), 福村萬太郎(부서기), 松野宗義(부서기), 立川周作(부서기)
회 의 서 기	
회 의 서 명 자 (검 수 자)	
의 안	자문 제2호 1929년도 인천부 세입출예산 자문 제3호 부세 특별소득세 조례 폐지의 건 자문 제4호 부세조례 중 개정 건 자문 제5호 부채 繰上償還의 재원으로서 기본재산인 현금 처분의 건 자문 제6호 도산공원 일부 사용을 폐지하고 매각하는 건 자문 제7호 도로 및 공원지 사용조례 중 개정 건 자문 제8호 월미도공원의 일부 사용 허가에 관한 건 자문 제9호 인천병원의 위탁경영에 관한 건, 공유수면 매립면 허원 건 공유수면 매립비 계속년기 및 지출방법 설정의 건
문 서 번 호 (I D)	CJA0002732
철 명	인천부관계서류
건 명	인천부도로및공원지사용조례중개정의건
면 수	40
회의록시작페이지	786
회의록끝페이지	818

| 설   명   문 | 국가기록원 소장 '인천부관계서류'철의 '인천부도로및공원지사용조례중개정의건'에 포함된 1929년 3월 28일 인천부협의회 회의록(제2일) |

해 제

본 회의록(40면)은 국가기록원 소장 '인천부관계서류'철의 '인천부도로및공원지사용조례중개정의건'에 포함된 1929년 3월 28일 인천부협의회 회의록(제2일)이다. 제2일은 자문 제2호 1929년도 인천부 세입출예산에 대한 1독회이다. 1929년의 인천의 도로 상황, 전염병원, 분뇨 및 쓰레기, 수도와 전력, 묘지와 화장장, 공원, 공회당, 공동숙박소, 청년훈련소, 각종 부가세 등에 대해 상세한 정보가 담겨있다.

내 용

의장(寺島利久 인천부윤) : 26일에 이어 제1독회를 개회하겠습니다. 자문 제2호 1929년도 인천부 세입출예산부터 심의를 원합니다. 세출경상부 제1관 사무비부터 순차적으로 각 관마다 질문해주십시오.

金相勳(5번) : 부 직원 정원 및 내지인과 조선인 인원은 어떻습니까?

寺島利久(인천부윤) : 부 직원 수는 전년에 비해 2명 늘었습니다. 내선인별 인원은 뒤에 조사해서 답하겠습니다. 이번에 증원한 2명 중 1명은 내지인, 1명은 조선인을 채용할 예정입니다.

河野竹之助(18번) : 제2항 부 직원 급여 4,122원의 증가는 설명서에 의하면 토목비 및 수도비에 계상해온 기수 2명을 사무비로 옮기고 2명 증원하는 비용인 것 같은데 재원이 충분치 않은 상황이므로 승급은 하지 않을 예정입니까?

寺島利久(인천부윤) : 종래 토목비, 수도비에 있었던 기수 급여 3,456원을 사무비로 옮기면서 늘어났습니다. 거기에 부 직원 2명의 증가와 승급 비용을 약간 예정하고 있습니다.

河野竹之助(18번) : 수용비가 1,537원 증가하고 있는데 주로 인쇄비가 늘어난 것입니까? 종래 여기에 대신할 비용이 다른 어딘가에서 감소한 것 아닙니까?

번외(兵働義雄 府屬) : 답변하겠습니다. 줄어든 것은 전염병 예방비 수용비 내 인쇄비 62원, 종두비 내에서 인쇄비 73원 10전, 오물소제비 인쇄비 30원, 공설시장비의 인쇄비 20원입니다. 전년도의 사무비의 도서 및 인쇄비는 600원이었습니다. 새로 본년도에 증가한 것은 예규의 인쇄비 600원 여입니다.

金相勳(5번) : 직원 2명을 증원해야 하는 까닭을 듣고 싶습니다.

寺島利久(인천부윤) : 수도 수입의 미납을 현재 57,000원으로 계산하고 있습니다. 수도고지서 발급 수는 74,000통입니다. 수도 수입은 연 140,000만 원이고 부세는 150,000원인데 부세는 국가 관리의 심부름꾼으로서 상당한 인원이 배치되어야 합니다. 수도 쪽은 지금까지 인원 부족이었으므로 2명을 증가시켰습니다. 수도 사용료에 관해서는 斷水 처분이라는 무기가 있지만 이것은 쉽게 시행할 것은 아니고 급료는 싸지만 역시 분임 출납을 할 수 있는 자격있는 부 직원이 아니면 징수할 때 곤란합니다. 1928년과 1929년 2년간 약 180,000원의 징수를 하지 않으면 안되었습니다. 1929년도에는 가옥의 기본조사도 해야 했습니다. 이 비용으로 근소한 금액은 임시부에 계상했습니다만 그런 일을 조사하기는 불가능합니다. 일반 세무원을 주로 파견해야 하는데 역시 좀 바쁩니다.

金相勳(5번) : 용인료 내에 고지서 송달원 급여가 게재되어 있는데 종
래는 어떻게 고지서를 송달했습니까. 소사를 써서 송달했습니까?
(중략-편역자)

金相勳(5번) : 부 직원 및 고원은 시험을 보고 채용합니까? 그 채용 방
법에 관해 듣고 싶습니다. 또 인천은 조선인이 10분의 7을 점하고
있으니 조선인을 채용한다면 상당한 학력있는 자를 싸게 채용 가능
하고 조선어를 모르는 내지인으로 대체하면 통역을 붙여야 합니다.
사무 능률은 올리고 급여는 싼 것이 득책이라고 여겨집니다. 그런
견지에서 조선인을 많이 채용하기를 바라는데 부윤은 그런 의사는
없습니까?

寺島利久(인천부윤) : 부 직원은 거의 중등 정도의 학교를 졸업한 자
를 채용하고 있습니다. 중학교, 상업학교 등 졸업자입니다. 그리고
고원 내에서 성적이 우수한 자를 순차적으로 부 직원으로 올리고
급사 중 성적이 좋은 자는 이를 고원으로 하는 모양새입니다. 말씀
하신 것은 잘 들었습니다만 기술원 같은 것은 조선인 중에서 얻기
어렵습니다. 장래 결원이 생기는 경우 가급적 조선인을 채용해서
보충해가겠습니다. 특히 송달원 같은 것은 현재 인원과 현재 급여
그대로 계상했으므로 지금 갑자기 전부를 사직시키고 개혁하는 것
처럼 현저하게 개혁 변경하는 것은 좋지 않습니다. 가급적 종래대
로 하고 변경하지 않는 방침이 지당하다고 믿고 있습니다.

의장(寺島利久 인천부윤) : 제1관에 관해 질문 없습니까?

("없음", "없음")

의장(寺島利久 인천부윤) : 그러면 제2관 토목비로 넘어가겠습니다.

河野竹之助(18번) : 제1항 도로비에 관해 포장 모래 구입비가 증가한
것과 감시원 1명을 두기 위해 증가한 것에 대한 설명입니다만 도로

수선하는 장소는 몇 개 정도이고 모래는 어느 정도 들어가는 것입니까? 또 종래 감시원이 없었는데 이를 새로 두는 것에 대해서 상세하게 듣고 싶습니다.

번외(堤熊次郎 技手) : 종래 常傭夫 11명을 두고 직영하에 일하게 하면서 여기에 工夫 4명을 배치하고 도로 취체를 하고 있었습니다. 이 취체를 감시원으로 바꾸고 확실한 자를 채용하려고 하는 생각입니다. 상용부는 종래 도로 수선비 안에 들어가 있던 것입니다. 또 모래 구입비는 1등도로 2,795원 27,950평방미터의 수리, 3등도로 926원에 포장 연장 9,260미터, 등외도로 5,832원으로 38,880평방미터인데, 이 면적은 도로의 전체 연장을 게시한 것이고 파손 면적은 아닙니다. 이 안의 파손 부분을 수리할 예정액을 계상한 것입니다. (중략 편자)

河野竹之助(18번) : 항만비 안에서 호안석단 수선비는 어느 장소입니까?

번외(堤熊次郎 기수) : 외인묘지와 제방 사이 약 2백간이 붕괴되어 있고 송현리입니다.

(질문 없음)

의장(寺島利久 인천부윤) : 질문 없으니 제3관 전염병예방비로 넘어가겠습니다.

寺島利久(인천부윤) : 전년도와 다른 점은 임시 의사 수당을 계상한 정도이고 달리 큰 차이는 없습니다.

(질문 없음)

의장(寺島利久 인천부윤) : 질문 없으니 다음은 제4관 전염병원비...

河野竹之助(18번) : 수용비가 증가한 사유를 듣고 싶습니다.

寺島利久(인천부윤) : 비품비에서 좀 약품비, 소모품비, 환자 賄費 등이 모두 전년보다 많아진 것은 1928년 관례에 의한 것입니다. 1928년 도의 분은 2월까지 5,098원을 사불하고 있으므로 이 정도는 든다고 생각합니다.

美濃谷榮次郎(19번) : 전염병원에 상근하는 의사가 있습니까?

번외(兵働義雄 부속) : 외과의가 숙사에 있고 아침저녁 환자를 회진하고 있습니다. 인천병원으로부터도 매일 1회나 몇회 시행하고 있습니다.

美濃谷榮次郎(19번) : 매년 이것은 문제인데 의사를 상근시키고 서기를 겸하게 하면 좋지 않을까 생각합니다. 서기 용무는 그다지 많지 않고 특히 專務 서기를 둘 정도의 필요는 없다고 생각합니다. 또 약품 같은 것은 어떻게 되어 있습니까?

寺島利久(인천부윤) : 의사에게 서기를 겸하게 하면 의사라는 자격을 얻은 자는 불만일 겁니다. 지금 입원 환자가 15명이고 많을 때는 22,3명이나 됩니다.

번외(立川周作 부서기) : 소독약품은 병원에 준비되어 있습니다. 환자의 투약은 인천병원으로부터 받아 시행하고 있습니다.

寺島利久(인천부윤) : 밤에는 외과 의사가 내부의 집에 살고 있어서 환자에게 주의를 주고 있습니다. 또 이 증가는 주로 수용비 및 수선비의 증가입니다.

孫亮漢(7번) : 전염병원에는 조선인이 많이 입원합니다. 조선인 의사를 한 사람 고빙하고 싶습니다. 사실 병원에 입원하면 죽는다고 생각하여 결국 전염병을 은폐하는 예가 많습니다. 조선어로 이해를 구해서 말을 듣게 한다면 자연 은폐하는 자도 없어지고 위험이 줄어든다고 생각합니다. 저는 재작년 입원했을 때 뭔가 개선되어야한다고 통절히 느꼈습니다.

寺島利久(인천부윤) : 지금은 희망하시는 것의 반 정도는 실행하고 있
    습니다. 의생을 두는 것도 매우 좋다고 생각하지만 지금 전염병원
    은 전속 의사만으로 한정하지 않습니다. 환자의 희망에 따라서는
    町의 의사를 불러서라도 지장없이 한다는 점을 말씀드립니다.

번외(立川周作 부서기) : 입원 환자에 관해서 말씀드리겠습니다. 1926년
    도의 입원환자는 내지인 43명, 조선인 51명, 1927년 내지인 39명, 조
    선인 35명, 1928년에는 내지인 63명, 조선인 26명입니다.

(질문 없음)

의장(寺島利久 인천부윤) : 그러면 제5관 검역비로 넘어갑니다.

寺島利久(인천부윤) : 280원 계상했고 전년도보다 증가했습니다. 약품,
    기구, 기계비인데 지금까지대로는 부족합니다. 소모품비는 1인당
    1원 16전, 창기 188인의 견적으로 짰습니다.

(질문 없음)

의장(寺島利久 인천부윤) : 다음은 제6관 오물소제비입니다.

河野竹之助(18번) : 1개월 분뇨 및 쓰레기의 반출 회수가 평균 어느 정
    도입니까? 町에 따라서 차이가 있습니까? 가장 쓰레기가 많은 장소
    는 어느 정도로 되어 있습니까?

번외(立川周作 부서기) : 쓰레기가 4일에 한번, 분뇨가 1주일 1회 정도
    입니다. 쓰레기가 많은 곳은 그 이상으로 거두어가고 있는데 3일에
    한번 정도의 곳도 있습니다.

美濃谷榮次郎(19번) : 잡급이 1,424원 증가하고 있는 것은 주로 무엇이
    증가한 겁니까?

寺島利久(인천부윤) : 운전수 급여는 도로 살수에 종사하는 것이고 이
    것은 현재 일수에 따라 짠 결과 감소했지만 감독원 급여가 증가하
    고 있습니다. 종래는 2인이었는데 일손이 부족하여 이를 4명으로

늘리고 독려시키는 것으로 했습니다. 그리고 취체 인원이 5명이었는데 3명으로 했습니다. 다시 말하면 취체인 2명을 줄여 감독원으로 한 것입니다. (중략-편자)

美濃谷榮次郎(19번) : 어제 신문을 보니 전매특허를 받은 小林式 燻炭 비료 장치라는 것이 나와서 용산이라고 기억되는데 대단히 성적이 좋다는 것을 봤습니다만, 이에 관해 조사 연구한 적이 있습니까? 또 오물 처분에 관해 연구한 것이 있으면 듣고 싶습니다.

번외(立川周作 부서기) : 당시 제가 가서 조사했습니다만 쓰레기를 소각하고 여기에 분뇨를 섞어 건조시키는 것인데 그 적합성에 관해서는 아직 실험 중이라고 생각합니다.

寺島利久(인천부윤) : 지금 번외의 답을 보충하겠습니다. 경성부에서는 1928년 이전부터 이를 연구했는데 아직 채용하고 있진 않습니다. 사실 아직 완전한 것은 아닙니다.

각 부 모두 이 분뇨 쓰레기 문제에는 골치를 썩고 있는데 평양의 방법이 가장 좋다는 평입니다. 부산에서는 천 원이나 들여 만들어봤는데 결과가 좋지 않아서 그대로 되어 있습니다. 원산은 대실패로 끝났습니다. 지금으로서는 퇴비로 하는 게 가장 좋으리라 생각합니다.

美濃谷榮次郎(19번) : 본년은 박람회도 있어서 함대도 들어오는데 충분히 오물 반출을 해주길 바랍니다. 이 예산으로 충분합니까? 도중에 추가할 수는 없습니까?

寺島利久(인천부윤) : 馬匹도 개량했고 차륜도 종래의 것만으로는 운반 능력에 한계가 있어서 작년 이래 砲車式으로 바꾸었고 올해도 임시부에 이를 요구했습니다. 이 포차식에 의하면 대단히 원활하게 수송능력이 증가합니다. 대체로 오물 반출 상황은 양호한 진전을

거두고 있습니다. 이 예산은 확신을 갖고 짠 것이므로 책임있게 실행을 기할 각오입니다.(중략-편자)

의장(寺島利久 인천부윤) : 다음은 제8관 수도비입니다.

寺島利久(인천부윤) : 잡급은 감소했습니다. 수용비가 수질시험 때문에 좀 증가하고 작업비는 감소하고 수원지비를 늘린 것이 증가의 주된 내용입니다.

번외(千市高次 기수) : 水源池의 증가의 주된 것은 전력비와 약품비와 工夫입니다. 전력비는 작년 6,100키로와트였는데 본년은 6,647키로와트 예정입니다. 이것은 수량 증가에 따라 매년 증가해왔습니다. (중략-편자)

美濃谷榮次郞(19번) : 전력비의 1키로와트 3전 5리는 비싸지는 않지만 일반 전등비는 싸게 된 것 아닙니까?

번외(千市高次 기수) : 싸게 된 것은 전등이고 전력은 싸게 된 것이 아닙니다. 평양, 경성의 상황을 조사해 보고 교섭도 해봤는데 전력은 지금 비싸지는 않고 내릴 예정도 없습니다.

(질문 없음)

의장(寺島利久 인천부윤) : 그러면 제9관 도축장비로 넘어가겠습니다.

(질문없음)

의장(寺島利久 인천부윤) : 다음은 제10관 묘지 및 화장장비입니다.

寺島利久(인천부윤) : 이것은 좀 늘었습니다. 묘지비는 수선비가 좀 많이 드는 것과 원래의 화장장용을 쓰지 않은 것이 그대로 있어서 무너질 위험이 있어서 그 제거비를 계상했기 때문입니다. 화장장비는 사망자가 많아서 청부금이 증가한 것과 수리가 필요한 것이 많기 때문입니다.

河野竹之助(18번) : 작년에도 묘지 70원 화장장 170원이라는 수선비가 있었습니다만 올해도 그렇게 들어갑니까?

寺島利久(인천부윤) : 앞에 말씀드린 대로 응급 수리가 필요한 것입니다.

(질문 없음)

의장(寺島利久 인천부윤) : 다음은 공원비입니다.

河野竹之助(18번) : 작년 식수 및 수입 제비로서 1,750원이었는데 올해는 식수비 500원과 해충 구제비 600원으로 되어 있습니다만, 이는 해충 구제비가 감소한 것은 아닙니까? 해충 구제는 충분히 해야 한다고 생각합니다. 이 예산에 충분히 반영되어 있는지, 혹시 경비를 줄여서 불충분하게 끝난 것은 아닙니까?

寺島利久(인천부윤) : 올해는 임시부 공원비에 나와있는 대로 사슴이나 기타 동물을 매입하기 때문에 그 사료비 450원을 새로 더했는데 식수는 작년 매입한 것도 있어서 500원 정도로 좋을 것이라 생각합니다. 해충구제비는 전년보다 조금도 줄어든 것이 아닙니다. 이 정도 있으면 충분하다고 생각합니다.

孫亮漢(7번) : 정원사는 현재 몇 명입니까?

寺島利久(인천부윤) : 월미도에 65원 받는 1인, 西공원에 일급 1원 15전의 자가 1인, 桃山공원 월 5원의 파수꾼이 1인입니다.

美濃谷榮次郎(19번) : 서공원에서 화초를 재배하여 시중에 팔아넘기고 있다고 들었는데 어떻습니까?

寺島利久(인천부윤) : 정원사가 온실을 이용해서 일이 없을 때 재미로 재배하고 있는 것입니다. 공원으로서는 장난감같은 화초는 필요 없다고 생각하고, 온실을 부에서 관리하는 것도 아닙니다. 이것은 자연히 그만두는 게 옳다고 생각합니다. 외부에 정원사가 꽃을 팔아넘긴다는 것은 듣지 못했습니다.

(질문 없음)

의장(寺島利久 인천부윤) : 그럼 제12관 공회당비로 넘어가겠습니다.

河野竹之助(18번) : 작년 공회당 사용 회수는 몇 번이고 그 수입은 얼마 정도였습니까?

번외(兵働義雄 부속) : 1월부터 12월까지 사용 회수는 116회, 2월 말까지의 사용요금은 465원 50전입니다.

(질문 없음)

의장(寺島利久 인천부윤) :그러면 13관 공동숙박소로 넘어갑니다.

金相勳(5번) : 공동숙박소에 숙박한 내선인 수를 듣고 싶습니다.

번외(兵働義雄 부속) : 1928년도에 연인원 내지인 689, 조선인 6,785인, 합계 7,474명이고, 1927년도는 내지인 844명, 조선인 7,682명, 합계 8,526명입니다.

金相勳(5번) : 間 수와 수용력을 듣고 싶습니다.

美濃谷榮次郎(19번) : 사회사업으로서는 꽤 유익하다고 생각합니다. 이를 지금 좀 확장해서 일자리까지도 알선하는 것은 어떻습니까.

寺島利久(인천부윤) : 理事者로서는 확장할 의견은 없습니다. 지금 인천부의 호수 1만 3천여 호 중 3천 호가 조세 능력자이고 약 1만 호는 한푼도 부비 부담을 하고 있지 않습니다. 조선 전체에서 이러한 곳은 진남포 뿐인데 진남포 다음가는 빈핍한 곳입니다. 이렇게 細民이 많이 있는데도 관계없이 계속 평안남도, 전라북도 등에서 혹은 대구 방면에서 세민이 옵니다. 이들 다른 도의 세민을 1박 5전으로 숙박시키고 일부러 여기에 와달라고 하지 않아도 좋은 것입니다. 그것보다도 이 지역의 세민을 어떻게 구제할지에 대한 방법을 강구하는 게 급무라고 생각합니다. 이 숙박소 시설은 한편으로 고찰하면 직간접적으로 타지의 세민을 불러들이게 되는 것이고 理事

者로서는 오히려 확장하지 않는 게 좋다는 의견을 갖고 있습니다.

번외(兵働義雄 부속) : 숙박소 間 수는 11간 8실 외에 식당 사무실 2간이고 최대 수용력은 50인입니다. 사무원으로 하여금 직업 소개 사무도 맡기고 있습니다.

(질문 없음)

의장(寺島利久 인천부윤) : 그러면 14관 공동세탁소비입니다.

(질문 없음)

의장(寺島利久 인천부윤) : 다음은 15관 공설운동장비입니다.

金相勳(5번) : 이 수선비는 작년에도 900원이고 본년도 역시 900원인데 이 액수는 없애면 안됩니까? 작년은 어느 정도 사용했습니까?

寺島利久(인천부윤) : 2월말까지 860원 사용했습니다. 손상된 곳을 고정해도 또 손상이 있으므로 정도는 필요하다고 생각합니다.

(질문 없음)

의장(寺島利久 인천부윤) : 제16관 도서관비입니다.

美濃谷榮次郎(19번) : 도서관은 현재 위치도 좋지만 불편하므로 이를 이전하자는 의견도 있는데 부윤은 이를 적당한 곳에 이전할 생각은 없습니까?

寺島利久(인천부윤) : 지금 장소가 적당하다고는 생각지 않지만 다른 시급한 사업이 많아서 재정상 지금 이전할 생각은 없습니다. 작년 매수할 할 때 차입한 부채 상환조차 완료하지 않았습니다.

(질문없음) (중략-편자)

의장(寺島利久 인천부윤) : 다음은 사회개량비.

寺島利久(인천부윤) : 올해 새로 추가했습니다. 이 청년훈련소비 1,300원은 아직 이에 관련한 법령도 발포되지 않았고 또 들리는 바에 의하면 학교조합이나 개인 경영으로 될 수도 있는 모양이므로 이 1,300원은 일단 삭제하겠습니다. 양해 바랍니다.

美濃谷榮次郎(19번) : 청년훈련소비를 삭제하는 건 이의 없습니다만 여기 게재되어 있는 바로는 청소년단 지도장려비 500원과 체육장려비 150원, 이것은 임시부의 기부 및 보조 안에 보조비 중에도 체육장려비로서 1,000원, 연합청년단 보조로서 500원 계상되어 있습니다. 동일하거나 혹은 동일성질인 것이 2개소에 게재되어 있다고 생각되는데 어떻게 된 겁니까?

번외(兵働義雄 부속) : 여기 게재된 청소년단 지도장려비는 작년에는 시내에 8단체 있었는데 그 안에서 1명 또는 2명을 뽑아 내지에 견학을 보냈고, 임시부에 게재된 연합청년단이라는 것은 이 청년단의 통일을 기하기 위해 설치한 것으로 이는 그 경비를 보조하는 것이라서 성질이 다릅니다. 체육장려비로서 경상비에 게재되어 있는 것은 일례를 들면 우승컵을 만들어 수여하는 것 같은 비용을 이 과목에서 지출하는 것이고, 임시부에 있는 체육장려비는 체육단체가 천막을 펼치고 야영한다든가 군대 생활처럼 용산의 병영에 가서 지도받는다든가 단체 자신이 하는 사업에 대해 보조하는 것으로 성질이 각기 다릅니다.

金相勳(5번) : 이 체육장려비와 청소년단 장려비는 매년 계상하는 건 아니고 임시에 속하는 것이니 임시부에 계상하는 게 맞지 않습니까?

寺島利久(인천부윤) : 전년도부터 구별해서 계상해온 것이고 이는 번외가 말씀드린 것처럼 그 성격이 다르며 연속적인 것이므로 경상부에 넣는 게 정당하다고 생각합니다. 하나는 부 자체가 시행하는 것이고 임시부는 단체가 시행하는 것을 보조하는 것입니다.

金相勳(5번) : 조선인이 무도관을 만들어 검도 유도를 수련하는 게 있습니다. 이것은 사상단체는 결코 아니고 온전히 심신 단련을 주로 하는 것입니다. 가능하다면 여기에도 상당히 보조를 해주길 바랍니다. 또 정규 보통학교에 다닐 수 없는 세민의 자제들을 교육하고 있는데 이것도 경비관계상 폐지하지 않으면 안되는 모양인데 여기에도 상당히 보조를 주는 것을 고려해주길 바랍니다.

寺島利久(인천부윤) : 조사해보겠습니다.

(질문없음)

의장(寺島利久 인천부윤) : 다음은 제19관 권업비입니다.

美濃谷榮次郎(19번) : 양계장려비에 관해 질문하겠습니다.

(중략-편자)

島利久(인천부윤) : 보조비 내에서 해수욕장 기타 보조가 전년 1,200원 이었던 것을 600원 감소시킨 것은 심오한 이유가 있는 것은 아닙니다. 단지 이를 반감해서 도로 살수비 보조로 전환한 것이고 이를 감한 것은 본년은 그 시기가 아니라고 생각합니다. 원안을 고집하는 것은 아닙니다.

河野竹之助(18번) : 저는 유원회사에 관계가 있는데 제가 말씀드려도 되겠습니까. 사실 유원회사는 돈벌이가 되는 건 아니고 인천을 위해 진력하는 것입니다. 현재 위안이 되는 수영장 같은 것도 약 50,000원 규모를 철도와 교섭 중입니다만 좀처럼 철도 측에서는 쉽게 돈을 내지 않고 대부분은 회사가 맡지 않으면 안되어서 경영이 대단히 곤란합니다. 이는 2독회에서 전년대로 부활시켜 주시기 바랍니다.

(질문 없음)

(중략-편자)

의장(寺島利久 인천부윤) : 그러면 세입경상부 제1관 부세로 넘어가겠습니다.

寺島利久(인천부윤) : 지세 부가세는 전년과 같습니다. 소득세 부가세
는 법령의 결과 반감했습니다. 제3항 영업세 부가세는 작년 조사액
에 의해 게재한 것입니다. 취인소세 부가세는 전년의 조정액을 기
준으로 해서 게재한 것이고, 가옥세 부가세는 소득세 부가세가 줄
고 차륜세 부가세가 줄고 호별세에서도 부과 호수가 줄어서 여러
각종 세가 줄어드니 할 수 없이 이 가옥세를 10전 증가시켜서 제한
액까지 취하는 것으로 했습니다. 다른 부에서도 이미 1928년도에
본세 1원에 대해 1원을 징수하고 있습니다. 제한액에 달하지 않는
곳은 인천뿐입니다. 다음으로 차륜세 부가세를 감소시킨 것은 본세
의 감소 때문입니다. 새로 된 지방세 특별소득세 부가세는 본년도
는 이 정도의 것이라 생각합니다. 특별영업세는 전년 율에서 변경
된 것은 없습니다. 호별세는 부과 호수가 줄었는데 이 호수는 전년
도 조정액에 의한 것입니다. 특별소득세는 부 외의 사람에 대한 본
세 미결정의 것입니다. 이 세는 내년도는 예산에서는 사라지는 것
입니다. 잡종세는 전주세의 증가 이외에 변하지 않았습니다.

河野竹之助(18번) : 영업세가 현저하게 증가했는데 이는 자연 증수가
해결 방법은 아닙니다. 가옥세 부가세는 지금 부윤이 각 부의 예를
들며 다양하게 설명했지만 우리 부의 현상에서 보면 오히려 이는
저감해야 하는 상태에 있습니다. 이것을 올리는 것은 사실에 적합
하지 않습니다. 이것은 2독회에서 수정 동의를 낼 작정입니다.

(하략-편자)

5) 1929년 4월 1일 인천부협의회 회의록

항 목	내 용
문 서 제 목	仁川府協議會會議錄
회 의 일	19290401
의 장	寺島利久(부윤)
출 석 의 원	정세택(鄭世澤)(3), 장석우(張錫佑)(4), 김상훈(金相勳)(5), 이창의(李彰儀)(6), 정순택(鄭順澤)(8), 吉田秀次郎(11), 村田宇(16), 河野竹之助(18), 美濃谷榮次郎(19)
결 석 의 원	김윤복(金允福)(1), 안영순(安永淳)(2), 손양한(孫亮漢)(7), 平山嘉次郎(12), 今村覺次郎(13), 力武嘉次郎(14), 丹羽茂三郎(15), 後藤連平(20)
참 여 직 원	兵働義雄(부속), 生田鐵造(부속), 龜田市平(부속), 靑山正雄(부속), 關口久次(부속), 堤熊次郎(편기수), 千市高次(부기수), 阿武誠熊(부기수), 福村禹太郎(부서기), 松野宗義(부서기), 立川周作(부서기)
회 의 書 記	
회 의 서 명 자 (검 수 자)	寺島利久(부윤), 吉田秀次郎(11), 장석우(張錫佑)(4)
의 안	소화3년도 인천부 세입출 추가예산의 건 소화4년도 인천부 세입출 예산의 건 부세 특별소득세 조례 폐지의 건 부세 조례 중 개정의 건 기본재산 처분의 건 도산공원의 일부 사용폐지 및 부동산 처분의 건 도로 및 공원지 사용 조례 중 개정의 건 월미도공원의 일부 사용허가에 관한 건 인천병원 위탁경영 계약에 관한 건 공유수면매립 면허원의 건 공유수면매립비 계속연기 및 지출방법 설정의 건
문서번호(ID)	CJA0002696
철 명	인천부예산서류
건 명	소화4년도인천부세입출예산설명서인천부협의회회의록
면 수	6
회의록시작페이지	632

회의록끝페이지	637
설 명 문	국가기록원 소장 '인천부 예산서류'에 포함된 1929년 4월 1일 인천부협의회 회의록

해 제

본 회의록(총 6면)은 국가기록원 소장 '인천부 예산서류'의 '소화4년도 인천부 세입출 예산 설명서 인천부 협의회 회의록'에 포함된 1929년 4월 1일 인천부 협의회 회의록이다. 4월 1일 제3일 회의는 제2일 회의 후 전원위원회에서 예산 논의를 한 결과를 전원위원장이 보고하였고, 3독회 생략하고 2독회에서 가결 확정했다.[23]

이날 인천부협의회의 회의 내용은 1929년 4월 4일 『매일신보』를 통해 보도되었다. 그 내용은 다음과 같다.

"인천부 협의회 속회 위원회는 1일 오후 3시부터 부청 청사에서 속개하여 연일 위원회에서 문제가 되어있는 부 전염병원에 전속 내과의사 설치 건에 대하여는 부에서 적당한 고려를 하기로 하고 새로이 유원(遊園) 회사 보고, 공동 세탁소 납량대 설치 등에 대하여 의견이 백출하다가 결국 오후 5시부터 본회의를 개회하였다. 미노타니(美濃谷) 위원장으로부터 위원회의 수정 결의 및 요망사항을 보고하였는데 그 수정 결의안을 다음과 같다. 세출 경영부 접대비 2,500원을 3,500원으로 ▲ 세출임시부 공설시장비 1만 원을 1만 9천 원으로 수정.

그리고 위원의 요망사항은 현재 도로를 사용하는 자에 대하여 하등의 수속을 이행치 않고 또 사용료를 징수치 않는 자 많은 즉 속히 상

---

[23] 문서번호 CJA0002732에도 같은 날 회의록이 수록되어 있음.

당한 서치를 할 일 ▲ 정비(町費)로써 특히 정내에서 미관을 添하고 정의 번영을 計할 목적으로 어대전 당시 가로등을 건설한 바 부에서는 기 건설을 기화로 하여 종래 부에서 건설하였던 가로등은 殆히 철거하였으니 이와 같은 것은 정민의 기대에 배치함이 심하니 특히 고려할 것. ▲ 전염병원에 전속하는 내과의를 置함은 부협의회의 요망으로 작년에도 此를 주장하였으나 상금 실현치 못하였으니 속히 차의 실현을 요망(김상훈 군으로부터 필히 조선인 의사 채용을 첨부함). ▲ 임시부 조사비 중에 가옥 조사비를 계상한 것은 이의가 없으나 동양의 조사가 있을 때에 부민이 등기 또는 소유권 이전 등의 수속을 하지 않아서 불편을 生하게 되니 특히 주의를 요망. ▲ 보조비에서 재향 군인회에 대한 보조를 고려할 일 등 여러 건을 보고하였는데 데라시마(寺島) 부윤은 수정 결의에 찬성하고 요망 사항은 찬성 또는 고려하겠다고 답변하였다. 결국 세출에 있어 2,300원 증가, 세입에서 6,800원 감소가 되었는데 차인(差引) 세입 초과 1,500원은 가옥세를 경감하고 잉여는 예비비로 편입하기로 한 후에 제2 독회 생략, 세입출 예산은 만장일치로 가결 확정하였다."[24]

내용

본 회의의 의안은 다음과 같다. 소화3년도 인천부 세입출 추가예산의 건, 소화4년도 인천부 세입출 예산의 건, 부세특별소득세 조례폐지의 건, 부세조례 중 개정의 건, 기본재산처분의 건, 도산공원의 일부 사용폐지 및 부동산 처분의 건, 도로 및 공원지 사용조례 중 개정의

24) 『每日申報』 1929.4.4, 3면.

건, 월미도공원의 일부사용 허가에 관한 건, 인천 병원 위탁 경영 계약에 관한 건, 공유수면 매립 면허원의 건, 공유수면 매립비 계속 연기 및 지출방법 설정의 건.

의장(寺島利久 인천부윤) : 지난번에 자문 제2호 1929년도 인천부 세입출예산 1독회에서 대체적인 질문을 끝내고 전원위원에게 부탁하여 위원회가 완료되었습니다. 위원장의 보고가 있겠습니다.

美濃谷榮次郎(19번) : 지난 30일 위원회를 열어 각 관에 대해 심의한 결과는 지금 배부한 보고서에 게재한대로 수정 또는 요망이 있었습니다. 그 중 접대비가 2,000원 증가한 것으로 써있습니다만 이것은 위원회에서는 제1, 제2함대도 차차 입항하고 박람회도 있으므로 상당히 손님이 올 것이라서 1,000원 정도는 늘려두는 게 좋지 않을까 한 것인데 이는 서기의 필사에 오류가 있습니다. 이점 양해 바랍니다.

寺島利久(인천부윤) : 지금 위원장이 보고한 수정 사항에는 이사자로서 동의합니다. 또 요망사항도 알겠습니다. 그리고 이 보고 이외에 이사자로서 수정하고 싶은 것이 있으므로 이를 말씀드립니다. 세출 경상부 제18관 사회개량비 2,300원인 것을 1,000원으로 하고 부기에 청년훈련소비 1,300원을 삭제합니다. 세출임시부 제11관 기부 및 보조 18,600원을 19,900원으로 고치고 그 제2항 보조비 18,300원을 19,600원으로 합니다. 그 부기에 인천병원 보조 7,500원을 8,000원, 그 내역의 시료비 보조 1,000원을 1,500원으로 하고, 公道撒水費 보조 다음에 "재향군인회 보조 200원'을 추가하고, 말단에 있는 해수욕장 기타 보조의 '기타'라는 문자를 삭제하고 600원을 1,200원으로 고칩니다. 여기에 관련해서 전년도 대비 증감액 및 경상부 계 임시부

계 모두 이에 적합하게 고쳤습니다. 이를 양해 바랍니다.

美濃谷榮次郎(19번) : 지금 부윤이 수정한 점에 관해 따로 질문 없습니다. 이 예산안은 1독회를 종료한 것으로서 곧장 제2독회로 넘어갈 것을 제의합니다.

("찬성, 찬성")

의장(寺島利久 인천부윤) : 그러면 제1독회는 끝내고 제2독회로 넘어가는 데 이의 없습니까?

("이의 없음 이의 없음")

의장(寺島利久 인천부윤) : 그러면 제2독회로 넘어가겠습니다.

河野竹之助(18번) : 개회 전에 상의를 끝낸 것처럼, 세입경상부 제1관 부세 제5항 지방세 가옥세 부가세는 본세 1원에 대해 1원으로 되어 있는 것을 1원에 대해 95전으로 줄이고, 이에 관련한 숫자는 이를 적당히 고쳐서 위원회의 수정과 맞게 하고 수지의 잔여가 생긴 것은 예비비에 더해서 위원회에서 수정한 것과 저의 이 수정 의견은 모두 그 수정대로, 다른 것은 원안대로 1독회에서 부윤이 정정을 했고, 이 점은 물론 정정한 대로 해서 3독회를 생략하고 2독회에서 가결 확정하길 희망합니다.

("이의 없음 이의 없음")

의장(寺島利久 인천부윤) : 그럼 자문 제2호 1929년도 인천부 세입출 예산은 위원회 및 지금 18번 의원의 수정 의견대로, 기타는 원안대로 3독회 생략하고 2독회에서 가결 확정합니다.

의장(寺島利久 인천부윤) : 다음은 자문 제3호 부세 특별소득세 조례 폐지의 건입니다. 이하는 1독회입니다.

村田孚(16번) : 자문 제3호부터 자문 제8호까지 곧장 2독회로 넘겨서 3독회 생략하고 2독회에서 가결 확정하고 싶습니다.

(모두 "이의 없음")

의장(寺島利久 인천부윤) : 자문 제3호 부세 특별소득세 조례 폐지의
건, 4호 부세조례 중 개정 건, 5호 부채 繰上 償還의 재원으로서 기
본재산인 현금 처분의 건, 6호 도산공원 일부 사용을 폐지하고 매각
하는 건, 7호 도로 및 공원지 사용조례 중 개정 건, 8호 월미도공원
의 일부 사용 허가에 관한 건. 이상을 2독회로 넘기자는 것에 이의
없습니까?

("이의 없음")

의장(寺島利久 인천부윤) : 그럼 이것을 2독회로 넘깁니다. 본안은
3독회를 생략하고 2독회에서 원안대로 가결 확정하는 데 이의 없습
니까?

("이의 없음")

의장(寺島利久 인천부윤) : 자문 제 3,4,5,6,7호안은 3독회를 생략하고
원안대로 가결 확정하겠습니다.

의장(寺島利久 인천부윤) : 다음은 자문 제9호 인천병원의 위탁경영에
관한 건입니다.

부윤 : 아까 말씀이 있었으므로 계약조항 제18조 제2항에 "을은 갑의
승낙을 얻은 의사"를 "을은 갑의 승낙을 얻은 적어도 의학전문학교
를 졸업한 의사"로 고칩니다. 양해 바랍니다.

의장(寺島利久 인천부윤) : 질문이 없으니 2독회로 가는 데 이의 없습
니까?

("이의 없음" "3독회 생략 가결")

의장(寺島利久 인천부윤) : 그러면 제2독회로 넘어가겠습니다. 3독회
생략하고 2독회에서 원안대로 가결 확정해도 좋습니까?

("이의 없음" "찬성")

의장(寺島利久 인천부윤) : 전원 일치로 원안대로 가결 확정합니다.

의장(寺島利久 인천부윤) : 다음은 공유수면 매립면허원 건인데 이것
도 이의 없으면 곧장 2독회로 넘어가고 3독회 생략하고 2독회에서
가결 확정하는 것이 어떻습니까?

("이의 없음", "찬성")

寺島利久(인천부윤) : 의안에 게재된 공유수면 매립비 계속년기 및 지
출방법 설정의 건은 지금 의결이 있고 또 예산에도 계상 끝난 것이
라서 불용으로 되었습니다. 고로 철회합니다. 양해 바랍니다.

(하략-편자)

6) 1929년 6월 21일 인천부협의회 회의록

항 목	내 용
문 서 제 목	仁川府協議會會議錄(第一日)
회 의 일	19290621
의 장	寺島利久(부윤)
출 석 의 원	金允福(1번), 鄭世澤(3번), 張錫佑(4번), 李彰儀(6번), 吉田秀次郎(11번), 丹羽茂三郎(15번), 村田孚(16번), 河野竹之助(18번), 美濃谷榮次郎(19번), 後藤連平(20번)
결 석 의 원	安永淳(2번), 金相勳(5번), 孫亮漢(7번), 鄭順澤(8번), 平山松太郎(12번), 今村覺次郎(13번), 力武嘉次郎(14번)
참 여 직 원	兵働義雄(부속), 生田鐵造(부속), 龜田市平(부속), 關口久次(부속), 靑山正雄(부속), 堤熊治郎(부기수), 上田良藏(부서기)
회 의 書 記	
회의서명자 (검수자)	寺島利久(인천 부윤), 後藤連平(부협의회원), 張錫佑(부협의회원)
의 안	1.物揚場, 도로 및 시가지 조성을 위한 공유수면 매립 출원 건, 1.공유수면 매립비 지변을 위한 기채의 건, 1.공유수면 매립비 계속 연기 및 지출 방법 설정의 건, 1.宮町, 花町 地先 공유수면 매립 공사 시행에 관해 출원의 건, 1.시구개정비 지변을 위한 기채 건, 1.시구개정비 계속 연기 및 지출 방법 설정 건, 1.청물시장 설치 출원 건, 1.청물시장 설치의 재원으로서 기본재산 처분의 건, 1.어시장 설치 출원 건, 1.어시장 설치 재원으로서 기본재산 처분의 건, 1.어·청물시장 관리 및 사용조례 설정 건, 1.공설야채시장용으로서 체신국 용지의 대부 및 동지 위 건물 유상 양도 출원 건
문서번호(ID)	CJA0002732
철 명	인천부관계서류
건 명	인천부시구개정비기채의건
면 수	18
회의록시작페이지	897
회의록끝페이지	914
설 명 문	국가기록원 소장 '인천부관계서류'철의 '인천부시구개정비기채의건'에 포함된 1929년 6월 21일 인천부협의회 회의록(제1일)

해 제

　본 회의록(18면)은 국가기록원 소장 '인천부관계서류'철의 '인천부시
구개정비기채의건'에 포함된 1929년 6월 21일 인천부협의회 회의록(제
1일)이다. 이날 자문안은 1.物揚場, 도로 및 시가지 조성을 위한 공유
수면 매립 출원 건, 1.공유수면 매립비 지변을 위한 기채의 건, 1.공유
수면 매립비 계속 연기 및 지출 방법 설정의 건, 1.宮町, 花町 地先공
유수면 매립 공사 시행에 관해 출원의 건, 1.시구개정비 지변을 위한
기채 건, 1.시구개정비 계속 연기 및 지출 방법 설정 건, 1.청물시장
설치 출원 건, 1.청물시장 설치의 재원으로서 기본재산 처분의 건, 1.
어시장 설치 출원 건, 1.어시장 설치 재원으로서 기본재산 처분의 건,
1.어.청물시장 관리 및 사용조례 설정 건, 1.공설야채시장용으로서 체
신국 용지의 대부 및 동지 위 건물 유상 양도 출원 건 등이다. 위 자문
안 중 인천 어청물시장의 대행권을 누구에게 주느냐가 논의의 초점이
었다.
　개항 이후 인천에서는 개항장이었던 중구 신포동 일대에 시장이 개
설되었다. 당시에 개설된 시장은 수산물을 취급하는 어시장과 야채를
취급하는 야채시장이 따로 있었다. 수산물은 주로 인천 연안에서 잡
아 올린 생선 이외에 충청도 연안에서 잡은 것도 들어왔다. 야채시장
에 공급되는 채소는 인천에 거주하던 중국인들이 인천 외곽에서 재배
한 것이었다.
　인천에서 어시장을 처음 개설한 사람은 정홍택으로, 이것이 인천
어시장의 시초였다. 일본인들은 1905년에 어시장을 만들어 한국 상인
들과 경쟁하게 되었다. 일본 상인들이 우리나라 상인들과의 경쟁에서
밀리게 되자 일제는 시장의 공익성을 내세워 1914년 9월 조선총독부

령 제 136호로 시장규칙을 공포했다. 시장규칙에는 시장에 대한 정의와 경영주체를 제한하는 규정이 포함되어 있어 기관장만이 시장을 운영할 수 있도록 시장의 공영화를 추진했다. 또 이 규칙의 공포로 일용품 소매시장과 수산물, 청과류 도매시장의 경영은 인천부의 관할하에 놓여졌다.

그 후 인천부는 1927년 공설 일용품 시장 사용조례를 정하여 신포동 일대에 개설되었던 시장을 인천부로 이관시키고 시장의 사용은 허가제로 했다. 이로 인해 어시장은 공설 제1일용품시장으로, 야채시장은 공설 제2일용품 시장으로 바뀌었다. 민간이 개설했던 시장도 인천부로 이관하였으나 기존 업자의 권리는 그대로 인정해주었다. 즉 정홍택이 개설한 어시장과 인천수산주식회사는 명의 변경 없이 영업을 계속했다.

단지 야채 및 과일에 대해서만 인천물산주식회사가 대행을 허가하는 조건하에 인천부가 경영했다. 과일류는 인현동 시장에서, 야채류는 신포동 시장에서 경매되었다. 한편 인천부는 시장 공영화와 더불어 시장 건물을 신축했는데, 제1시장은 1929년 12월에, 제2시장은 1933년 7월에 각각 세워졌다. 이 시장은 이후에도 계속되었다.[25]

위 협의회에서는 종래 영업을 계속해오던 平山松太郎의 공동판매소를 매수한 인천물산에 대행권을 부여하기 직전의 과정을 잘 보여주고 있다. 의원들은 어물시장의 장소가 협소하고 도로변이라 적당치 않다고 문제제기하고, 특히 平山松太郎 등과 모종의 묵계가 성립한 것 아닌가하는 의혹을 제기하는 모습도 볼 수 있다. 부윤은 묵계를 강

---

25) 인천광역시 역사자료관 역사문화연구실, 『인천역사문화총서 24 - 인천의 길과 시장』, 2006, 44~46쪽.

하게 부인하고 있으나 세간에서 그러한 풍설이 떠돌았던 것을 알 수
있다.

그런데 이 대행권을 목적으로 자본금 10만 원으로 인천청과주식회
사가 1929년 8월 17일 갑자기 창립되어 대행권 부여에 관해 인천물산
과 인천청과주식회사, 두 개의 회사가 쟁탈전을 개시하기 시작했다.[26]
대행권을 행사할 자격의 우열에 대해 당시 동아일보의 논조는 다음과
같다. "1.인천물산이든 평산이든 인천청과회사이든 시장규칙 제28조에
의해보면 기득권은 없다. 1.인천물산은 그 청과물을 전연 소매하는데
인천청과회사는 청과물에 다년 경험이 있는 당업자만을 망라 조직한
것이다. 1.인천물산은 인천 일부 인사의 독점인데 청과회사는 순인천
적이다. 1.인천물산은 재산에 대해 여러 풍설이 있는데 청과회사는 요
새 조직하여 전연 현금 불입한 내용 충실한 회사. 1.인천청과회사는
다년간 훈련경험이 있는 중매인이 구비한데 인천물산은 시장 성립의
제1요소인 중매인이 없다."[27]

이렇게 청과 당업자를 망라한 청과주식회사와 인천물산주식회사가
서로 대치하여 대행권 행사를 인천부에 출원했으므로 인천부 당국은
그 대행권 허락을 결정하지 못하다가, 인천상업회의소 회두 吉田秀次
郞이 나서서 두 회사의 합병을 추진했으나 인천물산회사가 잘 따르지
않아 문제 해결이 되지 못했다. 1929년 10월 1일부터는 경매 시장 행
위를 당국의 허락 없이는 하지 못하게 되었으므로 인천청과회사는 종
전에 청과 경매하던 것을 중지하고 당국의 조치를 기다렸으나, 반면
인천물산주식회사는 시장의 대행권을 얻은 것처럼 여전히 경매시장

26) 『동아일보』1929.7.31. 및 1929.8.20.
27) 『동아일보』1929.8.7.

행위를 계속했다.28) 吉田 회두가 중간에 서서 타협 합병을 촉진한 결과, 인천물산은 자본금 61,000원에서 50,000원은 합병회사에 제공하고 나머지 11,000원은 인천물산 주주에게 특별배당을 하는 한편, 인천청과회사는 자금 15,000원을 합병회사에 제공하여 합병하기로 거의 의론이 협정되었다. 그런데 1929년 12월 5일 청과회사 쪽에서 합병하지 않기로 결심하는 동시에 또 청과시장 경영 대행권 청원도 단념하기로 하면서 문제가 해결되어 대행권이 인천물산으로 돌아가게 되었다.29) 그러나 합병 문제가 다시 대두되어 이 청과시장 문제는 1929년 12월 부협의회에서도 분규를 일으키는 원인이 되었다.30)

내 용

자문사항은 다음과 같다.

1.物揚場, 도로 및 시가지 조성을 위한 공유수면 매립 출원 건, 1.공유수면 매립비 지변을 위한 기채의 건, 1.공유수면 매립비 계속 연기 및 지출 방법 설정의 건, 1.宮町, 花町 地先공유수면 매립 공사 시행에 관해 출원의 건, 1.시구개정비 지변을 위한 기채 건, 1.시구개정비 계속 연기 및 지출 방법 설정 건, 1.청물시장 설치 출원 건, 1.청물시장 설치의 재원으로서 기본재산 처분의 건, 1.어시장 설치 출원 건, 1.어시장 설치 재원으로서 기본재산 처분의 건, 1.어.청물시장 관리 및 사용조례 설정 건, 1.공설야채시장용으로서 체신국 용지의 대부 및 동지 위 건물 유상 양도 출원 건.

28) 『동아일보』 1929.10.4.
29) 『동아일보』 1929.12.7.
30) 『동아일보』 1929.12.19, 12.22.

寺島利久(인천 부윤) : 오늘 자문사항은 자문 제12호 物揚場·도로 및
시가지 조성을 위한 공유수면 매립 출원 건 외 11건입니다. 순차적
으로 12호안부터 설명드리겠습니다. 공유수면 매립은 최근 출원했
는데 그 후 정부의 축항공사 예산이 확정되어 설계완성 결과 최근
출원에 변경을 한 것입니다. 그 지시에 따라 이를 변경하고자 하는
것입니다. 신구 조항의 상이한 점을 말씀드리겠습니다. 앞서의 설
계는 택지 12,462평, 도로는 1,557평 합계 12,019평의 매립이고 공사
비 15만 원으로 되어 1평당 7원 13전입니다. 그런데 축항을 위해 매
축되는 것인데 府가 매축을 필요로 하지 않는 부분이 생겼기 때문
에 공사비가 14만 원이 되는 동시에 도로의 폭을 넓히는 모양으로
되어 총 면적은 약 350평 줄어들었습니다. 도로는 1,100평 남짓 늘
어나 매각할 택지 면적이 1,400여 평 감소됩니다. 요약하면 택지가
1,458.9평 감소하고 도로는 1,111평 증가하는 것으로 설계를 변경한
것입니다. 347.9평은 총독부의 매립구역이 될 뿐만 아니라 도로는
전에 출원한 부분은 직선이어서 타인의 토지를 매수한 것이었는데
총독부에서 심의 결과 매립지만으로 도로를 부설하는 것으로 하고
하수도를 완전히 축조하여 철근 흙 덮개를 하는 것으로 되었습니
다. 깊이 5척, 폭 1칸 1푼의 하수구를 만들라는 지시인 동시에 도로
폭 예정 8칸을 10칸으로 하라는 것이며 정차장 거리를 10칸으로 하
였습니다. 이 제안은 지시대로 되고 있는 것이니 양지 바랍니다. 이
것이 제12호 안의 설명입니다.

제13호 공유수면 매립비 기채의 건, 이것은 최근의 결의에 비하여
1만 원을 줄였고 차입의 시기도 역시 변경하여 공사 시행에 따르는
필요액을 차입한 것입니다. 본년도는 3만 원, 1930년도는 7만 원,
1931년도는 3만 원 차입하고 첫해부터 20개년 즉 1929, 1930, 1931년

에 차입하여 1932년도부터 1948년도에 이르는 17개년에 상환하는 것입니다. 이것이 제안의 숫자로 되어 있습니다. 府의 현재 빚에 이 新債 및 뒤에 설명할 자문안 제16호 시구개정비채를 합해서 매년 상환액은 어느 정도냐 하면 제2표에 게재되어 있는 것처럼 1929년도는 1만 5천여 원, 1930년도가 2만 4천 원, 1931년도가 3만 1천9백여 원으로 되어 있어 이런 식의 차변을 해도 상환 능력에는 지장이 없습니다. 본년도의 조월금 수입 예산 초과액이 있었기 때문에 정부 관리 재산 차입채 및 수도사업 개량비채를 繰上하여 상환하고 후년도의 상환에 더한 결과가 여기 게재된 숫자입니다.

다음으로 공유수면 매립비 계속 연기 및 지출방법, 자문 제14호안입니다. 본 안은 세출의 필요액만 차입한 것입니다. 계속비는 계속 年期가 끝날 때까지 조월하여 사용할 수 있습니다.

다음으로 자문 제15호 宮町, 花町 지역 공유수면 매립공사 시행에 관계된 출원, 이것은 府에서 이미 기관차도 주문하고 있습니다. 府는 총독부의 공사 시행을 원조하고 토지의 매수도 이해하여 묘지만 좀 완료가 안된 것이 있습니다. 府의 부분과 府의 매축에 필요한 토지에는 거의 이야기가 되어 있습니다. 그리고 총독부에서 시행하는 매축지와 府의 공사가 서로 이어져 불가분의 관계에 있으므로 府에 시공을 의탁하고 싶다는 것입니다. (중략)

자문안 제17호 시구개정 사업 시행을 위한 계속년기 및 지출 방법 설정의 건, 이것은 군청통 시구개정에 15,000원, 松林里 간선도로에 16,000원, 매립 附帶 宮町, 花町에 약간 변경하는 외 종래의 제안과 시행 지구에 변하는 것은 없습니다. 이것은 완전히 도시 계획에 준거한 것이며 그 도시계획의 일부를 시행하는 것입니다. 그리고 이 도시계획은 확정적인 것이라고는 말할 수 없지만 부에서는 좋은 계획이라고 믿고 있습니다. 군청통 6간 5폭, 송림리 6간과 4간, 매립지 쪽은 12간에 10간, 이것은 장래 계획에 따를 것이므로 총 금액 8만 원으로 된 것입니다.

제18호 청물시장 설치 출원에 대해 말씀드리겠습니다. 본 건은 수년간 문제였던 물산회사 대 인천 공동판매소, 平山松太郎의 청물경매시장은 1927년 9월에 출원을 했습니다만, 1919년 이래 야채 생과 경매의 유사 행위를 해서 경매 가액은 6만 원 내외, 거기에 2만 원의 問屋業[31]을 행하고 있습니다. 근래의 상황은 좀 부진하여 자본은 平山씨의 출자로 지금의 설비는 84평의 2층 건물입니다. 인천물산회사 쪽은 주식 20만 원 4천 주이며 4분의 1 불입 5만 원, 설비는 시장 백평, 지하실 15평, 회사 설립은 1927년 2월 25일이며 목적은 생과, 야채 문옥업으로 하고 있습니다. 모두 시장 인가는 없습니다. 주식의 경우는 일본인 6푼, 조선인 4푼입니다. 원래 시장은 府가 아니면 하지 않는 것으로 되어 있습니다. 정식으로는 공공단체에서 행해야 하는 것입니다만 타협이 성립한 것 같습니다. 타협이 성립해도 법규상 경매시장 경영은 곤란하므로 이 타협을 기회로 해서 府에서 경영을 시키는 것입니다. 시장규칙 제2조에 "시장은 공공단체 또는 그에 준하는 것이 아니면 경영할 수 없다. 단 전 조항 제4호의 시장은 회사 또는 해당 시장에서 매매 취인을 행하는 영업자가 조직한 조합이 이를 경영할 수 있다"고 되어 있고, 그 앞 조항 제4호는 "매일 또는 정기적으로 영업자 집회를 하여 견본 또는 명부에

---

31) 問屋業은 자신의 이름으로 타인을 위해 매매 기타 행위를 하는 사업으로 取次業이라고도 한다. 예를 들면 商品取引員, 出版取次業(물품판매업에 해당하는 것을 제외함), 광고대리접업에 관계한 사업 등이다.
(https://www.nta.go.jp/law/tsutatsu/kihon/hojin/15/15_01_21.htm)

의해 물품 또는 유가증권의 매매 취인을 행한다"라고 하고 있습니다. 시장의 출원을 공공단체가 합니다. 이 시장을 경영시킨다고 한다면 당연히 조례가 필요합니다만, 조례는 뒤에 설명드리겠습니다. 시장의 수지에 대해서는 경매 가격을 12만 원으로 가정하여 그 사용료를 천분의 10으로 하면 1,200원, 유지비 2백 원으로 보면 공제 잔액이 천 원이 됩니다. 투자액을 12,000원으로 가정하면 8푼 3리 이익에 해당합니다. 기본재산을 조입하여 행하는 것인데 그 돈을 은행예금으로 해두고 이자 정도의 수입은 있는 셈입니다. 일본에서는 천분의 25 내지 27의 사용료로 되어 있습니다만, 조선 내에서는 공익사업으로서 수익은 따라가는 것입니다. 천분의 10 정도로 사용시켜도 지장 없다는 계산입니다. 사실 행위를 하는 주식회사는 영업규정을 갖추고 허가를 받아야 합니다. 그 실체적 규정에 대해서는 일정한 중매인을 정하는 것, 그 중매인의 수, 중매인의 보증금, 수수료를 회사가 어느 정도 취하는지 등 실체적 행위를 게시해야 합니다. 이는 府가 시장을 허가하는 시초부터 영업행위를 하는 회사가 신청할 사항입니다. 이는 府가 시장 설치를 출원시키는 것입니다.

다음으로 기본재산의 사용 즉 제19호안입니다. 지금 부의 예산으로는 資源을 기본재산으로 구하는 외에는 불가능합니다. 지금 府債는 미상환 원금 860,000원입니다. 은행에서는 싸게 빌릴 수 없고 식산은행에서는 7步 7厘입니다. 다소 금액이 소액이지만 이는 불일간 제안하려고 생각하고 있습니다. 기본재산 현금 35,778원 24전 내에서 120,000원을 사용하는 것을 허용하여 기재한 것입니다. 그리고 이 120,000원으로 기설 회사의 설비를 살지 안 살지인데 회사의 의중을 탐색해봤습니다만 만약 부가 시장을 경영할 때는 120,000원으로 제공해도 좋다는 증서를 받았습니다.

다음으로 자문안 제20호 어시장 설치 출원입니다. 이 부지는 지금 매립 출원을 하고 있어서 진행중입니다. 허가가 될 예정입니다. 어시장 설치는 출원해 놓는 것이 좋을 것이고 만약 매립이 안 될 경우 종전에 하던 자의 행위를 연장할 것입니다. 이 시장이 허가가 되면 15,000원이 필요합니다.

자문안 제21호 어시장 설치의 재원으로서 기본재산 처분의 건입니다. 실제를 조사해보면 경매가격이 1926년, 1927년, 1928년의 3개년 평균이 258,807원이고 1926년이 248,000원 정도이며 1927년이 240,000원 정도, 1928년이 287,000원 정도입니다. 이 3년 평균의 천분의 10이라 가정하면 2,588원의 사용료를 취할 수 있습니다. 유지비는 200원으로 족할 것으로 생각하므로, 차감해서 1,388원의 수익입니다. 투자액은 매립 천평 이것은 전체 매축지에서 하야시가네(林兼)에게 매도한 것을 제외하면 16,950원, 시장건축비는 200평에 평당 70원으로서 14,000원, 초년도 설비비 1,000원, 합계 15,000원입니다. 고로 土地代를 더해서 31,950원이 되므로, 투자에 대해 수익은 7步4厘 7毛로 산정됩니다. 고로 기본재산을 이용하는 것은 상당한 이유가 있는 것이라 믿습니다.

다음은 자문안 제22호 어,청물시장의 설치를 출원하면 이에 수반하여 조례 설정이 필요합니다. 조례는 즉 현행 1927년 부조례 제2호 공설일용품시장 사용조례는 小賣에 해당하는 것이고 지금 제정하려고 하는 조례는 잡시장에만 적용하는 것입니다. 이 조문은 현재 허가되어 있는 실례를 참작하여 작성한 것입니다. 또 이 제10호에 게재한 장부는 실제로 갖추어져있는 장부를 보고 게재한 것입니다. 제23호안은 기재한대로 출원하려고 합니다. 현재 야채시장을 경영해가고 있는 그 수입 연액은 1,260원, 그리고 그에 필요한 지출이 어느 정도이냐면 차가료 1,284원, 인건비 소모품액의 지출을 더하면 2,196원이고 수지 차액은 936원의 손실에 해당합니다. 수입의 전부를 차가료에 충당해도 충분하지 않습니다. 매년 이 936원씩의 손실을 보고 있는 것은 지속적인 사업으로서 좋지 않고 다행히 원래 富川郡廳이 차입했던 옛 우편국 토지 97평의 무료 대부와 지상 건축의 불하를 출원하여 見樣 우편국장과도 의논했는데 출원해도 좋다고 했습니다. 이것이 허가되면 역시 재원이 필요하지만 더 연구를 해서 본년 중에 허가가 될 경우에는 그 재원은 따로 연구할 것입니다. 우선 출원해보고 그것이 본안 설명의 요점입니다.

("알림 제1호 '최근 자문을 거친 자문안 제3호 및 제4호안에 불비한 점이 있어서 별지와 같이 정정함' 위를 보고함"을 각 협의회원에게 배부함)

부윤 : 지금 배부한 알림 제1호에 대해 말씀드리겠습니다. 자문안 제3호 부세 특별소득세 조례 폐지에 대해서는 道의 지시에 의해서 문서를 붙였습니다. 문서는 단지 1929년 3월 31일 이전에 종료한 법인의 각 사업 년도분의 소득에 대해서는 종전의 예에 의해 특별소득세를 부과 징수한다는 것입니다. 이것은 그 취지에는 변함이 없고 또 본년도 예산에도 그 수입이 계상되어 있습니다. 이렇게 하는 쪽이 좋겠다고 생각해서 정정했습니다.

다음으로 제4호 부세 조례개정입니다. 현행 제10조에 지방세 특별소득세 부가세, 제19조 중에 지방세 특별소득세액을 더하여 부칙으로, 단 1929년 3월 31일 이전에 끝난 법인의 각 사업년도 분의 소득세 부가세의 과율에 대해서는 전례에 의한다는 내용을 더한 것입니다. 이것은 제안을 수용한 것이고 예산에는 하등 변경이 없습니다.

의결의 취지에 위배되는 것이 없고 단지 불비한 것을 보족한 것입니다. 이는 부 조례에 관한 사항이므로 보고드립니다.

의장 : 자문 제12호부터 질문해주십시오.

20번(後藤連平) : 매립은 어떻게 되고 있습니까?

부윤 : 땅은 力武 씨 외의 소유 토지와 염업회사의 남은 땅과 함께 무료로 교섭을 마쳤습니다만 묘지는 좀 곤란이 있습니다. 지금 하나의 안은 복숭아산을 깎아 화장장에 이르는 구간을 취하는 것인데 높이가 2~3길이나 되어서 위험해서 사망자나 부상자가 나오면 좋지 않으므로 가능하면 민간의 토지를 취하고 싶다는 제1안이 대체로 동의를 얻어서 지금 땅을 취하고 있습니다.

20번(後藤連平) : 만약 부족한 경우 어떻게 할 생각입니까?

1번(金允福) : 묘지도 조만간 정리될 것이라 생각합니다.

부윤 : 부족해도 아주 적은 부분이므로 뭔가 방법을 낼 생각입니다. 묘지는 좀 곤란합니다.

("질문 없음")

의장 : 본안은 위원회에 부의할 필요가 없을 것 같아 곧장 제2독회로 넘어가고 3독회는 생략, 2독회에서 가결 확정하는 것으로 하겠습니다. 이의 없습니까?

("이의 없음")

의장 : 그러면 전원 일치로 자문안 제12호안은 원안대로 가결 확정하는 것으로 하겠습니다.

다음은 자문안 제13호안의 1독회입니다.

부윤 : 이자는 지금 7步 7厘라고 통지했는데 이것은 식산은행입니다. 지금은 좀 싼 6步 3厘 정도입니다. 싸게 빌릴 수 있으면 그렇게 하려고 합니다. 제안은 그때 통첩에 기반한 7步 7厘로 게재했습니다.

18번(河野竹之助) : 이자에 대해서 다른 지역의 예를 조사했습니까?

부윤 : 조사는 하지 않았습니다. 安田은행이 싼 것 같아 상담하려고 생각하고 있습니다. 달리 생각나시는 바가 있으면 알려주십시오.

16번(村田孚) : 질문은 아니고, 싼 곳이 있으면 가급적 싼 돈을 차입한 다는 조건을 붙이고 독회를 생략하고 가결 확정하고 싶습니다.

의장 : 13호 안은 질문이 없는 것 같으니 2독회로 넘어가고 또 3독회 를 생략하고 2독회에서 가결 확정하려고 생각하는데 어떻습니까?

("이의 없음")

의장 :그럼 제13호 안은 원안대로 전원일치로써 가결 확정하겠습니다. 다음은 제14호 안의 1독회를 열겠습니다.

("질문 없음" "이의 없음")

의장 : 그러면 질문이 없으니 제2독회로 넘어가겠습니다. 역시 제2독 회에서 3독회를 생략하고 원안대로 가결 확정하는 것에 이의 없습 니까?

("이의 없음")

의장 : 그럼 제14호안은 3독회를 생략하고 2독회에서 원안대로 가결 확정하겠습니다. 다음은 제15호안 궁정, 화정 지역 공유수면 매립공 사 시행에 관한 출원 건의 제1독회입니다.

19번(美濃谷榮次郎) : 14만 원의 공사비에 대한 감독원의 비용은 어디 에서 나옵니까?

부윤 : 감독비 기타 잡비는 7,099원 42전으로 14만 원 내에 포함되어 있습니다.

16번(村田孚) : 실제 비용이 13만 원인 경우는 역시 14만 원을 지불하 는 것입니까?

부윤 : 실제 계산이 본체이므로 공사비 소요액이 적으면 그 소요 잔여

액은 지불하지 않습니다.

20번(後藤連平) : 만일 공사비가 14만 원에서 부족한 경우는 어떻게 합니까?

부윤 : 공사비 총액은 14만 원을 넘지 않고 14만 원을 한도로 해서 위탁하는 것입니다. 매립하는 땅은 평당 2원 40전인데 기관차로 옮기면 좀 감액될지도 모릅니다.

19번(美濃谷榮次郎) : 평당 2원 40전은 부에서 설계한 겁니까?

부윤 : 그렇습니다. 국가의 설계는 좀 비싼 견적인 것 같습니다.

("질문 없음")

의장 : 질문 없으므로 제2독회로 넘어가겠습니다. 제2독회에서 3독회를 생략하고 가결 확정하는 데 이의 없습니까?

("이의 없음")

의장 : 그럼 자문 제15호안은 만장일치로 3독회를 생략하고 원안대로 가결 확정하겠습니다.

다음은 제16호안, 시구개정비 지변을 위한 기채의 건의 제1독회를 열겠습니다.

16번(村田孚) : 본안도 아까 13호안과 마찬가지로 가급적 저리의 차입을 하는 것으로 하고 곧장 원안대로 확정하고 싶습니다.

의장 : 본 안도 질문이 없으니 2독회로 넘어가겠습니다. 2독회에서 3독회 생략하고 가결 확정하는 데 이의 없습니까?

("이의 없음")

의장 : 자문 제16호안은 원안대로 만장일치 가결 확정하겠습니다.

다음은 제17호안 제1독회입니다.

("질문 없음", "이의 없음")

의장 :별달리 질문이 없으니 제2독회로 넘어가 3독회를 생략하고 2독

회에서 가결 확정해도 되겠습니까?

("이의 없음")

의장 : 자문 제17호 시구개정비 계속년기 및 지출방법 설정 건은 만장
일치로써 제3독회를 생략하고 제2독회에서 원안대로 가결 확정하는
것으로 하겠습니다.

7) 1929년 6월 24일 인천부협의회 회의록

항 목	내 용
문 서 제 목	仁川府協議會會議錄(第二日)
회 의 일	19290624
의 장	寺島利久(부윤)
출 석 의 원	金允福(1번), 鄭世澤(3번), 張錫佑(4번), 金相勳(5번), 李彰儀(6번), 吉田秀次郎(11번), 丹羽茂三郎(15번), 村田孚(16번), 河野竹之助(18번), 美濃谷榮次郎(19번), 後藤連平(20번)
결 석 의 원	安永淳(2번), 孫亮漢(7번), 鄭順澤(8번), 平山松太郎(12번), 今村覺次郎(13번), 力武嘉次郎(14번)
참 여 직 원	兵働義雄(부속), 生田鐵造(부속), 龜田市平(부속), 關口久次(부속), 靑山正雄(부속), 阿武誠熊(부기수), 上田良藏(부서기)
회 의 書 記	
회 의 서 명 자 (검 수 자)	寺島利久(인천 부윤), 村田孚(부협의회원), 河野竹之助(부협의회원)
의 안	1.청물시장 설치 재원으로서 기본재산 처분 건, 1.어시장 설치 출원 건, 1.어시장 설치 재원으로서 기본재산 처분 건, 1.어·청물시장 관리 및 사용조례 설정 건, 1.공설야채시장용으로서 체신국 용지의 대부 및 동지 위 건물 유상 양도 출원 건
문서번호(ID)	CJA0002732
철 명	인천부관계서류
건 명	인천부시구개정비기채의건
면 수	22
회의록시작페이지	915
회의록끝페이지	937
설 명 문	국가기록원 소장 '인천부관계서류'철의 '인천부시구개정비기채의건'에 포함된 1929년 6월 24일 인천부협의회 회의록(제2일)

해 제

본 회의록(22면)은 국가기록원 소장 '인천부관계서류'철의 '인천부시

구개정비기채의건'에 포함된 1929년 6월 24일 인천부협의회 회의록(제
2일)의 사본이다. 이날의 회의에서는 인천 어청물시장 대행권을 누구
에게 주느냐가 주된 논의 대상이 되었다.[32]

내 용

자문사항은 다음과 같다.
1.청물시장 설치 재원으로서 기본재산 처분 건
1.어시장 설치 출원 건
1.어시장 설치 재원으로서 기본재산 처분 건
1.어·청물시장 관리 및 사용조례 설정 건
1.공설야채시장용으로서 체신국 용지의 대부 및 동지 위 건물 유상
  양도 출원 건

의장 : 앞 회의에 이어 자문 사항 제18호 청물시장 설치 출원의 건의
  제1독회를 열겠습니다.
19번(美濃谷榮次郎) : 이 청물시장 설치 출원에 의하면 위치가 內里
  101번지로 정해져 있습니다만 위치를 쓰지 않고 출원하는 것은 불
  가능합니까?
부윤 : 시장규칙에 이러이러한 사항을 갖춰서 출원하라고 되어 있으
  므로 위치는 써야 합니다.
20번(後藤連平) : 휴업일이 정해져 있습니까? 이 시장을 대행시켜도
  그 대행자가 규정과 같이 쉬는 것입니까?

32) 앞의 1929년 6월 21일 제1일 회의록 해제 참고.

부윤 : 부에서 경영하는 시장이니 4대절은 쉬는 편이 좋을 것이라 생
　각합니다.

20번(後藤連平) : 원칙적으로 대행이라고 한다면 뭔가 휴업일을 설정
　하지 않고 실용적으로 해나가는 것은 어떨까요.

부윤 : 그래도 좋고 그 점은 수정해도 지장 없습니다. 단지 선례에 의
　해서 게재한 것입니다.

20번(後藤連平) : 부윤이 수정한다면 여하간 선례에 있고 없고 관계없
　이 실제에 의하는 식으로 하면 어떻겠습니까?

부윤 : 선례가 이렇게 하고 있습니다. 이는 새로 설치하는 경매시장입
　니다만 지금 釜山 쪽에서 하고 있는 것은 4대절을 쉬고 있습니다.

16번(村田孚) : 6.취인할 주요한 화물의 종류가 생과, 야채, 어물류인
　데 다시마 즉 해초류같은 것이나 해삼 같은 것도 여기 포함됩니까?

부윤 : 해초류는 포함할 예정이지만 해삼 같은 것은 어떻게 할지, 넣
　는 것으로 이해하는 편이 좋을지도 모릅니다. 이 시장 사용자는 시
　장규칙 제8조에 의해 원서를 제출해야 합니다. 그때 실제에 기초하
　여 화물의 범위를 결정하려고 생각합니다.

20번(後藤連平) : 수지개산서에 사용료 경매가액 120,000원에 대한
　1,000분의 10으로 되어 있는데 이 12만 원으로 산정한 기초를 듣고
　싶습니다.

부윤 : 인천공동판매소의 경매가격 80,000원, 인천물산주식회사 쪽이
　40,000원, 합계 120,000원으로 이는 實例입니다.

20번(後藤連平) : 1,200원의 수입이면 충분합니까?

부윤 : 120,000원의 1,000분의 10이라 한 것은, 규정은 15 이내로 제안
　하는 것이지만 처음부터 많이 취하지 않으므로 1,000분의 10 정도로
　견적을 냈습니다. 기본재산을 이용해서 많은 이익을 보는 것도 어

떨까 생가합니다. 회사의 이익은 年利 1할 정도입니다.

20번(後藤連平) : 18호 안은 질문 없습니다.

18번(河野竹之助) : 생과, 야채, 어물류 이를 일괄해서 하나의 영리회
사에 기탁할지 아니면 따로따로 위탁할지 생각하고 계십니까?

부윤 : 하나의 회사에 위탁할 예정입니다.

18번(河野竹之助) : 회사의 독점사업으로서 지장이 없다는 의견이신
것 같은데 가급적 低利로 거래를 해야 합니다. 공익을 위한 사업입
니다. 주민의 복리를 꾀하는 식으로 해야 합니다. 이를 하나의 회사
에게 맡기면 인천의 발전과 함께 다대한 이익을 얻게 될 겁니다. 하
나의 회사가 많은 이익을 얻는 것은 주민 입장으로는 그만큼 줄어
드는 것입니다. 부민의 공익이 목적인 것에 관계 없이 하나의 회사
에 많은 이익을 주는 것은 부민에 대해 매우 불친절한 것이라 생각
합니다. 이대로 진행하거나 대행을 준다면 충분히 고려해서 독점이
되지 않도록, 후일 문제를 일으키지 않도록 해야 한다고 생각합니
다.

부윤 : 지나치게 회사의 이익이 많아질 때는 중매인의 횡포를 줄이는
것도 가능하고, 사용료도 부협의회가 매년 이를 정하는 것이니, 따
라서 조절이 가능한 것입니다. 영업을 하는 회사는 시장규칙 8조에
"위탁을 받고 경매 방법에 의해 화물을 판매하는 영업을 하려는 자
는 다음 사항을 기재한 원서에 시장 경영자의 동의를 얻은 것을 증
명한 서면을 첨부해 도지사에게 제출하여 허가를 받아야 한다"고
되어있으므로 이에 의해 경영자인 府의 동의를 얻고 각각의 사항을
갖추어 출원 허가를 얻어야 합니다. 여기에는 회사가 해야 할 일체
의 행위 및 순이익이 판명됩니다. 이 출원을 부협의회에 자문하여
사용 기간을 정합니다. 그 適否는 부협의회에서 택하게 됩니다.

18번(河野竹之助) : 대행이라는 것은 일정한 연한을 정해도 장래 하나의 권리가 되는 것이 왕왕 있어 규칙이 있어도 사실 대행을 하나의 권리라고 주장하는 사례가 많습니다. 이 점에 대해 충분히 고려가 필요합니다.

20번(後藤連平) : 설명하신 것에 의하면 조례에 15를 최고한도로 하고 있는데 현재 미리 이를 정해둘 필요는 없습니까? 토지 건물의 매입 및 사용료를 어느 정도로 하는가는 미리 확실히 결정해두는 편이 좋지 않습니까. 이 정도까지 하지 않아도 좋고 절대적으로 필요한 것이 아니라고 해도 후일 분쟁이 일어나지 않도록 명확히 기록을 남겨두는 편이 좋지 않나 생각합니다.

부윤 : 조례에서는 1,000분의 15 이내라 했습니다. 실제 경매 때는 경매가격은 12,000원 이상으로 오를 것이라 생각합니다.

19번(美濃谷榮次郎) : 18호, 19호는 서로 관련되어 있으니 일괄해서 논의하면 어떻겠습니까?

의장 : 그러면 18호, 19호안을 일괄해서 제1독회를 열겠습니다.

19번(美濃谷榮次郎) : 부윤은 매수 가격을 12,000원으로 보고 계신데 매수 및 대행에 대해 부윤은 묵계를 주고 있는 것 아닌지, 平山의 토지건물은 인천물산회사가 18,000원에 샀던 것입니다. 이 內里 101번지 84평이 과연 경매시장에 적합한지 아닌지, 일본의 여러 예를 보면 화물이 모이는 가장 좋은 장소는 선편에 의한 것은 해안, 철도편에 의한 것은 역 부근, 이렇게 화물이 편리하게 들어올 수 있는 장소를 선정하고 있습니다. 매수하려는 이 84평은 平山의 소유를 인천물산회사가 매취한 것인데, 여기는 인천의 대로변에 위치하고 있어 중매인의 출입을 생각하면 이렇게 중심적인 장소에 두어야 하는 것은 아닙니다. 좀 연구해보면 정차장 방면이나 또 조합의 소유지에 싸고 적당한 장소로 살 수도 있는데 부윤이 이 안을 주장하는 건 인천물산회사와 묵계가 있는 것 같은 느낌입니다.

부윤 : 지금까지 시장규칙에 의해 허가를 받은 시장은 없습니다. 원서는 냈어도 허가가 안되고 있습니다. 현재 원서가 하나라 해도 허가될지 안될지는 판단 불가능합니다. 그것은 시장은 府가 하는 게 당연하기 때문입니다. 인천 공동판매소와 인천물산회사가 타협하여 하나의 출원을 한 것에 대해 가계약을 할지, 본 계약을 할지, 허가가 될지 안될지는 판단할 수 없다고 말씀드립니다. 양쪽의 현재 상태에 대해서는 아까 설명 드린 대로입니다. 道에서 시장 설치에 대한 의견을 개진하라고 하여 府에서 경영하고 싶다고 말해두었습니다. 시일이 흘러 양쪽이 가계약을 냈다고 들었습니다. 그래서 한쪽의 출원은 취하하는 것으로 되었습니다.

부와 平山 사이에 뭔가 묵계가 있는 것처럼 말씀하셨지만 부윤은 본 건에 관해 하등의 청탁을 받거나 또는 묵계는 없었다고 명확히 말씀드립니다. 또 시장이 부영으로 된 시초에 누구에게 이를 사용하게 할 것인가를 말씀드리면, 1927년 이래 사실상 하고 있는 자가 있으므로 상당한 기간 그 자가 사용하도록 하는 게 타당하다고 믿습니다. 부윤과 회사 사이에 하등의 묵계는 없습니다. 저는 시장은 부영으로 되어야 한다고 믿고 있습니다. 몇 년간 묵혀온 현안이 타협, 성립, 해결된 것이고 현재는 그 시기상 좋은 기회라 믿습니다. 설립 장소를 어디로 선정할까 하면, 행정관으로서는 현상 유지 또는 종래 관행을 이용하는 것이 타당한 처치이므로 지금까지 있던 장소가 좋을 것이니 현재의 장소가 적당하다고 생각했습니다. 이것이 본 안을 제출한 까닭입니다. 수년 이래의 문제를 지금 멋지게 해결하고 싶습니다. 이 기회를 놓치면 장래 부영으로 하는 것은 어려

울 것이라 생각합니다.

매수비는 대지 84평에 평당 80원 견적이고, 가옥 83평에 평당 60원, 건축한다고 하면 평당 120원 정도 듭니다. 2층은 83평, 평당 60원으로 4,980원, 우물 1개소 보상 300원, 이렇게 시세를 매겨 의향을 들었는데 좋다고 하므로 편의상 증서를 받았습니다. 총 합계금은 12,000원 즉 여기 게시된 숫자입니다. 본 안은 시장 부영의 기회가 도래한 것으로 보아 제안한 것입니다. 잘 고려해주시기 바랍니다.

16번(村田孚) : 지금 부윤의 설명에 의해 부윤의 묵계는 없다고 언명하셨는데 저는 처음부터 부윤이 묵계를 맺었다고 보지는 않습니다. 그러나 세간의 풍설은 뭔가 언질을 줬던 것은 아닐까라고 말하고 있습니다. 회사는 부와 약속을 성립하고, 중매인을 中革樓에 초대하여 보증금을 얼만큼 내지 않으면 중매는 못한다, 제명이다라고 했다는 겁니다. 실로 당치않은 일입니다. 이런 회사에게 사용을 하게 한다는 것은 불가능합니다. 또 이를 위 회사에게 사용시키면, 토지 건물의 문제는 없을지, 타인에게 사용시키는 것이면 이 토지 건물은 팔아야 하는 건지 좀 생각해보지 않으면 안됩니다. 가격 12,000원은 비싸다고 생각하면서 19,000원으로 회사가 샀다는 것인데, 그 안에 권리가 포함되어 있는 실제 토지 건물의 가격은 10,000원인 것입니다. 그렇다면 10,000원을 12,000원으로 부청에게 사게 하여 이미 2,000원의 이익을 본 것입니다. 주의 깊은 조사가 필요한 것이라 생각합니다.

부윤 : 매매 가격의 19,000원은 들었습니다만 부가 본 바에 의해 계산했습니다. 해결의 기회는 현재에 있다고 생각합니다. 이 이상으로 조사서는 없습니다. 사용하게 하는 것은 종래의 연혁도 있고 이 회사에 맡기는 것이 온당하다고 믿고 있습니다.

19번(美濃谷榮次郎) : 묵계가 없는 것은 지금 부윤의 설명으로 명확하
게 되었습니다만, 물산회사의 역사 연혁을 부윤은 잘 모르는 것 같
습니다. 또 101번지가 시장으로서 적당할지, 저는 부적당하다고 생
각합니다. 협소한 도로에서 중매인이 출입하면 교통에 방해가 되됩
니다. 좀 연구해주시길 바라고 위치를 한정해서 출원하는 길은 없
습니까?

부윤 : 지방행정을 맡고 있는 제 생각에는 앞서 말씀드린 대로 현재에
있어서는 제안한 장소가 가장 적당하다고 믿습니다. 화물 수집의
편리 여부가 있다고 해도 종래의 장소가 지장이 없고, 적당한지 아
닌지는 보는 사람에 따라 의견이 다릅니다. 현재 상태는 지장 없고
장래 좁다고 느낄 때가 되면 그때 다른 곳으로 이전시켜도 좋다고
생각합니다.

18번(河野竹之助) : 대행회사를 누구로 할까는 본 안에 중대한 관계가
있습니다. 부윤은 83평이 장래 좁아지면 그때 다른 곳으로 이전하
면 된다는 것인데 장래를 고려해서 제안하면 어떻습니까. 부의 재
원으로도 되고 부민의 부담을 가볍게 하는 것도 고려해서 맡겨야
합니다. 일용품시장과는 다르니 편안하고 큰 장소는 없습니까. 장
소는 지금 좀 고려하는 게 어떻겠습니까. 이 문제에 관해서는 정실
관계를 이용하는 것은 안됩니다. 토지도 장래 등귀하는 곳에 사면
어떤지, 본 안은 역시 고려할 점이 있다고 믿습니다. 고로 찬성하지
않습니다. 원래 사용하고 있던 곳이 반드시 적당하다고는 할 수 없
습니다.

19번(美濃谷榮次郎) : 저도 18번 의원의 말과 같이, 장소와 면적이 지
나치게 좁은 점에 대해 반대합니다. 또 어물류의 설명이 애매하여
내용이 결정되어 있지 않은 것 같습니다. 어물이라고 하면 범위가

넓습니다. 어물의 종류 중에도 예를 들어 멸치는 50~60섬이 한 번에 들어옵니다. 대개는 출하 때는 지정가로 옵니다. 그날의 집화물을 그날 전부 팔아치우는 것은 불가능합니다. 다시마류도 상당한 면적을 차지하고 저장소도 필요합니다.

의장 : 위원회에 부의해서 신중 심의하면 어떻습니까.

20번(後藤連平) : 위원회는 너무 이릅니다.

의장 : 잠시 휴식하겠습니다. (4시 20분)

의장 : 계속해서 개회하겠습니다.(6시 3분)

부윤 : 휴식 중 모두의 의견도 있었으므로 자문 제18호안 첨부의 처오 가시장 수지개산 지출 중 유지비 200원을 400원으로 하고 유지비의 다음으로 차가료 800원, 그 附記에 연액이라고 기입하고 합계 금 1,200원 수지 차감액 잔금 없음 이라고 고치겠습니다. 또 자문 제19호 청물시장 설치 재원으로서 기본재산을 처분하는 건은 차가에 의해 경영하는 이상은 그 필요가 없으므로 철회하겠습니다.

의장 : 질문 없으신 것 같으니 2독회로 넘어가겠습니다.

(이의 없음)

의장 :그러면 제2독회로 넘어가겠습니다. 2독회에서 3독회를 생략하고...

16번(村田孚) : 사용료 1,000분의 10은 싸지 않습니까? 회사의 이득이 너무 많은 것 아닙니까.

부윤 : 조례는 1,000분의 15 이내이지만 회사 측이 勘定한 것을 고찰해 보면 위탁 수수료 개산 12,000원이 대체적인 요지입니다. 이것만 있는 것이고 지출이 중매인에게 240원, 영업비가 3,888원 내역은 경매인 사무원 용인 급료입니다. 잡급은 중역 수당 352원, 위안금 급료 2월분 계 1,000원, 수용비 소모품비 300원, 전등 전화 200원, 합계

400원 이상의 지출과 사용료 1,000분의 10 즉 1,200원을 더해서 수지
차감액 5,172원, 투자에 대해 1할 3리 4모에 해당합니다. 회사의 투
자 50,000원은 시장 이외의 집을 건축하는 데 사용하고 있는 것 같
은데 지금은 집도 수입이 없는 것 같습니다. 이번에 19,000원으로
平山의 부분을 샀고 남은 것은 31,000원입니다만 집을 건축한다든
가 손해가 났다든가 해서 현재는 곤란한 모양입니다.

18번(河野竹之助) : 이익이 있으면 그 이익이 어느 정도라고 조건을
　붙여 연한을 기해서 위탁하고 싶습니다.

19번(美濃谷榮次郎) : 특별히 말씀드립니다. 대행 때는 협의회에 부의
　한다는 것이나 중매조합처럼 분쟁이 일어나면 좋지 않으니 중매인
　의 보증금은 어느 정도로 하라든가 기타 물산회사에 부윤이 특별히
　주의를 주기 바랍니다.

부윤 : 民事 회사의 내부에 행정관으로서 개입하는 것은 주제넘은 것
　이라 생각합니다.

의장 : 지금 2독회입니다만 3독회로 넘어가는 데 이의 없습니까.

(이의 없음)

의장 :그러면 3독회로 넘어가겠습니다. 3독회에서 원안대로 가결 확정
　하는 것에 이의 없습니까.

(이의 없음)

의장 : 이의 없으면 자문안 제18호안은 만장일치 가결확정하겠습니다.

의장 : 다음은 자문안 제20호안 어시장 설치 출원의 제1독회입니다.

20번(後藤連平) : 1,000평이라고 하는데 평수가 너무 넓습니다. 휴업일
　은 이걸로 괜찮습니까?

부윤 : 매립지 내부입니다. 휴일은 청물시장과 마찬가진데 실제로 지
　금 쉬는 것은 천장절, 1월 1일, 1월 3일, 12월 31일입니다.

15번(丹羽茂三郎) : 시간이 오전 6시부터 오전 10시까지면 실제로는 곤란하지 않습니까? 요새는 오전 4시경부터 시작하고 있는 것 같습니다.

18번(河野竹之助) : 오전 8시는 실제에 합치하지 않습니다.

부윤 : 사실에 의하면 4시 반부터 오후 2시경까지입니다. 즉 오전 8시부터 오후 2시, 오전 7시부터 오후 1시, 오전 4시부터 오전 11시, 오전 8시부터 0시 이렇게 하고 있습니다. 이것은 제안 중 "매일 오전 6시부터 오전 10시까지"라고 되어 있는데 '6시'를 '4시반'으로 고치고 '오전 10시'를 '오후 2시'로 이렇게 제안을 고치겠습니다. 정정을 원합니다.

16번(村田孚) : 이 塩于魚類라는 것은 다시마 같은 것도 취급합니까?

부윤 : 곳에 따라 그 취급이 다양합니다만 그때가 되면 상세히 결정하려고 생각합니다.

19번(美濃谷榮次郎) : 출장소를 설치하는 것이 가능합니까?

부윤 : 출장소는 불가능합니다.

20번(後藤連平) : 수지개산의 사용료 2,588원은 이걸로 가능합니까?

부윤 : 2,588원은 경매 가격에 의한 것으로 1926년 경매가격 248,900원, 1927년 240,000원, 1928년 287,000원이라는 숫자가 나타나고 있습니다만 기초를 확고히 하기 위해 이상 3개년 평균에 의해서 1,000분의 10을 산출한 것입니다.

16번(村田孚) : 들은 바에 의하면 종래 가옥은 싸게 빌리고 있는 것 같은데 사용료를 받고 거래합니까?

부윤 : 사용료를 내는 측은 槪算에 의하면 부에 납부하는 수수료 2,588원, 중매인 388원, 영업비 18,121원, 합계 21,097원, 위탁 수수료 수입에 15,880원이므로 차액 4,783원, 투자 31,900원에 대해 연 이자 1할 5푼

9리에 해당하는 계산이 됩니다.

18번(河野竹之助) : 2독회로 넘어가서 2독회에서 3독회를 생략하고 확정하길 바랍니다.

(이의 없음)

의장 :질문 없으면 2독회로 넘어가겠습니다. 2독회에서 3독회 생략하고 가결 확정하는 것에 이의 없습니까?

(이의 없음)

의장 : 그러면 자문안 제20호안은 원안대로 가결 확정하겠습니다.

다음은 자문 제21호안의 1독회입니다.

부윤 : 15,000원으로 별지 도면과 같이 100평의 경매시장을 건축한다는 계산입니다. 내부에 취사장과 변소는 실시할 때 좀 재고해보고자 합니다.

19번(美濃谷榮次郎) : 건물 설계는 수산회사와 상의한 겁니까?

부윤 : 상의하여 만들고 있습니다. 좀 넓다고 하는 것이 있었습니다만 이 정도로 좋다고 생각합니다. 또 경매장은 煉瓦로 건축할 예정입니다.

의장 : 질문 없으면 제2독회로 넘어가겠습니다.

(질문 없음, 독회 생략)

의장 :그러면 2독회로 넘어가겠습니다. 2독회에서 3독회 생략하고 원안대로 가결 확정하는 데 이의 없습니까?

("이의 없음")

의장 :자문 제21호 어시장 설치의 재원으로서 기본재산인 현금 15,000원을 처분하는 건은 만장일치로 원안대로 가결 확정하겠습니다.

다음은 자문 제22호 어청물시장 관리 및 사용조례 설정 건의 제1독회입니다.

부윤 : 이것은 선례에 의해 작성한 것인데 총독부에서 허가한 것으로 그대로 게재한 것입니다만 제10조의 簿書만은 실제를 조사해서 기입했습니다. 이것은 시장규칙을 일단 열람하실 필요가 있습니다. 고로 이 자리에서 참고하시라고 말씀드립니다.

(부윤, 시장규칙 조문을 읽음)

("질문 없음, 독회 생략")

의장 : 질문 없으면 제2독회로 넘어가겠습니다.

("이의 없음, 진행, 진행")

의장 : 이의 없으면 제3독회로 넘어가겠습니다.

("원안 찬성, 이의 없음")

의장 :만장일치로 원안 찬성 가결 확정하겠습니다.

부윤 : 본 안에 관해 일단 설명드립니다. 현재 일용품 야채시장은 수년 동안 손실이 있어 왔습니다. 사용료는 1대 월 5원, 21대 연액 1,260원 이상입니다. 지출은 차가료 1,284원, 이 차가료를 지불하는데 수입 전부를 충당해도 부족합니다. 거기에 비품이 25원, 소모품비 20원, 전등비 65원, 수선비 50원, 촉탁 수당 396원, 소제인부 급여 155원, 위로금 71원, 여비 30원을 더하면 지출 합계 2,196원이고 세입출 차액이 936원을 일반 府費에서 지출하고 있습니다. 매년 936원씩 손실이라는 것은 실로 한심한 것입니다. 뭔가 개선 방법을 강구하려는 것이 옛 우편국 자리를 대부를 출원하여 그 지상 건물의 불하를 출원했는데 다행히 허가가 되면 상당한 설비를 요합니다. 일단 출원하고 이것은 올해 중에 설비한다 해도 내년도의 일입니다. 공설시장을 건설하면 개산 약 10,000원이 필요한데 토지 평수는 97평입니다. 이것은 미리 상의하고 있지는 않습니다. 본 안을 제출한 이유는 위에 말씀드린 차제입니다.

16번(村田宇) : 좀 묻고 싶습니다. 이 토지는 1번 의원이 발견하여 어제 상담회 석상에서 가마니 제조를 세민에게 시키는 교육사업으로 하고 싶다는 상담이 있었습니다. 부윤도 참석하고 있었으니 아실 것으로 생각되는데 본 안을 제출한 것은 1번 의원이 발견한 것을 가로챈 것입니다. 본 안 제출 전에 1번 의원과 의논했습니까?

부윤 : 가마니에 대해서 그 후 도청과 또 해당 업자에게 고려를 구해 의견을 물었는데 의도한 것처럼 성적이 양호하지 않습니다. 이 사업을 위해 위 토지 건물의 사용을 원해도 어쩌면 허가가 되지 않을지도 모릅니다. 가마니는 숙고가 필요한 문제인데 그 요지에 대한 설명을 들었습니다만 700원 정도 자금 출원이 필요하고, 府 사업으로 하는 건 반대입니다. 개인 사업에 맡기는 게 좋다고 생각합니다. 이상과 같이 가마니 제조장에 대해서는 어제 일단 양해를 얻었습니다.

5번(金相勳) : 본 안에 대해 지금 16번 의원이 질문했습니다만 저도 본 안에 대해 한 말씀 드립니다. 1번 의원이 사회사업으로서 세민 교육을 위해 이 토지 건물을 차입하여 가마니 제조를 시키는 데 이 건물이 적당하다고 해서 어제 상담회에 제의하니 부윤은 잘 조사해서 보고하겠다고 약속했습니다. 그런데 하등의 보고도 없이 본 안을 제출한 것은 자못 유감으로 생각합니다. 또 부윤이 제안한 이유로서 900여 원이 손실이라고 하셨는데, 본 안이 통과되면 약 10,000원이 필요한 게 되므로 오히려 현재의 사용료를 올리면 어떻겠습니까. 여하튼 본 안은 고려가 필요하다고 생각합니다.

부윤 : 본 안을 제출해서 허가를 얻으려면 꽤 오리 걸릴 것이라 생각합니다.

20번(後藤連平) : 지금 급속히 제출할 필요가 없으면 고려의 여지가 있고 사실 시장으로서는 협애합니다. 이 부근은 점포가 국도에 면하여 도로도 넓지 않고 시장으로 모은다고 하면 현재도 좁습니다. 본 안은 고려 연구할 여지가 있다고 믿습니다. 여러 방법에 의해 손실이 없는 쪽으로 하고 싶습니다.

부윤 : 본 안은 역시 연구할 점이 있으니 철회하겠습니다.

의장 : 의사록 서명자는 16번, 18번 의원으로 하겠습니다.

부윤 : 이것으로 폐회하겠습니다.

8) 1929년 11월 1일 인천부협의회 회의록

항 목	내 용
문 서 제 목	仁川府協議會會議錄
회 의 일	19291101
의 장	寺島利久(부윤)
출 석 의 원	김윤복(金允福)(1), 정세택(鄭世澤)(3), 장석우(張錫佑)(4), 손양한 (孫亮漢)(7), 吉田秀次郞(11), 今村覺次郞(13), 丹羽茂三郞(15), 村田字(16), 河野竹之助(18), 美濃谷榮次郞(19), 後藤連平(20)
결 석 의 원	안영순(安永淳)(2), 김상훈(金相勳)(5), 이창의(李彰儀)(6), 정순 택(鄭順澤)(8), 平山嘉次郞(12), 力武嘉次郞(14)
참 여 직 원	兵働義雄(부속), 生田鐵造(부속), 龜田市平(부속), 황윤(黃潤) (부속), 關口久次(부속), 靑山正雄(부속), 上田良歲(부서기)
회 의 書 記	
회 의 서 명 자 (검 수 자)	寺島利久(부윤), 김윤복(金允福)(1), 美濃谷榮次郞(19)
의 안	소화4년도 인천부 세입출 추가 경정 예산의 건 어시장 설치 출원의 건 어시장 사용 승인의 건
문 서 번 호 (I D)	CJA0002696
철 명	인천부예산서류
건 명	소화4년도인천부세입출추가경정예산인천부협의회회의록
면 수	14
회의록시작페이지	648
회의록끝페이지	661
설 명 문	국가기록원 소장 '인천부 예산서류'에 포함된 1929년 11월 1일 인천부협의회 회의록

해 제

　본 회의록(총 14면)은 국가기록원 소장 '인천부 예산서류'의 '소화4년 도 인천부 세입출 추가경정예산 인천부 협의회 회의록'에 포함된 1929년

11월 1일 인천부 협의회 회의록으로 1929년 소화4년도 인천부 세입출 추가 경정 예산의 건과 어시장 설치 출원의 건, 어시장 사용 승인의 건이 논의되었다.

주요 일간지에 실린 이 협의회의 주요 내용은 다음과 같다.

<일본인 시장에 대항권을 허락하고 조선인 시장은 취체한다고 언명 / 차별적인 寺島부윤>

"[인천]인천부에서는 지난 1일 오후 2시 부협의회를 개최하고 인천 수산회사에 대해 어시장 영업 허가의 건을 부의하였던 바 반대론이 백출하여 필경 유회하고 말았다는데 그 내용을 들어본즉 본래 인천에 일본인 경영의 수산회사 어시장이 있었고 또 內里에 조선인이 명치18년 부터 벌써 40년 동안을 경영하는 어시장이 있었는데 그 수산회사의 시장은 시장규칙에 의해 허가를 얻어서 경영했고 조선인의 것은 그 시장의 허가를 얻지 아니하고 경영하여오던 중 수산회사의 허가기간 이 금년 9월에 만료됨을 기회로 하여 시장규칙 근본정신에 의하여 어 시장은 인천부에서 경영하기로 하고 시장영업대행권만을 수산회사에 허여하는 동시에 벌써 40년 동안이나 경영하여온 조선인의 것은 종전 에 시장허가가 없이 경영해왔다는 약점을 포착하여 그것을 구실로 이 번 기회에 수산회사로 하여금 조선인의 시장을 병탄케 하든지 그렇지 않으면 시장규칙으로써 취체하여 조선인의 시장은 자멸케 할 제안이 었다. 그러한데 부협의원 중 後藤連平 씨, 김윤복(金允福) 씨, 정세택 (鄭世澤) 씨 등이 그 제안에 대해 격렬히 반대한 바 그 요지로 말하면 조선인 경영의 것이 종전에 비록 시장규칙에 의한 허가는 없다 할지 라도 벌써 40년 동안 실질상 어시장의 행위를 하였을 뿐 아니라 만일 시장규칙의 허가있다는 것을 조건으로 한다면 수산회사 역시 그 허가의 기간은 벌써 만료 경과하여 현재는 수산회사 역시 하등의 우월권이 없고 조선인 시장과 똑같은 처지에 있음에도 불구하고 그 수산회사에 편벽되게 대행권을 허락하는 한편 조선인 시장은 취체규칙을 방패로 내세우고 단연 취체한다고 사도부윤이 회의석상에서 명언하는 것은 부윤으로서 공평한 조처가 되지 못할 뿐 아니라 조선인의 법규수속에 어두운 것을 넘보아서 전연 압박하는 것도 너무 심한 일이라 하여 반대론이 속출한 것이라 하며 조선인 경영의 어시장으로 말하면 경영의 역사가 가장 구할 뿐 아니라 그 시장에 관련되어 생활하는 사람이 수백 명에 달하므로 장차 용이치 아니한 문제가 전개할 모양이더라."[33]

<어시장문제로 인천부협의회 소연, 결국 다시 유회되다>

"10월 30일에 유회되었던 인천부협의회는 1일 오후 2시 50분부터 부협의실에서 개회되었는데 출석의원은 11명으로 자문안 등에 대하여 寺島 부윤으로부터 설명이 있은 후 지요다(千代田)함의 기념 마스트 건설비 천 원과 청년훈련소 경비 1,300원, 합계 2,200원을 재향군인 인천분회에 보조증액한 데 대하여 後藤, 김윤복 양 씨의 질의가 있었고, 자문 29호안 인천수산회사의 경영에 관한 종래의 어시장으로 금년 9월 11일로써 기한 종료임으로 화방 매립 공사가 준공되는 대로 설치키로 하고 동 회사의 수산도매시장 영업 허가에 동의를 與하기로 한다는 제안 취지의 설명이 있은 후 심의에 들어가 건축 시대인 차시에 하고로 동 회사를 부영으로 하고자 하느냐는 등의 질문전이 시작되어, 갑론을박으로 의장은 소연하기 끝이 없다가 의장은 휴회를 선언하고 장

33) 「사십년 이내 경영의 조선인 어시장 무시」, 『동아일보』 1929.11.3.

시간 간담을 하였으나 결국 하등의 효과를 얻지 못하고 유회하고 오는 6일에 또다시 개회하기로 하고 오후 6시에 개회하였더라."[34]

내 용

자문사항 - 1. 1929(소화4)년도 인천부 세입출 추가 경정 예산의 건, 1. 어시장 설치 출원의 건, 1. 어시장 사용 승인의 건

의장 : 지금부터 개회합니다. 오늘 출석하신 분은 11명, 결석자 6명입니다. 오늘의 부의 사건은 배부해드린 대로 1929년도 세입출 추가 경정예산과 어시장의 설치 출원과, 어시장 사용 승인의 건 이상 3건입니다.

부윤 : 자(諮)제28호부터 설명 드립니다. 세출에서 기부 및 보조의 5,700원을 감액한 것은 인천병원 보조 8천 원을 교부금으로 별도 조관으로 하였고 재향군인회 보조 300원을 1,200원으로 한 것은 군함 치요다(千代田)의 돛대를 운반선을 통해 보내와 그것을 건설하려고 했는데 재향군인회가 가난해 건설할 돈이 없어 府로부터 보조를 받고 싶다는 신청이 있었습니다. 그 건설 설계에 부의 기사로는 경험이 없기 때문에 해사국에 부탁해 작성했습니다만 약 천 원의 비용이 필요했습니다. 西공원에 세우고 싶다고 희망해 이것은 기념물이기도 해 건설이 가능하다고 인정했기 때문에 이를 계상했습니다. 이어서 청년훈련소 보조입니다만 송부해드린 바와 같이 10월에 청년훈련소규정이 발표되었습니다. 그 제5조에 "부 및 면은 청년훈련

---

[34] 「魚市場問題로 仁川府議騷然 結局 쏘다시 流會되어」, 『每日申報』 1929.11.5.

소를 설립할 수 있다", "私人은 공장, 상점 등에서 청년훈련을 받을 수 있는 자를 다수 사역하는 경우에 한해 청년훈련소를 설치할 수 있다"고 되어 있어 부에서도 개인으로도 설립할 수 있게 되어 있습니다. (중략-편자)

자(諮)제29호안을 설명합니다. 어시장건설용지의 수면매립은 지난 번 허가가 되었는데 본년도 내에 매립공사가 완료된다는 것은 지난한 일이라고 생각합니다. 건물 건축이 될 때까지는 상당한 시일이 필요하기 때문에 그 사이의 처치로 현재의 시장을 공설어시장으로 설치해 둔다는 것입니다. 그 시장의 개시일 및 개폐시각 등 서면으로 써 있는 것은 사실 현재 행해지고 있는 대로입니다. 현재 시장의 건물은 175평 2합 3작입니다만 이것은 수산회사가 王成鴻에게서 임차해 수산회사가 약 2,600원 정도의 설비를 하였고 이러한 관계에서 회사가 임차하고 있는 것을 부가 사용 임차하는 것이기 때문에 부와 수산회사는 무료이고 수산회사와 왕성홍은 임대차, 즉 유료로 되어 있습니다. 그러므로 부가 수산회사와 사용대차를 하기 위해서는 왕성홍으로부터 수산회사에 대해 승낙서가 필요합니다. (중략-편자)

金允福(1번) : 어시장은 부디 부가 출원해 허가를 받아두어야만 할 것입니다. 수산회사와 조선인 어시장이 있습니다만 조선인 어시장에 손을 대 합병하라고 말하지만 40년이나 돈을 모아 행해온 것을 그대로 제쳐두어도 좋습니까. 무언가 연구를 해보는 것은 어떻습니까. 이것은 중대문제라고 생각합니다.

부윤 : 답변합니다. 9월 11일이 수산회사의 영업기한 만료로 되어 있으므로 좋은 기회라고 생각합니다. 조례 쪽은 어시장을 설치하지 않는다면 魚라는 글자를 지우는 편이 좋을 것이고 부영으로 옮겨버

려 이번에 정리하는 것을 생각하고 있습니다. 20번설도 합당합니다
만 그렇게 하면 조례 가운데 어시장을 지우게 됩니다. 부영시장을
설립하는 날까지라는 조건을 붙여 수산회사에 公許를 해도 좋지 않
을까. 부는 아무런 설비도 하지 않고 수익도 따라 오지 않는 안으로
이번에 명의를 바꾸어 두는 안입니다.

金允福(1번) : 종래 하던 대로 하자는 20번 의원의 의견입니다만 40년
이나 해온 것은 무언가 구제해주는 길이 없습니까. 단지 이치만 따
져서는 안 됩니다. 무언가 방법을 강구해 두지 않으면 안 되는 일이
라고 생각합니다.

美濃谷(19번) : 나는 이 문제는 부의 방침이 이미 결정되어 있는 것으
로 장소가 마련되기 전에 제출된 감이 있지만 조만간 행하지 않으
면 안되고 원안도 만들어져 있으므로 원안대로 진행하는 것이 좋다
고 생각합니다.

河野(18번) : 19번 의원은 장소가 마련되기 전에 제출된 좀 이르다는
의미를 말씀하셨는데 기정의 조례를 개정하는 것보다도 이대로 하
는 편이 좋다고 생각합니다.

村田(16번) : 나도 18번설에 동감입니다. 이 문제는 이전에 조례 등 만
장일치로 가결하였기 때문에 방침은 이미 정해져 있습니다. 안도
작성되어 되었습니다. 그러므로 원안대로 통과에 찬성합니다.(중략
편자)

金允福(1번) : 平山 씨로부터의 청원에 대해 처지를 한 사례도 있고 조
선인이 40여 년 동안 어시장을 경영하고 있는 것을 한 곳으로 해달
라고 자주 말하고 있다. 이것을 이치만으로 다루어버린다면 어떻게
되는가. 40년이나 해온 것을 도와주지 않으면 안 된다고 생각한다.
무언가 연구를 하셔서 부디 원조가 가능하도록 해주기 바란다.

부윤 : 총독부령에 따라 허가를 받은 것은 단지 수산회사가 있을 뿐이
다. 그 밖에 있는 것은 유사행위로 취체규칙에 의하는 것이므로 시
장규칙에 따라 公許를 받은 것은 하나이다. 一地一所 주의로 되어
있어 정흥택의 分은 법규상, 실제상 취체규칙의 적용을 받는 것이
라고 생각한다.

(하략-편자)

9) 1929년 11월 6일 인천부협의회 회의록

항 목	내 용
문 서 제 목	仁川府協議會會議錄
회 의 일	19291106
의 장	寺島利久(부윤)
출 석 의 원	김윤복(金允福)(1), 안영순(安永淳)(2), 정세택(鄭世澤)(3), 장석우(張錫佑)(4), 김상훈(金相勳)(5), 이창의(李彰儀)(6), 손양한(孫亮漢)(7), 吉田秀次郎(11), 今村覺次郎(13), 丹羽茂三郎(15), 村田宇(16), 河野竹之助(18), 後藤連平(20)
결 석 의 원	정순택(鄭順澤)(8), 平山嘉次郎(12), 力武嘉次郎(14), 美濃谷榮次郎(19)
참 여 직 원	兵働義雄(부속), 生田鐵造(부속), 龜田市平(부속), 황윤(黃潤)(부속), 關口久次(부속), 靑山正雄(부속), 上田良歲(부서기)
회 의 서 기	
회 의 서 명 자 (검 수 자)	寺島利久(부윤), 정세택(鄭世澤)(3), 河野竹之助(18)
의 안	소화4년도 인천부 세입출 추가 경정 예산의 건 어시장 설치 출원의 건 어시장 사용 승인의 건
문 서 번 호 (ID)	CJA0002696
철 명	인천부예산서류
건 명	소화4년도인천부세입출추가경정예산인천부협의회회의록
면 수	12
회의록시작페이지	662
회의록끝페이지	673
설 명 문	국가기록원 소장 '인천부 예산서류'에 포함된 1929년 11월 6일 인천부협의회 회의록

해 제

본 회의록(총 12면)은 국가기록원 소장 '인천부 예산서류'의 '소화4

년도 인천부 세입출 추가경 정예산 인천부 협의회 회의록'에 포함된
1929년 11월 6일 인천부 협의회 회의록으로 1929년 소화4년도 인천부
세입출 추가 경정 예산의 건과 어시장 설치 출원의 건, 어시장 사용
승인의 건이 논의되었다.

　이날의 회의 내용은『매일신보』기사를 통해서도 확인할 수 있다.
"6일 오후 2시부터 부협의회를 속개하였는데 11인 참석. 근래에 드
문 긴장 속에 寺島 부윤이 개회를 선언하고 전일에 계속하여 자문안
28호, 소화4년도 인천부 세입출 예산 별지와 같이 추가 경정코자 함
이라는 건에 대하여 2독회에 들어가서 만장일치로 가결하고 경히 문
제의 어시장에 대하여 기간 경영자인 정홍택에게 조사한 전말을 보고
한 후, 본안은 철회하였다가 이후 시기를 보아서 다시 제출하겠다고
선언하자 後藤, 김상훈, 이창의 씨 등의 찬성이 있은 후 즉시 철회하
였으므로 분규를 야기코자 하였던 어시장 문제는 이로써 일단락을 고
하고 村田 씨로부터 전전 홍역예방 사업에 노력한 경찰관 등 여러 사
람에 대하여 위로회를 개최함이 어떠하냐는 의견이 있어 만장일치로
가결하고 오후 3시 40분에 무사히 휴회하였다."[35]

내 용

(상략-편자)

부윤 : 부(府)의 시장으로 영업을 하려고 하는 것은 시장규칙 제8조에
　　의한 糶市場이고 정홍택 씨가 하고 있는 것은 시장규칙에 의한 것
　　이 아닙니다. 시장규칙에 의한 것과 취체규칙에 의한 것은 각기 성

---

35) 「문제의 어시장안 부윤이 철회, 6일 인천부 협의회」,『每日申報』1929.11. 9.

질을 달리 하고 있는 별개의 문제입니다. 그러므로 단속하지 않으면 안 됩니다. 취체규칙에 의한 것은 자문 외 사항입니다. 道令(취제규칙)의 시행은 10월 1일부터 시행되고 있어 나도 손을 댈 수 없습니다.

김상훈(5번) : 내년 7월까지 설치한다면 수산회사도 기한이 경과한 뒤에 하는 것이 아닙니까.

부윤 : 수산회사의 시장행위는 9월 21일이 허가기간의 만료일입니다만 부영이 될 때까지는 종래와 마찬가지로 계속해도 좋다고 하는 것이 기간 만료 전 도(道)에서 통달이 왔기 때문에 종래대로 영업을 하더라도 전혀 지장이 없습니다.

이창의(6번) : 마침 지난번에는 나도 결석을 했습니다만 본안에는 내선인 사이의 문제가 있다는 것을 들었습니다. 20번의 주장 대로 문제가 원만히 해결된 다음 제안하는 것이 옳으며 일단 본안을 철회하는 것에 찬성합니다.

吉田(11번) : 철회하는 것에 찬성합니다. 급히 서두를 문제가 아닙니다.

村田(16번) : 나는 본안을 철회한다는 것이 매우 유감입니다. 지금 조선인 의원 쪽은 내선인을 차별하는 것은 아니라고 말하였다. 그렇다면 본안을 끌어들일 이유가 어디에 있습니까. 이것을 끌어들여야 하는 이유를 알고 싶다.

丹羽(15번) : 부윤의 설명에 따르면 지금 개인이 출원한 것이 미해결이어 그 결정을 기다린다고 하는 것이므로 철회에 찬성합니다.

부윤 : 본안은 고려할 부분이 있으므로 자제29호 및 자제30호안은 철회합니다.

(하략-편자)

3. 원산부협의회

1) 1925년 7월 20일 원산부협의회 회의록

항 목	내 용
문 서 제 목	元山府協議會會議錄
회 의 일	19250720
의 장	木村靜雄(府尹)
출 석 의 원	金鍾蓮, 平松龜太郎, 金容浩, 小島守治, 杉野多市, 矢野榮作, 本岡卯之吉, 鳥居千三郎
결 석 의 원	
참 여 직 원	齊藤房次郎(조선총독부 속), 鈴木谷三(동), 康喜鎭(동), 涌澤元三郎(부기사)
회 의 書 記	
회 의 서 명 자 (검 수 자)	木村靜雄(의장, 府尹), 本岡卯之吉, 金鍾蓮
의 안	제18호 1925년도 세출 추가경정예산안 제19호 특별영업세 조례 폐지안 제20호 부립전염병원 조례 개정안 제21호 부립병원 조례 개정안 제22호 부세 특별소득세 조례 설정안 제23호 여비지급 조례 개정안
문 서 번 호 (I D)	CJA0002878
철 명	신의주원산함흥청진각부조례
건 명	특별영업세조례폐지의건원산부협의회회의록
면 수	4
회의록시작페이지	957
회의록끝페이지	960
설 명 문	국가기록원 소장 '신의주원산함흥청진각부조례'철의 '특별영업세조례폐지의건원산부협의회회의록'에 실려 있는 1925년 7월 20일 원산부협의회 회의록

해 제

본 회의록(4면)은 국가기록원 소장 '신의주원산함흥청진각부조례'철의 '특별영업세조례폐지의건원산부협의회회의록'에 실려 있는 1925년 7월 20일 원산부협의회 회의록이다. 예산안과 조례 개정안에 대한 논의가 이루어졌다.

내 용

본 회의에서는 의안 제18호 1925년도세출추가경정예산안, 제19호 특별영업세조례폐지안, 제20호 부립전염병원조례개정안, 제21호 부립병원조례개정안, 제22호 부세특별소득세조례설정안, 제23호 여비지급조례개정안에 관해 논의하고 결정하였다.

의장(부윤) : 제18호 자문안에 관해 심의 부탁합니다. (자문안 설명)

13번(本岡卯之吉) : 부내의 우수 및 오수 배출상황에 관해 기왕의 실례를 인용하고 시설에 관해 소견을 진술.

이에 대해 2번(平松龜太郎), 6번(杉野多市), 11번(矢野榮作)이 교대로 각자의 소견을 보충하였다.

6번 : 하수조사는 이전에 여러 차례 조사했을 것인데 더 조사가 필요한가?

의장 : 종래의 조사는 대체적인 것을 하였으나 이번은 자세한 부분까지 실시조사가 필요합니다.

13번 : 하수조사가 끝난 다음에는 그 결과를 제시하기 바란다.

부윤 : 본안이 결정된 다음 바로 실행하여 그 결과를 보고하고 나아가

협의를 청할 예정입니다.

11번 : 전선상업회의소연합회원 초대에 대략 얼마나 필요할 전망입니까?

부윤 : 연회비 약 300원이 필요하나 기타 비용도 필요하므로 거의 5백원이 필요하다고 생각합니다.

11번 : 금년도 접대비는 이것으로 부족하지 않을 전망입니까?

부윤 : 당부는 각종 시설이 많음에 따라 접대비 증가는 피할 수 없지만 부족하다고 알릴 때는 그때 협의를 청하겠습니다.

2번 : 접대비를 많이 계상하여 멀리서 온 시찰자들을 환영하는 것은 무엇보다 바람직하지만 지금은 재정긴축 시기이므로 부민의 부담에 관해서도 합당한 고려를 해주기 바란다.

의장(부윤) : 다른 질문도 없는 것 같으므로 독회를 생략함은 어떠합니까?

(전원 이의 없음)

의장(부윤) : 제19호안은 지난번 국유철도의 남만주철도주식회사 의탁영업을 폐지한 결과 자연히 쓸모없게 된 것이기 때문에 심의를 청합니다.

("이의 없다"고 외침)

의장(부윤) : 이의 없는 것 같으므로 독회를 생략하고 원안대로 결정합니다.

("전원 이의 없음"을 외침)

의장(부윤) : 제20호 및 제21호안은 이번에 부리원조례 개정 결과 각각 직제의 정리가 필요한 것이므로 이를 일괄하여 심의해주길 원합니다.

("이의 없음"을 외침)

의장(부윤) : 이의가 없는 것 같으므로 독회를 생략하고 원안대로 결
정합니다.

(전원 이의 없음)

의장(부윤) : 제22호안에 대해 심의를 부탁합니다.

부윤 : 내국통운주식회사 등은 내지에서 소득세의 부과를 받고 부내
에 영업소를 갖고 있으나 부가세를 부과할 방도가 없으므로 이에
특례를 설정해 부과를 하고 吉田운수주식회사의 해산에 따르는 세
입의 결함을 보충할 예정입니다.

6번 : 입법의 취지에는 이견이 없으나 부은 이러한 조례를 제정할 수
있는 법의 연원은 있는가?

부윤 : 부제의 규정에 따라 제정할 수 있습니다.

("이의 없다"고 외치는 자가 있다)

의장(부윤) : 이의가 없다면 독회를 생략하고 결정하는 것은 어떻습니
까?

("찬성, 찬성"이라고 외침)

의장(부윤) : 본안도 이의가 없으므로 원안대로 결정합니다.

(전원 이의 없음)

의장(부윤) : 제23호안을 철회한 외에 전부 議了하였으므로 이에 폐회
합니다.

시각 오후 4시(후략-원문)

2) 1929년 3월 5일 원산부협의회 회의록

항 목	내 용
문 서 제 목	元山府協議會會議錄
회 의 일	19290305
의 장	山崎駿二(원산부윤)
출 석 의 원	北谷德一(1번), 新谷新七(2번), 南觀熙(4번), 張翼軫(6번), 矢野榮作(7번), 李春河(10번), 盧紀萬(11번), 小野文吉(12번), 伊藤隆式(14번), 杉野多市(15번), 福井伊三郎(16번)
결 석 의 원	金景俊(3번), 朴敏龍(5번), 鳥居千三郎(8번), 本岡卯之吉(13번)
참 여 직 원	德永一衛(부속), 西岡信翁(부속), 加藤熊藏(부속), 浦澤之三郎(부 토목기사), 池田兼良(부서기), 大森次角(부서기)
회 의 書 記	
회 의 서 명 자 (검 수 자)	山崎駿二(원산부윤), 矢野榮作, 長野長藏
의 안	자문안 제1호 1929년도 원산부 세입출예산안, 2호 조흥세 조례안, 3호 잡종세 조례 중 개정안, 4호 특별영업세 조례안, 5호 특별소득세 조례 폐지안, 6호 부립병원조례 중 개정안, 7호 가축시장 사용료 조례 중 개정안, 8호 1928년도 원산부 세입출추가경정예산안, 9호 토지평수할 부과액 결정 건
문서번호(ID)	CJA0002743
철 명	원산부관계서류
건 명	원산부특별소득세조례폐지의건-회의록첨부
면 수	4
회의록시작페이지	706
회의록끝페이지	709
설 명 문	국가기록원 소장 '원산부관계서류'철의 '원산부특별소득세조례폐지의건'에 포함된 1929년 3월 5일 원산부협의회 회의록

해 제

1929년 3월 5일 원산부협의회 회의록이다. 이 회의록에서는 자문안

2호부터 6호 즉 조흥세 조례안, 잡종세 조례 중 개정안, 특별영업세 조례안, 특별소득세 조례 폐지안, 부립병원 조례 중 개정안 등을 원안대로 가결 확정하는 것을 볼 수 있는데, 회의록 자체에서 중략된 내용 중 중요한 것은 1929년도 예산안이다.

예산안은 다음과 같이 확정되었다.

세입경상부 : 262,298원. 임시부 198,004원. 세입 합계 460,302원

세출경상부 : 196,309원. 임시부 263,993원. 세출 합계 460,302원[36]

내 용

〈제1일 - 3월 5일 오후 1시 10분〉

부윤 : 지금부터 1929년도 원산부 세입출 예산 기타에 대해 통상 부협의회를 열겠습니다. 회의록 서명자는 矢野榮作, 長野·長藏 두 분을 지명합니다. 자문안은 다음과 같습니다.

자문안 제1호 1929년도 원산부 세입출예산안

제2호 조흥세 조례안

제3호 잡종세 조례 중 개정안

제4호 특별영업세 조례안

제5호 특별소득세 조례 폐지안

제6호 부립병원조례 중 개정안

제7호 가축시장 사용료 조례 중 개정안

제8호 1928년도 원산부 세입출추가경정예산안

제9호 토지평수할 부과액 결정 건

---

36) 『每日申報』 1929.3.8, 3면 7단.

(중략-원문)

지금부터 자문안 제2호부터 순차적으로 제1독회를 열겠습니다.

(조흥세 조례안)

번외(西岡信翁, 부속) : 안건의 전반에 걸쳐 설명

2번(新谷新七) : 제6조의 과료 10원은 가볍게 느껴지는데 어떻습니까.

번외(西岡信翁, 부속) : 부제에 정한 부윤의 권한에 기반한 겁니다.

2번(新谷新七) : 조흥세를 유흥세로 하면 어떻습니까?

번외(西岡信翁, 부속) : 조선의 현재 상황에는 아직 이르다고 느껴집니다.

7번(矢野榮作) : 과율을 6전으로 한 이유는 무엇입니까?

번외(西岡信翁, 부속) : 부제를 참작하여 이 지역에서는 이 정도가 적당하다고 생각했기 때문입니다.

2번(新谷新七) : 본 안은 독회를 생략하고 채결을 희망합니다.

("찬성" "찬성")

의장(부윤) : 2번의 動議는 다수라 인정되므로 본안은 독회 생략하고 원안대로 가결하겠습니다. 다음은 제3호안으로 넘어가겠습니다.

(잡종세조례 중 개정안)

번외(西岡信翁, 부속) : 개정의 요점을 설명함

1번(北谷德一) : 수렵세는 정리할 의향이 없습니까?

의장(부윤) : 고려해보겠습니다.

2번(新谷新七) : 월세의 3인분을 5인분으로 고치면 지나치게 높다고 느껴집니다.

번외(西岡信翁, 부속) : 다른 부와 비교해서 무겁지 않다고 생각합니다.

14번(伊藤隆式) : 본 안은 독회 생략하고 채결을 바랍니다.

(찬성자 많음)

의장(부윤) : 지금 동의는 다수가 인정하므로 본 안은 독회 생략하고 원안대로 가결하겠습니다. 다음은 제4호안으로 넘어가겠습니다.

(특별영업세 조례안)

번외(西岡信翁, 부속) : 현행 조례와 다른 점과 기타에 대해 설명함

14번(伊藤隆式) : 제3조의 경우는 각각 따로 납세 고지서를 발행하지 않고 동일한 고지서에 합산하고 또 제5조의 면세점은 다른 부 및 국세의 예를 참작해서 정하고 싶습니다.

1번(北谷德一) : 본 안은 독회 생략하고 채결을 바랍니다.

("찬성" 많음)

의장(부윤) : 지금 동의는 찬성자 다수이므로 본안은 독회 생략하고 원안대로 가결하겠습니다. 다음은 제5호안으로 넘어갑니다.

(특별소득세 조례 폐지안)

번외(西岡信翁, 부속) : 폐지의 이유를 설명함

1번(北谷德一) : 본 안은 독회 생략하고 채결을 바랍니다.

("찬성" 많음)

의장(부윤) : 본 안도 독회 생략하자는 찬성자가 많으니 원안대로 독회 생략하고 가결하겠습니다. 다음 제6호 안입니다.

(부립병원 조례 중 개정안)

번외(德永一衛, 부속) : 개정 이유 설명

("이의 없음" 많음)

의장(부윤) : 본안도 따로 이의 없으니 독회 생략하고 원안대로 가결하겠습니다. 다음은 제7호안입니다.

(가축시장 사용조례 중 개정안)

번외(德永一衛, 부속) : 개정 이유 설명

("이의 없음" 많음)

의장(부윤) : 본 안도 따로 이의 없으니 독회 생략하고 원안대로 가결
  하겠습니다.

(하략-원문)

Ⅱ
면협의회 회의록

1. 영등포면협의회

1) 1927년 3월 20일 영등포면협의회 회의록

항 목	내 용
문 서 제 목	永登浦面協議會會議錄
회 의 일	19270320
의 장	藤田信彦(면장)
출 석 의 원	大塚宗三郎(1번), 金泰溁(2번), 今西覺郎(3번), 齋藤富藏(4번), 名井貞亮(5번), 全建興(6번), 竹原初藏(7번), 鈴木文助(8번)
결 석 의 원	崔俊永(9번), 盧鍾成(10번)
참 여 직 원	藤田卯一, 朴容元, 金在達(이상 면서기)
회 의 書 記	
회 의 서 명 자 (검 수 자)	
의 안	1927년도 영등포면 세입세출 예산의 건
문서번호(ID)	CJA0002604
철 명	지정면세입세출예산서(경기충남충북)
건 명	보고예제5호지정면에관한보고-영등포면(영등포면소화2년도세입세출예산및추가예산협의
면 수	2
회의록시작페이지	239
회의록끝페이지	240
설 명 문	국가기록원 소장 '지정면세입세출예산서(경기충남충북)'철의 '보고예제5호지정면에관한보고-영등포면(영등포면소화2년도세입세출예산및추가예산협의'건에 실려 있는 1927년 3월 20일 영등포면협의회 회의록

해 제

본 회의록(2면)은 국가기록원 소장 '지정면세입세출예산서(경기충남충북)'철의 '보고예제5호지정면에관한보고-영등포면(영등포면소화2년도세입세출예산및추가예산협의'건에 실려 있는 1927년 3월 20일 영등포면협의회 회의록이다. 세입 세출 예산에 대한 의장의 설명을 듣고 산회하였다.

내 용

이 회의의 의안은 제4호 1927년도 영등포면 세입세출 예산의 건이다.

의장 : 출석협의회원 및 결석협의회원을 보고하고 개회를 선포.

의장 : 지금부터 1927년도 영등포면 세입세출 예산에 관해 설명합니다. (의장이 세입세출의 각 관항목에 걸쳐 상세히 설명하다)

의장 : 세입의 부 제1관 제1항 기본재산수입 173원 가운데 부기 토지매각대 162원을 제8관 재산매각대 제1항 토지매각대 부기 토지매각대 162원으로 하고 제1관부터 제8관으로 분리하기로 했습니다. 따라서 잡수입을 제9관으로 부과금을 제10관으로 각각 조정하는 것으로 정정합니다.

또 세출의 부 제7관 재산관리비 제2항 보험료로 되어 있는 것을 제2항 관리비로 자구를 정정합니다.

의장 : 이로써 설명을 마치고 계속해 제2독회를 하겠습니다.

2번 : 지금 설명으로 충분히 알았습니다. 그러나 신중하게 심의해야 할 것이므로 내일은 공휴일이고 각자 충분히 숙고한 다음 쓸데없는 질문을 피했습니다. 오늘은 이로써 폐회하고 모레 22일 오후 7시부터 속행할 것을 희망합니다.

(1번, 4번, 8번 "찬성"을 외침)

의장 : 잠시 휴게합니다. 시각 오후 9시 30분.

의장 : 오늘은 이로써 휴회하고 속행일시는 오는 22일 오후 7시로 합
    니다. 별도로 통지를 하지 않을 것이므로 그리 아시기 바랍니다. 시
    각 오후 9시 35분.

2) 1927년 3월 22일 영등포면협의회 회의록

항 목	내 용
문 서 제 목	永登浦面協議會會議錄
회 의 일	19270322
의 장	藤田信彦(면장)
출 석 의 원	大塚宗三郎(1번), 金泰濬(2번), 今西覺郎(3번), 齋藤富藏(4번), 名井貞亮(5번), 全建興(6번), 竹原初藏(7번), 鈴木文助(8번)
결 석 의 원	全建興(6번)
참 여 직 원	藤田卯一, 朴容元, 金在達(이상 면서기)
회 의 서 기	
회 의 서 명 자 (검 수 자)	藤田信彦(면장), 今西覺郎(협의회원 3번), 齋藤富藏(4번)
의 안	1927년도 영등포면 세입세출 예산의 건
문서번호(ID)	CJA0002604
철 명	지정면세입세출예산서(경기충남충북)
건 명	보고예제5호지정면에관한보고-영등포면(영등포면소화2년도세입세출예산및추가예산협의
면 수	8
회의록시작페이지	240
회의록끝페이지	247
설 명 문	국가기록원 소장 '지정면세입세출예산서(경기충남충북)'철의 '보고예제5호지정면에관한보고-영등포면(영등포면소화2년도세입세출예산및추가예산협의'건에 실려 있는 1927년 3월 22일 영등포면협의회 회의록

해 제

본 회의록(8면)은 국가기록원 소장 '지정면세입세출예산서(경기충남충북)'철의 '보고예제5호지정면에관한보고-영등포면(영등포면소화2년도세입세출예산및추가예산협의'건에 실려 있는 1927년 3월 22일 영등포

면협의회 회의록이다. 영등포면 예산안 심의로 공동세탁장의 신설, 호
별할 면세점, 지정기부금, 청결소독비, 도로교량비, 기구기계비, 경찰
비, 재산관리비, 수도사업비 등이 논의되었다.

내 용

이 회의에서는 지난번 회의에 이어 의안 제4호 1927년도 영등포면
세입세출 예산의 건에 대한 논의하였다.

1927년 3월 22일 오후 8시 25분 영등포면사무소에서 속행 협의회 개회.

의장 : 20일 협의회의 속행을 개회합니다. 20일 제1독회를 마쳤으므로
지금부터 제2독회를 합니다.

2번 : 1925년의 대수해 이후 두드러지게 피폐하여 아직 부흥하지 못했
고 따라서 면민이 부담을 경감시키고 싶으며 각 협의회원 모두 친
히 협의했습니다. 그 결과 무엇보다 필요한 공동세탁장의 신설비
200원과 소방비 가운데 기구기계비 200원을 삭제하고 그에 해당하
는 금액만큼 부과금의 호별할을 저감해줄 것을 희망합니다.

의장 : 면세점을 높여 14등, 15등을 전부 폐지하는 것은 어떠한가?

5번 : 14등, 15등을 완전히 폐지할 때는 장래에 나쁜 선례를 남길 뿐만
아니라 납세의무의 관념을 양성하는 의미에서 등급 기타는 종전대
로 하고 단지 한 호당 평균 4원의 부담을 줄여주기 바란다.

의장 : 2번 및 5번설에는 충분히 고려하겠습니다.

2번 : 종래 협의회원이 받는 비용 변상은 기부하고 경상부 지정기부금
으로 70원 계상해온 것을 본년도에 삭제하고 단지 1원만 계상한 이
유는 무엇인가?

의장 : 이원 여러분이 당연히 받아야 할 성질의 것이므로 여러분의 자유에 맡깁니다.

5번 : 일단 받는 것으로 하고 유의미하게 사용하는 것은 어떠한가? 청결소독비의 오물소제 인부 2명을 1명으로 반감하고 불시의 경우 혹은 다망한 시기에 임시 인부를 고용하는 것으로 하고 급료 및 위로금을 반감해 임시 인부임금을 계상하는 것은 어떠한가?

의장 : 오물 운반 등에 한 사람으로는 도저히 할 수 없습니다.

4번 : 오물이 쌓여 악평을 들려오고 있기 때문에 엄중한 감독을 희망합니다.

의장 : 충분히 감독하겠습니다.

2번 : 전년도 이월금 1,550원 및 과년도 수입 956원의 명세는 어떠한가?

의장 : 현재 미수입액 5,372원 가운데 수입 전망액 2,916원과 현재 유금 1,222원의 합계 4,138원으로부터 지출전망액 2,588원을 공제한 잔금, 즉 1550원이 전년도 이월금입니다. 과년도 수입은 미수입액으로부터 수입전망액을 공제 한 잔금 2,456원 가운데 1925년도 이전이 미수입액에 대해서는 그 5분의 1, 1926년도의 분에 대해서는 그 2분의 1을 계상한 것입니다.

의장 : 다른 의견이 없으면 제3독회로 넘어갑니다. 시각 오후 10시 40분.

의장 : 의사의 정리상 1관(款)씩 의결하고 세출을 먼저 하려고 생각합니다.

(전원 찬성)

의장 : 제1관 급여

5번 : 이의 없음.

(전원 찬성)

의장 : 제2관 사무소비

2번 : 제3항 잡비 가운데 접대비 100원을 50원으로 반감하는 것은 어떠한가?

의장 : 가능한 절약하더라도 예산으로 그대로 두기 바란다.

5번 : 원안에 찬성.

(전원 이의 없음)

의장 : 제3관 토목비

2번 : 제1항 도로교량비 700원을 500원으로, 부기 도로수선비 300원, 하수구비 200원을 희망합니다.

5번 : 도로수선은 직접 면민에게 필요하고 또 면의 체면상 필요하더라도 현재의 상황에 비추어 감액하는 것이 지당하여 2번설에 찬성.

(전원 찬성)

의장 : 도로교량비 700원으로 되어 있는 것을 500원으로 수정, 부기 도로수선비 500원을 300원으로 수정한다.

의장 : 제4관 권업비

(전원 이의 없음)

의장 : 제5관 위생비

2번 : 제6항 공동세탁장비 200원을 삭제하고 다른 것은 원안에 찬성.

5번 : 제3항 청결소독비에서 오물소제 인부 2명으로 되어 있는 것을 1명으로 하고 임시 용인을 상당 계상하고 다른 것은 2번설에 찬성.

4번 : 제2독회에서 번외의 설명도 있어 제3항은 원안대로 하고 2번설에 찬성.

(전원 이의 없음)

의장 : 제6항 공동세탁장비 200원 삭제, 위생비 3671원인 것을 3471원으로 수정, 따라서 전년도 비교 35원 증가인 것을 165원 감소로 수

정, 또 도살장비를 제6관으로 하고 종두비를 제7관으로 건강진단 및 검매비를 제8관으로 순차 이동하여 수정.

의장 : 제6관 경찰비

2번 : 기구기계비 200원을 삭제하고 원안에 찬성.

(전원 2번설에 찬성)

의장 : 기구기계비는 지방비의 보조를 받은 것으로 하고 삭제. 제8관 제1항 555원으로 되어 있는 것을 355원으로 수정한다.

의장 : 제7관 재산관리비

(전원 이의 없음)

의장 : 제8관 잡지출

8번 : 이의 없음.

(전원 이의 없음)

의장 : 제9관 기부 및 보조

(전원 이의 없음)

의장 : 제10관 수도사업비

2번 : 원심에 찬성.

(전원 이의 없음)

의장 : 제11관 예비비

(전원 찬성)

의장 : 선거비는 본년도 중지에 따라 계상하지 않음.

의장 : 세출에서 제3관 토목비 제1항 도로교량비 700원을 500원으로, 제5관 위생비는 제6항 공동세탁장비 200원을 삭제, 제6관 경비비 제1항 소방비 555원을 355원으로 수정 확정.

의장 : 계속해 세입으로 넘어갑니다.

의장 : 제1관 재산으로부터 생기는 수업

(전원 찬성)

의장 : 제2항 사용료 및 수수료

(전원 찬성)

의장 : 제3관 교부금

(전원 찬성)

의장 : 제4관 전년도 이월금

(전원 이의 없음)

의장 : 제5관 보조금

(전원 이의 없음)

의장 : 제6관 기부금

5번 : 이의 없음.

(전원 이의 없음)

의장 : 제7관 과년도 수입

(전원 이의 없음)

2번 : 원안 찬성.

(전원 찬성)

의장 : 제9관 잡수입

(전원 이의 없음)

의장 : 제9관 부과금 7806, 제3관항 호별할 4221원으로 되어 있는 것을 세출의 부에서 수정한 도로교량비의 200원, 위생비의 200원, 경비비의 200원 합계 600원을 본항목에서 공제, 호별할 3621원 전년도에 비해423원 감소, 제9관 부과금을 7206원 전년도에 비해 380원 감소로 수정.

(전원 찬성)

의장 : 전원 찬성이므로 이상 수정한 다음 1927년도 영등포면 세입세

출 예산안은 확정합니다.

의장 : 폐회를 선언. 시각 오후 11시 30분.

(하략-편자)

3) 1927년 3월 25일 영등포면협의회 회의록

항 목	내 용
문 서 제 목	永登浦面協議會會議錄
회 의 일	19270725
의 장	藤田信彦(면장)
출 석 의 원	金泰濬(2번), 今西覺郎(3번), 名井貞亮(5번), 竹原初藏(7번), 崔俊永(9번)
결 석 의 원	齋藤富藏(4번), 全建興(6번), 鈴木文助(8번), 盧鍾成(10번), 1번 欠員
참 여 직 원	久富良三(면서기)
회 의 書 記	
회 의 서 명 자 (검 수 자)	藤田卯一(면서기), 金泰濬(협의회원 2번), 今西覺郎(협의회원 3번)
의 안	1927년도 영등포면 세입세출 추가 경정 예산의 건
문서번호(ID)	CJA0002604
철 명	지정면세입세출예산서(경기충남충북)
건 명	보고예제5호지정면에관한보고-영등포면(영등포면소화2년도세입세출예산및추가예산협의
면 수	2
회의록시작페이지	252
회의록끝페이지	253
설 명 문	국가기록원 소장 '지정면세입세출예산서(경기충남충북)'철의 '보고예제5호지정면에관한보고-영등포면(영등포면소화2년도세입세출예산및추가예산협의'건에 실려 있는 1927년 3월 25일 영등포면협의회 회의록

해 제

본 회의록(2면)은 국가기록원 소장 '지정면세입세출예산서(경기충남충북)'철의 '보고예제5호지정면에관한보고-영등포면(영등포면소화2년

도세입세출예산및추가예산협의'건에 실려 있는 1927년 7월 25일 영등
포면협의회 회의록이다. 1927년도 추가경정 예산을 원안대로 가결하
고 폐회하였다.

내 용

(상략-편자)
자문안 제1호 1927년도 영등포면 세입세출 추가경정 예산의 건

의장 : 알고 계시듯이 금년도부터 국세 영업세 실시되어 이에 대해 면
　　부가금을 징수할 수 있음과 아울러 종래의 영업할을 폐지하고 특별
　　영업할을 실시하게 됩니다. 또 木町 田元 면서기 소비공금을 신원
　　보증인으로부터 변상 신청, 기타의 사유에 의해 기정 예산액에 대
　　해 추가경정의 필요를 인정하여 자문하는 바입니다.
2번 : 대체로 이해했으므로 독회를 생략하고 원안대로 가결하기 바랍
　　니다.
(전원 이의 없음)
의장: 폐회를 선언. 시각 오후 9시 50분.
(하략-원문)

4) 1928년 3월 15일 영등포면협의회 회의록

항 목	내 용
문 서 제 목	永登浦面協議會會議錄
회 의 일	19280315
의 장	大森三郎(면장)
출 석 의 원	金泰濬(2번), 今西覺郎(3번), 齋藤富藏(4번), 名井貞亮(5번), 竹原初藏(7번), 鈴木文助(8번), 盧鍾成(10번)
결 석 의 원	1번 欠員, 全建興(6번), 崔俊永(9번)
참 여 직 원	李啓舜(영등포면부장), 藤田卯一, 大久保東造, 姜有鳳(이상서기), 金在達(기수)
회 의 서 기	
회 의 서 명 자 (검 수 자)	大森三郎(면장), 金泰準, 今西覺郎(이상 협의회원)
의 안	1927년도 영등포면 세입세출 추가 경정 예산의 건
문서번호(ID)	CJA0002604
철 명	지정면세입세출예산서(경기충남충북)
건 명	보고예제5호지정면에관한보고-영등포면(영등포면소화2년도세입세출예산및추가예산협의
면 수	3
회의록시작페이지	262
회의록끝페이지	265
설 명 문	국가기록원 소장 '지정면세입세출예산서(경기충남충북)'철의 '보고예제5호지정면에관한보고-영등포면(영등포면소화2년도세입세출예산및추가예산협의'건에 실려 있는 1928년 3월 15일 영등포면협의회 회의록

해 제

본 회의록(3면)은 국가기록원 소장 '지정면세입세출예산서(경기충남충북)'철의 '보고예제5호지정면에관한보고-영등포면(영등포면소화2년도

세입세출예산및추가예산협의'건에 실려 있는 1928년 3월 15일 영등포 면협의회 회의록이다. 이 회의에서는 자제1호 1927년도 세입세출예산 추가경정의 건에 대해 논의하였다.

내 용

(상략-편자)

의장 : 본안은 독회의 필요가 없을 것으로 생각하여 이를 생략하고 의 사를 진행하기로 하면 어떻습니까?

2번 : "찬성"이라고 외침. 이어서 "전원 이의 없다"고 외침.

의장 : 속회를 생략하는 것에 이의가 없는 것 같으므로 독회를 생략합 니다.

의장 : 대체로 예산 추가경정설명서대로 설명을 하였음

2번 : 이번이 추가경정에 있어 세입 57원을 증가하는 것으로 되어 있 는데 본년도 최초의 예산에 비해 약 300원 정도의 증가가 된다. 그 것에 면장 및 부장의 급료에서도 또 다소의 잉여금이 발생할 것인 데 연도말이 임박해 지출을 증액한 결과 800원 정도가 증가됩니다. 왜 지출을 증가하는 것입니까? 의심이 없게 되기 바랍니다. 좀 더 권위 있는 예상의 편성을 희망합니다.

의장 : 1927년도의 예산을 편성한 방침은 잘 모르지만 결산에 중점을 두지 않고 편성한 것이 아닐까 생각합니다. 거의 그것이 종래의 관 례가 되어 있는 것 같습니다. 앞으로 추가경정의 의심이 없게 되기 를 희망합니다.

5번 : 수용비 166원을 증가했는데 소모품은 이미 구입했을 것인데 이 명세서를 조사해 보면 매우 고가로 견적한 것으로 보입니다.

의장 : 앞으로 구입이 필요한 것이 대부분을 점하고 필요가 임박해 그 가운데에는 구입한 것도 있습니다. 본안은 좀 더 빨리 제안할 작정 이었으나 기회를 놓쳐 마침내 늦어졌습니다.

번외(藤田서기) : 소모품명세서에 있는 단가는 東和商報의 가격을 기초로 하여 계상한 것입니다.

2번 : 도사장의 비품은 본년도의 예산에서 구입할 의사인가?

의장 : 종래 있었던 비품은 전부 유실되어 하나도 없기 때문에 본안의 추가경정에 의해 구입하는 것입니다.

5번 : 제11관 기본재산 조성 및 적립금이 60원으로 되어 있는데 이는 57의 잘못인가?

의장 : 60원이 맞습니다. 57원의 차지료 외 채권이자 2원 40전과 합계 하면 60원이 됩니다. 세출 1원 이하는 절상하고 있습니다.

5번 : 수도용 비품의 소요액명세서에 곡괭이[鶴嘴]는 1打인지 1개인지 불분명합니다.

의장 : 1타의 잘못으로 실제는 중량이 단위로 되어 있는데 打로 환산 한 것입니다.

5번 : 도살장 비품인 화로는 무엇입니까? 또 어디에서 구입하는가?

의장 : 품질은 주철로 도살장 비품은 대부분이 특종품이기 때문에 경 성부 도살장에 의뢰하여 구입하려 생각합니다.

2번 : 원안에 찬성

4번 : 이의 없음

의장 : 자제1호 추가경정예산안은 별도로 이의가 없으므로 원안대로 확정 의결합니다.

 자제2호부터 자제7호까지 생략함.

(하략-편자)

2. 영흥면협의회

1) 1929년 3월 30일 영흥면협의회 회의록

항 목	내 용
문 서 제 목	面議書
회 의 일	19290330
의 장	林允培(영흥면장)
출 석 의 원	林東洙, 金東殷, 李承華, 李敦夏, 白鍾基, 白南恒, 朴永秀
결 석 의 원	
참 여 직 원	
회 의 書 記	
회 의 서 명 자 (검 수 자)	林允培(영흥면장)
의 안	특별부과금 부과징수규정
문 서 번 호 (I D)	CJA0002726
철 명	면특별부과금관계서류철
건 명	면특별부과금신설의건(부천군영흥면)(회의록첨부)경기도
면 수	4
회의록시작페이지	58
회의록끝페이지	61
설 명 문	국가기록원 소장 '면특별부과금관계서류철'의 '면특별부과금 신설의건(부천군영흥면)(회의록첨부)경기도'에 포함된 1929년 3월 30일 부천군 영흥면협의회 회의록

해 제

이 면의서(4면, 첨부 자문안 포함)는 국가기록원 소장 '면특별부과금관계서류철'의 '면특별부과금신설의건(부천군영흥면)(회의록첨부)경기도'에 포함된 1929년 3월 30일 부천군 영흥면협의회의 면의서이다.

자문안 1호인 특별부과금 부과징수 규정을 통과시키기 위해 면협의원
들로부터 서면동의서를 받은 내용이다. 한 달 뒤 1929년 4월 30일 경
기도지사가 조선총독에게 보낸 공문 '면특별부과금 잡종할 부과징수
건'(지제316호)을 보면 영흥면에 잡종할을 신설한 이유가 나와 있는데
그 내용은 다음과 같다.

"1. 잡종할 신설 이유

영흥면은 20,622방리로 상당한 면적을 가졌으나 섬에 위치한 면이
기 때문에 경지는 적고 지세할 수입은 1928년도 예산에서 486원에 불
과하다. 따라서 재정 상태가 자못 빈약해서 예산 총액은 2,000원 정도
를 넘지 않는다. 또 면 서기는 정원 4명인데 3명만이 면 사무를 처리
하고 있으며 연말 상여금 같은 것도 실제 지급 불가능하고 다년간 근
속한 자에 대해서도 증급을 할 수 없다. 면 사무는 점차 팽창해가니
장래 직원 증급의 길을 강구하고 사무의 쇄신을 꾀하여 면민의 복리
증진을 도모하고 적극적 시설을 하고자 위 잡종할 신설이 적당하다고
인정한다.

2. 부과징수 방법

영흥면은 호별할을 제한액까지 징수하고 있으므로 그 이상 제한 외
부과를 하면 면민의 부담이 과중하다. 그런데 본 잡종할은 선박에 대
해서 부과하는 것이라서, 선박 소유자는 농경자에 비해 상당히 다액
의 이익이 있음에도 부동산 소유자와 같이 국세 또는 지방공공단체의
과세를 받지 않으므로 과세의 균형 및 부담 관계에서 보아 적당하다
고 인정된다. 부과 징수 방법은 별지 신청서 첨부의 규정에 의하는 것
으로 하고 작년 4월 19일부로 北島, 龍游, 德積 3면에 대해 인가된 것
과 동일한 규정으로 하면 적당하다고 생각됨."[37]

즉 영흥면에서 잡종할을 신설한 근본적 이유는 면 직원의 급여를 늘리기 위한 것이었고 그 내용은 선박 소유자들로부터 세금을 징수하고자 한 것임을 알 수 있다.

내 용

자문안 : 특별부과금 부과징수규정

별지 자문안에 대해 의견을 기입해주시기 바람. 면제시행규칙 제7조 제1항에 의함.

1929년 3월 20일 부천군 영흥면장 林允培

면협의회원 林允培 동의 印, 林東洙 동의 印, 金東殷 동의 印, 李承華 출타 부재 가족 印, 李敦夏 출타 부재 가족 印, 白鍾基 동의 印, 白南恒 동의 印, 朴永秀 동의 印

위의 3분의 2이상 동의에 의해 면협의회의 동의로 간주함.

1929년 3월 30일 부천군 영흥면장 임윤배 印

(별지) 자문안 제1호 특별부과금 부과징수 규정

제1조 본 면에서 다음 특별부과금을 징수함. - 잡종할

제2조 잡종할은 다음 종류 및 과율에 의해 선박 소유자로서 면 내에 船籍港 또는 定繫場을 정하고 있는 자에게 이를 부과함. 어선 10톤 이상 2원 (중략-편자)

제3조 잡종할은 8월 1일 현재에 의해 그 금액을 일시에 부과하고 8월 31일까지 징수함.

(하략-편자)

---

37) 「면특별부과금신설의건(부천군영흥면)(회의록첨부)경기도」, 『면특별부과금관계서류철』, 1929, 국가기록원.

3. 송도면협의회

1) 1926년 3월 23일 송도면협의회 회의록

항 목	내 용
문 서 제 목	開城郡松都面協議會會議錄
회 의 일	19260323
의 장	松元鶴熊(면장)
출 석 의 원	宮崎金藏(2), 久保田新三郎(6), 황주동(黃柱東)(7), 山崎三郎(8), 손봉상(孫鳳祥)(9), 임황식(林晃植)(11), 김금용(金謹鏞)(12), 최한영(崔漢永)(14)
결 석 의 원	공성학(孔聖學)(4),박봉진(朴鳳鎭)(5),김정호(金正浩)(10)
참 여 직 원	이한흥(李漢興)(부장)
회 의 서 기	大悟法朝治, 平岡龜記, 朱珍
회 의 서 명 자 (검 수 자)	松元鶴熊(면장), 황주동(黃柱東)(7), 山崎三郎(8)
의 안	개성군 송도면 차입금의 건
문 서 번 호 (I D)	CJA0002681
철 명	면에관한서류
건 명	경기도개성군송도면차입금의건(회의록첨부)
면 수	2
회의록시작페이지	1246
회의록끝페이지	1247
설 명 문	국가기록원 소장 '면에 관한 서류'에 포함된 1926년 3월 23일 송도면협의회 회의록

해 제

본 회의록(총 2면)은 국가기록원 소장 '면에 관한 서류'의 '경기도 개성군 송도면 차입금의 건(회의록 첨부)'에 포함된 1926년 3월 23일 송도면 협의회 회의록이다.

이날 협의회이 의안은 개성군 송도면 차입금의 건이다.

이날 회의의 결과는 다음과 같다. 1926년의 개성군 송도면 세입세출 예산안에 관하여 지난 17, 18, 19, 21, 22, 23 6일간에 걸쳐 송도면 누상에서 면협의회원을 개최하고 협의한 후 其 중에 제일 중요한 문제의 지파리 천하수 공사장과 전일 화재로 소실된 도교 시장 그 외 면에서 경영하는 도수장을 순람하고 선후책을 협의한 후 23일 오후 9시 반경에 폐회하였다는 바 세입세출 예산면은 다음과 같다더라.

세입 일금 8만 4,926원. 경상부 예산고 / 일금 18만 9,487원. 임시부 예산고

세출 일금 5만 8,945원. 경상부 예산고. / 일금 21만 5,468원. 임시부 예산고.[38]

내 용

의장 : 제3호의안 차입금에 관한 건을 부의함.

면장 : 지파리천 개수공사비 및 가옥이전료와 토지매수비에 충당하는 것으로 그 상환자금원으로서 현재 차입금의 상환을 마칠 때까지는 보토 경비를 절약해 그 잉여금으로 한다. 또 부족할 경우에는 호별할의 제한 외 부과를 하여 상환하는 것으로 한다.

(전원 이의 없음)

의장 : 이의가 없으므로 승인한 것으로 인정함.

(하략-편자)

---

38) 「송도면 협의회」, 『每日申報』 1926.3.28.

2) 1928년 3월 19일 송도면협의회 회의록

항 목	내 용
문 서 제 목	開城郡松都面協議會會議錄
회 의 일	19280319
의 장	立川榮次(면장)
출 석 의 원	김낙정(金洛鼎), 김교봉(金敎鳳), 久保田新三郎, 임진문(林鎭文), 박봉진(朴鳳鎭), 마종유(馬鍾濡), 공성학(孔聖學), 이훈(李壎), 김영택(金永澤), 久野傳次郎
결 석 의 원	宮崎金藏, 박우현(朴宇鉉), 김정호(金正浩)
참 여 직 원	이한흥(李漢興), 平峰元健
회 의 書 記	공성구(孔聖求), 坂部重遺, 高津重雄
회 의 서 명 자 (검 수 자)	
의 안	송도면 세입세출 예산에 관한 건.
문 서 번 호 (I D)	CJA0002655
철 명	지정면예산서철
건 명	소화3년도개성군송도면세입세출예산
면 수	14
회의록시작페이지	119
회의록끝페이지	132
설 명 문	국가기록원 소장 '지정면 예산서철'에 포함된 1928년 3월 19일 송도면협의회 회의록

해 제

본 회의록(총 14면)은 국가기록원 소장 '지정면 예산서철'의 '소화3년도 개성군 송도면 세입세출 예산'에 포함된 1928년 3월 19일 송도면협의회 회의록이다. 1928년도 송도면 세출경상 예산 전체를 협의, 의결한 내용이 담겨있다. 따라서 본 회의록에서는 1928년도 송도면의 주요 사업 전체를 확인할 수 있다. 면의 급여, 사무소비, 선거비, 토목비, 위생비, 경비비, 기본재산조성, 재산관리, 잡지출 등에 대한 논의가 확인된다. 본격적인 논의에 앞서 회의 서두에 예산 개요에 대한 설명이 있어 송도면의 1년도 예산 규모(약 26만 원) 및 주요 사업을 앞부분에 확인할 수 있다.

특히 본 회의에서는 면사무와 관련된 비용 증감에 대한 상세한 논의가 이루어져, 당시 송도면 면사무의 현황, 실태, 규모 등을 확인하는 것이 가능하다. 호적 사무와 같은 것은 예년에 비해 그 수가 현저하게 증가하여 정원 외 임시고용인을 써야 되는 상황이었음이 확인된다.

한편 1928년은 천황 히로히토(裕仁)의 즉위식이 있었던 해로, 관계 기념사업 등이 면예산에 영향을 미치고 있음이 확인된다. 송도면의 경우 즉위식 관련 비용을 토목비 등 다른 예산을 축소하는 데에서 보조하였다.

송도면 예산 중 특이사항으로 확인되는 것은 부분림 관련이다. 일제는 일본인 식림자본의 이식과 임야 점유의 문호를 개방하기 위해 부분림 제도[39]를 실시하였다. 1908년 3월 국유림산야부분림규칙 반포로 부분림 제도가 시행되었고,[40] 1911년 9월 산림령 시행으로 폐지[41] 되었다가, 전시체제기 다시 시행[42]되었다. 1911년 폐지 당시 삼림령

---

[39] 부분림 제도란 농상공부대신과 조림자가 그 수익을 나누는 조건으로 국유삼림 산야에 부분림 선정을 가능하게 하여, 부분림의 수목은 나라와 조림자의 공유로 한다는 것인데, 이는 일본 舊藩시대의 제도를 모체로 한 조림방법으로 일본의 국유임야법 및 그에 기초한 국유임야부분림 규칙을 식민지 林政에 그대로 이식한 것이었다(강영심, 「1905 ~ 1910년 일제의 대한 삼림정책형성과 삼림침탈」, 『이화사학연구』 23·24, 161~162쪽 참조).

[40] 농상공부령 제43호 국유림산야부분림규칙, 『大韓帝國官報』 1908.3.18, 24, 25.

[41] 『每日申報』 1911.9.16.

[42] 조선국유임야부분림령제정, 『朝鮮總督府官報』 1943.10.5.

시행 이전 허가된 것에 대해서는 인정을 해주었고, 송도면의 경우 그 것을 유지한 것으로 추정되며, 이에 매년 큰 금액을 투자하고 있음이 확인된다.

기타 면협의원과 구장에 대한 대우 및 관계(면협의원 측에서 구장 의 적극적인 활동을 위해 실비변상 등에서 면협의원과 동등의 대우를 해야 한다고 주장), 소방조의 표창(해마다 규정에 따라 표창하나 특히 창립 만 20년으로 표창 확대), 송도면의 재산규모를 확인할 수 있는 화재보험 관련 사항, 면사무연구회의 운영(군내 16면을 4구로 나누어 운영) 등도 주목할 만한 논의 사항이다.

내 용

의장 : 심의에 앞서 제출 예산의 개요를 설명해 드리고자 합니다. 본 년도 예산 편성에 대해서는 전년도와 마찬가지로 긴축 방침을 채택 하여, 세입을 새로 신설하는 것 같은 면민의 부담을 가중시키는 것 은 피해야 할 것입니다. 또 면부과금의 직과율은 실제로 통응할 것 에 힘쓰고 조사는 가급적 공평을 기해야 할 것입니다. 또 세출에 있 어서도 절약할 수 있는 것은 극력 그것을 절약하도록 해야 할 것입 니다. 기설 사업의 수행을 하는 것과 동시에 한편 민중의 복리의 증 진이 부족하지 않도록 시설에 대해서는 재정이 허락하는 한 그것을 안배 계상해야 할 것입니다.

1928년도 면 예산은 歲入歲出 합계 25만 8,726원입니다. 그것을 전 년도 예산에 비교하면, 2만 6,113원이 증가된 것입니다.

동 세입의 주요한 증가를 말씀드리자면, 지파리천 개수공사에 대한 국고보조의 증가와 면직과금의 자연 증가가 주요한 것입니다.

또 세출의 주요한 증가는 임시부에 있어서 동상 천황폐하 즉위의 대례를 행함에 마땅히 우리 송도면에서도 영구적으로 기념할 사업의 시행을 하고자 하여 그 사업 및 面재정 등에 대해 고려한 결과, 제안과 같은 공설운동장의 설치, 일반의 시간을 통일할 기관으로서 시보모터사이렌 신설 및 소방조의 망루를 영구적으로 철골의 망루로 개축하는 것으로 하여서 예산 55원을 계상하고자 합니다.

이밖에 기설 사업의 사방공사는 1925년도부터 1929년도까지 5개년 계속 사업으로 하기로 했던 것을 1개년 앞당겨 1928년도에 완료할 것을 희망합니다.

580원을 증가 계상하여 또 도교시장, 양성시장을 매입할 때 기채하고, 6만 원은 1928년도에 원금 이자합 전부 상환을 끝내기 위해 전년도부터 상환금을 증가시켜서 지파리천 개수 공사에 요하는 기채 이자도 증가하고 있습니다. 또 지파리천 하천개량비는 원래 면측에서 계속비를 인정하여 사실은 계속사업의 성질을 갖는 것도 어쩔 수 없습니다. 매년도 예산에 계상해왔으나 작년 11월 면제의 일부 개정한 결과 계속사업비를 인정하게 되면서 하천개량비는 제안과 같이 계속비로서 계산하였습니다. 요약하면 절약이 가능한 것은 그것을 절약하여 이 예산을 편성하고자 하는 것입니다. 무엇이든 의견이 있으시면 충분 심의할 것을 희망합니다.(중략)

의장 : 본일의 일정은 1928년도 개성군 송도면 세출경상비 예산의 전부로 긴급을 피하여 제1관부터 순차로 각관에 대해 심의하고자 합니다. 제1관 급여에 대해 제1독회를 할 것을 선언합니다.

8번 : 제2항 面吏員 급료에서 작년은 技手 2인을 계상하고, 본년은 1인으로 하고 있습니다. 이는 1인을 줄여서 그런 것입니까?

坂部(서기) : 技手 1인을 줄인 것은 그 정부의 방침에 의한 것으로 면

勸業技手의 배치를 폐지한 것에 의합니다.

4번 : 증급할 경우는 군에서 하는 것입니까?

坂部 : 그렇습니다. 그리고 그것은 제한적 규정에 의합니다.

12번 : 제3항 급료기록에서 현금수당이란 무엇입니까?

坂部 : 현금취급자인 회계서기에 대해서 월액 3원씩입니다.

14번 : 面吏員 급료에서 336원 감액하고 있는데 이유가 무엇입니까?

坂部 : 앞서 8번 의원에게 설명한 대로 면 권업기수를 줄인 것에 의합니다. (중략)

8번 : 작년 臨時雇員 320원을 계상한 이유는 무엇입니까?

坂部 : 면서기는 정원이 있지만 호적사무 등에 있어서 3개년을 비교하면 실로 다대한 건수에 이르고 다망하기 때문과 또 재무에 있어서 자료를 모집함에 현재의 외무원만으로는 부족합니다. 이에 임시고원을 사용하기 위해 계상한 것입니다. 또 호적사무 및 증명 수수료에서도 약 1배반에 이르고 17,200건을 헤아리고 있습니다. 따라서 현재의 담임 서기 4명만으로는 비교상 증원의 필요가 있으나 면에서는 정원이 있기 때문에 임시 고원으로써 그것을 충당하려는 것입니다.

8번 : 면장 및 이원의 위로금은 작년 10할, 내년은 14할입니다. 증액의 필요가 있습니까?

坂部 : 군의 내시에 기초하여 그대로 계상한 것입니다.

8번 : 그렇다면 작년도 내시에 의했던 것입니까?

坂部 : 그렇습니다. 매년 예산 편성의 때에 제시하여 계상하였습니다.

8번 : 군에서 제시하였더라도 한번에 4할을 증액하는 것은 어떠한 이유에서라도 가능하지 않은 것 같습니다. 그 속내에 대해 묻고 싶습니다.

면장 : 군에서 지시한 것은 다른 경우를 취합해서 한 것 같습니다.

坂部 : 또 본년도는 직원과 傭人을 구별할 필요가 있다는 지시가 있었습니다.(중략)

4번 : 퇴직사망급여금이란 어떠한 것입니까?

坂部 : 그다지 지출은 없는 것이라 생각되나 면장, 면리원, 기수에 대한 것으로써 지출할 경우를 예상해서 계상하였습니다. 만약 부족하면 예비비에서 지출합니다. 또 본건은 제8관에서 별도로 항목이 있으므로 그 항에서 상세하게 설명 드리겠습니다.

의장 : 질문 없습니까?

8번 : 費用辨償(실비변상)에서 협의원의 일액 1원을 2원으로 한 이유가 무엇입니까? 또 區長은 전년과 마찬가지로 하고 협의원의 일당을 증액하였습니다. 구장은 증액할 필요가 없습니까?

의장 : 협의원의 1원을 2원으로 한 것은 작년부터 희망한 것입니다. 5원으로 하자고 하는 경우도 있었지만, 한꺼번에 다액을 증액하는 것은 가능하지 않아 2원 정도로 인정하여 계상하였습니다. 구장에 대해서는 사실상 활동을 바라서 전년도와 동액으로 하였습니다.

8번 : 사실상 활동을 바란다고 해도 한편 협의원만 증액하고 구장은 그대로 하는 것은 부당하다고 생각됩니다. 혹 한층 활동하지 않을 것이라고 생각됩니다.

의장 : 증액해도 지장은 없습니다. 단 구장 제씨에게 의회가 있다고 했는데도 1인의 출석 없는 현황을 유감으로 생각합니다.

9번 : 선거의 2원은 무엇입니까?

의장 : 필요 없는 것 같으나 예산의 항목을 삭제할 수 없어서 계상하였습니다.

의장 : (상략) 만장 이의 없으므로 본안은 제2독회로 넘기고 제2관 사

무소비의 제1독회를 열 것을 선언합니다.

12번 : 비품비 650원은 의자를 새로 구입한 것입니까?(현재의 등나무 의자를 가리킴)

坂部 : 파손품이 다수 있어서 수리를 하고, 신규 구입한 것은 등나무 의자가 아닙니다. 접이식의 것을 구입하는 것으로 하였습니다.

4번 : 전등료는 면사무소의 사용분입니까?

坂部 : 그렇습니다. '미터'에 의한 것입니다.

12번 : 피복비 72원을 처음 계상한 이유는 무엇입니까?

坂部 : 小使로서 공문서 송달 기타의 경우세도 일반인과 구분이 되지 않아서 불편을 느끼고 있었습니다. 일견 面의 사용인이라 식별하고 식별하기 위해서 계상하였습니다.

4번 : 冬服은 1벌로 해도 夏服은 세탁의 필요도 있어서 다른 관청에서도 2벌씩을 지급합니다. 지급하지 않는다 해도 어쨌든 지급해야한다고 한다면 충분하게 계상하는 것이 좋을 것 같습니다.

의장 : 충분하다고 인정됩니다.

12번 : 諸雜費 80원을 300원으로 하여 120(220의 오기)원을 증액시킨 사유는 무엇입니까?

坂部 : 올해는 大典이 있어서 명사, 기타의 시찰자도 다수 있을 것으로 예상되고, 작년도 부족으로 예비비에서 지출하였던 것으로써 본년은 증액의 필요를 인정하여 계상하였습니다.

4번 : 건물비에서 사무소 수선비는 어디에 쓴 것입니까?

坂部 : 보면 루수로 인한 천정 파손을 수리할 필요가 있어서 3백 원, 기타 수리에 80원을 예상하여 계상하였습니다.

의장 : (상략) 만장 이의 없으므로 본안은 제2독회로 넘기고 제3관 선거비의 제1독회를 열 것을 선언합니다.

의장 : (상략) 모두 이의 없으므로 본안은 제2독회로 넘기고 제4관 토목비의 제1독회를 열 것을 선언합니다.

12번 : 등외 도로수선비 840원인데, 대화정은 작년도 자갈을 부설하였는데 또 본년도 2백 미터의 수리를 해야 하는 이유가 있습니까?

평봉 : 작년은 우편국 앞에서부터 동쪽으로 해왔던 것인데 본년은 우체국에서 서쪽으로 2백 미터의 수리비를 계상한 것입니다. 경찰서, 군청 앞은 이전 연못을 매립한 것이라서 지반이 약함으로써 자갈을 부설한 것입니다.

9번 : 토목비는 작년 5,000여 원이었는데 본년은 2,652원을 줄였습니다. 그것으로 충분합니까?

坂部 : 본년은 大典을 계획하고 있는 관계상 기념사업을 계획하고 제잡비도 증가시키고 있습니다. 이러하기 때문에 부족해도 절약하는 외에는 방법이 없습니다.

9번 : 도수장의 앞에서 공동묘지에 이르는 도로는 가장 좋지 않은 상태여서 통행인 항상 곤란함을 호소하고 있는데 면당국은 그 수리의 필요 없습니까? 민간에서는 크게 여론이 있어서 완전은 바라지 않더라도 葬式에 곤란을 느끼지 않을 정도라도 수리해줄 것을 희망합니다.

의장 : 小修理에 2백 원이 있으므로 실지조사의 후 상당 고려하겠습니다.

4번 : 南山町 反求亭의 앞에 석교가 있으나 차의 통행이 불편하여 인민은 비상한 불편을 느끼고 있습니다. 그 수리를 바랍니다.

의장 : 실지조사의 후 상당 고려하겠습니다.

9번 : 현 하천공사 중 假橋를 가설한다면 교통에 곤란합니다. 청부자와의 계약은 어떻게 하고 있습니까?

평봉 : 假橋는 청부자가 하고, 사람의 통행에는 지장이 없게 할 예정
입니다.

4번 : 전등료는 우편국 등은 1원의 것을 25전에 제공하고 있습니다.
그것을 사실입니다. 면으로써도 회사와 교섭하여 할인할 방법은 없
습니까?

坂部 : 전등에 대해서는 마땅히 교섭을 행해야 할 것인데 현재 사장이
부재하여서 확정할 수 없습니다. 남본정은 경찰서에서 교섭하여 다
수의 사용자가 있습니다. 그로부터 순차 각 町에서도 교섭할 예정
으로 기부는 현재 남대문 및 신사의 2등뿐으로 기부는 가능하지 않
습니다. 우편소의 부분은 색광 할인으로 요금의 할인을 하지 않습
니다. 또 요금의 허가는 내년 3월까지는 곤란한데 면으로서도 또한
충분 고려를 할 것입니다.

의장 : 만장 이의 없으므로 본안은 제2독회로 넘기고 제5관 권업비의
제1독회를 열 것을 선언합니다.

11번 : 市場 看守를 1인 줄인 것은 어떠한 이유에서입니까?

坂部 : 양성시장 간수는 전임할 정도의 용무가 없으므로 그 이름을 삭
제하고 신탄시장과 함께 일괄하는 것으로 하였습니다. 양성시장 간
수란 것은 우市, 豚市 및 薪炭市場 등을 겸무합니다.

14번 : 시장 건물 30평 1동은 어떤 지붕인가?

坂部 : 함석지붕입니다.

2번 : 部分林費는 매년 아주 큰 금액을 투자하고 있는데 그에 의해 어
떠한 수입이 있습니까?

坂部 : 종래는 없었는데 본년에 있어서는 아래 가지를 벨 수 있게 되
었습니다. 남산은 요즈음 아래 가지를 자를 수 있다고 들었습니다.

12번 : 남산의 공동묘지는 시전에서 정면으로 보여서 마땅하지 않습니

다. 어떠한 처치를 할 수 없습니까?

坂部 : 본년은 사방공사를 할 목적으로 식수를 할 것입니다. 또 매장
은 간수에게 명령하고, 시가에 인접한 장소에는 마주하지 않도록
취체하고 있습니다.

의장 : (상략) 만장 이의 없으므로 본안은 제2독회로 넘기고 제6관 위
생비에 대해서 제1독회를 열 것을 선언합니다.

9번 : 위생비 14,080원의 중 청결소독비에 8,257원이란 큰 금액을 계상
하고 있습니다. 쓰레기 소제는 가장 필요한데 종래와 같은 인력거
로써 운반하는 것 같은 방법에 의해서 합니다. 달리 자동차라든가
마차라든가를 사용하여 신속하게 반출 가능할 수 있는 방법을 구하
는 것이 어떻습니까?

坂部 : 연구하지 않더라도 현재 상태에서는 어쩔 수 없는 것이라 사료
됩니다. 무엇보다 捨場 아울러 비료의 처치에 대해서도 상당히 考
究하고 있습니다.

9번 : 공동변소비는 113원 계상하고 있는데 지금 조금 완전한 건물을
설치할 생각이 없는 것이 아닙니까? 北本町의 소변소와 같은 것은
장소로서 가장 필요하나 건물의 상태가 좋지 않아서 사용자도 심히
거북한 상태입니다.

坂部 : 113원은 신설비가 아니라 파손된 부분이 많아서 전부 그 응급
수리를 위해 계상한 것입니다. (중략)

의장 : (상략) 만장 이의 없으므로 본안은 제2독회로 넘기고 제7관 경
비비의 제1독회를 열 것을 선언합니다.

2번 : 소방비 중 건물수선비는 전년 건축할 계획이었는데 본년도 또한
필요한 것입니까?

坂部 : 본년은 器具置場, 사무실도 있으나 이번은 사무실의 수리를 위

한 것입니다. 그 개소는 사무소 西橫측으로 벽의 보호 아울러 화재 예방을 위한 것으로 하고자 하는 것입니다. (중략)

8번 : 여비 150원 및 표창비 400원은 무엇입니까?

의장 : 본 문제는 組頭인 久野 의원으로부터 설명을 듣고자 합니다.

久野(14번) : 지금 의장으로부터 의뢰가 있어서 번외이지만 본원이 설명을 드리겠습니다. 표창해야 할 공로자들은 항상 헌신적으로 일하고 있는데, 특별공로자 8명, 勳績年數 10년 이상인 자 3인, 15년 이상인 자 10인, 이상 21명입니다. 그리고 勳績年限에 의한 자는 5년 이상부터 10년 이상, 15년 이상, 20년 이상으로 순차 규정하고 있습니다. 그 연한에 도달한 자가 있으면 도지사에게 상신하여 지사로부터 각 표창을 받는 자들에게 하사하는 규정입니다. 작년 본원은 인천의 소방조두가 표창받았을 때 초대를 받아서 참례하였는데, 金 100원의 金杯를 주었다. 무엇보다 이러한 물건은 장소 또는 한도에 의해서 달라집니다. 본년의 표창자는 작년 이미 15년 이상에 도달한 자도 있는데 본년이 소방조가 설치되어진 이래 만 20년에 상당하여 그 기한을 기다렸던 것으로 이의 21명의 다수가 된 것입니다. 여비는 매년 出初式의 때 경성의 소방대로부터 초대를 받아서 그 견학을 위해 조원 및 별조원이 사용한 것입니다.

의장 : (상략) 만장 이의 없으므로 본안은 제2독회로 넘기고 제8관 기본재산조성 및 적립금곡에 대해서 제1독회를 열 것을 선언합니다.

2번 : 작년 478원이었던 것을 대거 1,200여 원으로 증액한 이유는 무엇입니까?

坂部 : 퇴직사망자 급여금 적립금은 본년부터 규칙개정을 해야 한다고 그 당국으로부터 내시가 있어서 附記와 같이 계상하였습니다.

의장 : (상략) 만장 이의 없으므로 본안은 제2독회로 넘기고 제9관 재

산관리비의 제1독회를 열 것을 선언합니다.

4번 : 화재보험의 총액은 어느 정도입니까?

공(참여원) : 면사무소 2만 원, 도교시장 16,000원, 양성시장 8,000원, 도수장 5,000원, 격리병사 3200원, 소방조힐소 2,500원, 기본재산(원 大悟法 가옥) 650원입니다.

의장 : (상략) 만장 이의 없으므로 본안은 제2독회로 넘기고 제10관 잡지출의 제1독회를 열 것을 선언합니다.

8번 : 제3항 납세장려비 부기란 표창장비 50원은 무엇에 사용한 것입니까?

坂部 : 표창금은 면직과금의 集納을 각 그 단체에 의뢰하여 저금을 조성하는 것에 대해 그에 대해서 납입 담당자의 백분의 1위에게 교부하는데 사용하려고 계상하였던 것입니다.

8번 : 선전은 어떻게 합니까?

坂部 : 달력배부, 기타 책 테두리에 종이를 발라 납세 기타 요령을 기록하고, 일반의 주의를 촉구하기 위해 적당한 장소에 세워두는 등입니다.

8번 : 송도면내에서 납세 단체가 있습니까?

坂部 : 경찰서, 군청, 등 기타도 현재 실행하고 있습니다.

9번 : 면리원 사무연구회비 30원의 증액에 대한 설명 부탁드립니다.

坂部 : 작년 계상한 30원도 사용하지 않았는데 본년도는 군내 16면을 4區로 나누어서 집합하여 사무의 연구를 하려고 합니다. 그 여비, 기타의 비용으로 충당하기 위해 증액하였습니다.

의장 : (상략) 만장 이의 없으므로 본안은 제2독회로 넘길 것을 선언합니다.(중략)

면장 : 내일의 일정을 알려드리면 다음과 같습니다.

    (1) 자문안 제1호 1928년도 개성군 송도면 예산세출임시부의
       全部

    (2) 同 세입경상부 및 同 임시부

    (3) 자문안 제2호 하천개수비 계속사업비

    (4) 자문안 제3호 歲計 잉여금, 적립 정지의 건

오후 5시 30분 폐회

3) 1928년 3월 20일 송도면협의회 회의록

항 목	내 용
문 서 제 목	開城郡松都面協議會會議錄
회 의 일	19280320
의 장	立川榮次(면장)
출 석 의 원	김낙정(金洛鼎), 久保田新三郎, 임진문(林鎭文), 박봉진(朴鳳鎭), 마종유(馬鍾濡), 공성학(孔聖學), 김영택(金永澤), 久野傳次郎
결 석 의 원	宮崎金藏, 박우현(朴宇鉉), 김교붕(金敎鳳), 이훈(李壎), 김정호(金正浩)
참 여 직 원	이한흥(李漢興), 平峰元健
회 의 書 記	공성구(孔聖求), 坂部重遺, 高津重雄
회 의 서 명 자 (검 수 자)	
의 안	송도면 세입세출 예산에 관한 건
문서번호(ID)	CJA0002655
철 명	지정면예산서철
건 명	소화3년도개성군송도면세입세출예산
면 수	11
회의록시작페이지	133
회의록끝페이지	143
설 명 문	국가기록원 소장 '지정면 예산서철'에 포함된 1928년 3월 20일 송도면협의회 회의록

해 제

본 회의록(총 11면)은 국가기록원 소장 '지정면 예산서철'의 '소화3년도 개성군 송도면 세입세출 예산'에 포함된 1928년 3월 20일 송도면협의회 회의록이다. 이날 회의에서는 1928년도 송도면 예산 세출 임시

부, 세입 경상부 및 임시부(자문안 제1호), 하천개수비 계속사업비(자
문안 제2호), 歲計 잉여금 및 적립금 축적 정지의 건(자문안 제3호)에
대해 심의 의결한 회의록이다. 세출 임시부에 대한 논의가 주로 이루
어져 본 회의록을 통해 1928년도 송도면의 특별 사업이 무엇이었는지
를 확인할 수 있다.

개성은 1920년에 이어 1924년, 1925년에 대홍수가 있었다. 1920년 대
홍수 이후 1921년 홍수 수해방지를 위한 하천수리공사가 계획되기 시
작하였다.[43] 사실상 송도면은 지파리천의 문제로 해마다 우천 때에는
가옥 침수의 피해가 있어왔지만, 당국 및 송도면에서 수해를 예방하
기 위한 사업을 본격적으로 계획하게 된 것은 1924년 대홍수로 인한
것이었다. 1924년 개성의 홍수는 전국적으로 수행동정을 모금할 정도
로 심각한 것이었다.[44] 개성 사상 초유의 대홍수로 침수 5천여 호에
사망자가 6명, 피해금액 100여만 원에 농작물 피해만 27만여 원에 이
르렀다.[45] 이어진 을축대홍수(1925년)도 전국적으로 사방사업 및 하축
개수 등의 사업의 본격화를 가져왔다.[46] 송도면은 1925년부터 1929년
까지 산사태, 토양의 침식작용 등을 방지하기 위해 실시하는 사방공
사가 계획되어 있었는데, 면에서는 1928년 완공을 희망하였고 사방공
사의 예산중 국비의 부분을 제외하고 면비로 진행되는 부분은 완료를
희망하여 사업을 진행하였다.

[43] 「開城各河川修理, 洪水水害防止코저」, 『동아일보』 1921.6.6.
[44] 「개성 수해 동정」, 『동아일보』 1924.7.30.
[45] 「개성 초유의 대홍수 침수 5천여 호 死者 9명, 개성이 생긴 이후 처음되는 홍수」,
『동아일보』 1924.7.23; 「인삼 손해만 백만원, 개성의 특별 피해」, 『동아일보』
1924.7.24; 「개성 피해의 後報, 전답 피해만 27만원, 죽은 사람은 실상 여섯명」,
『동아일보』 1924.7.26.
[46] 「조선의 砂防事業, 내년도 경비는 60만원」, 『부산일보』 1925.9.4; 「砂防事業促進案」,
『동아일보』 1926.12.20.

이외 세출 임시부로서 확인할 수 있는 송도면의 특별사업은 히로히토 즉위식과 관련된 기념사업이다. 송도면은 천황 대전례를 위한 기념사업으로써 '모터싸이렌'을 소방서 망루에 설치하는 것을 계획하였다. 천황 즉위식을 기념하여 망루에 '모터싸이렌'을 설치하여, 시민들에게 시간을 알리는 용도로 사용하겠다는 것이었다. 송도면에서는 이와 관련하여 이 '모터싸이렌'을 어디에다 설치할 것인지가 주 논의대상이었다. 다른 기념사업이 없지는 않았겠지만 본 협의회에서는 기념사업을 어떤 것으로 할 것인지에 대한 논의보다는 '모터싸이렌'을 어디에다 설치할 것인지가 주로 논의되었다. 예정된 소방서 앞이 아니라 국보인 남대문을 활용하자는 것이었다. 협의원들은 주로 국보인 남대문과 남대문종[47]을 폐물상태로 두지 말고 재건하여 활용할 것을 주장하였으나, 실무 측에서는 그 재건을 위해서는 비용 상의 문제나 인원배치, 기타 관계, 다른 지역들(경성, 인천, 평양 등)의 예로 볼 때 불가능하다는 입장을 고수하였다. 물론 협의원 측에도 다른 지방도 소방서에 '모터싸이렌'을 설치하여 우편국의 보고 등을 알릴 때 사용한다고 하여 소방서의 망루를 영구히 사용할 수 있는 철조로 만들 것을 주장하는 경우도 있었으나, 실무 측이 아닌 면민 등은 남대문종의 부활을 희망하였던 것으로 보인다. 협의원들은 본부에 교섭해서라도 실무 측의 계획 변경을 바랐으나, 실제 남대문종이 활용된 것은 1930년대 후반에 이르러서야 확인된다.[48]

---

47) 고려 충목왕 2년(1346년) 만들어진 연복사종(북한보물급문화재제30호)이 연복사 폐사(1563년 명종 18년 화재) 후 남대문루로 옮겨진 것으로 1900년대 초까지 협의원들이 주장하는 것처럼 시민들에게 시간을 알리는 용도로 사용되었다.

48) 「丁丑의 除夜에 開城南大門鐘 운다」, 『동아일보』 1924.7.26.

내 용

송도면 세입세출 예산에 관한 건.

(상략)

의장 : 본일의 일정은 어제 선고한대로 자문안 제1호 심의 구제의 분 및 동 2호, 3호 전부에 대해 심의를 하고, 세출임시부 제1관 토목비부터 제1독회를 하도록 하겠습니다.

9번 : 작년도 하천개량비가 있는데 무슨 이유로 그것을 계상하지 않았습니까?

坂部 참여원 : 계상하지 않은 것이 아니라 관항을 변경하여 계속사업비로서 제6관에 계상하였습니다.

9번 : 시가조사비는 어떻습니까?

坂部 : 관항의 변경에 의해 그 필요 없게 되었기 때문에 계상하지 않았습니다.

6번 : 제1항 수도조사비는 100원으로 충분하다고 생각합니까?

坂部 : 당분 배수지만 조사에 착수할 예정입니다.

의장 : 이의 없으므로 제1관은 제2독회로 넘어가고 제2관 권업비의 제1독회에 들어가겠습니다.

6번 : 사방공사는 본년도중 완료될 예정입니까?

坂部 : 국비의 분은 완료될지 알 수 없으나 면비의 분은 완료할 예정입니다.

9번 : 공수급이 감소한 것은 어떠한 이유에서 입니까?

坂部 : 현 급여액에 비추어 계상한 것입니다.

12번 : 借家料 168원은 무엇을 빌린 것입니까?

坂部 : 사방공사 사무소의 창고 1동에 대한 분으로 면민으로부터 빌려 제공한 것입니다.

9번 : 공사비의 증액함은 어떠한 이유에서입니까?

坂部 : 그 取場所를 원격, 기타의 관계에 의해 여분의 공사를 요하는 것 같습니다. (중략)

8번 : 사방공사는 본년도에 완료합니까?

坂部 : 面은 그 당국의 요구도 있고 본년도의 면비의 부분을 완료하려고 합니다. 그리고 국비의 부분도 또한 본년도에 할 예정이라고 들었으나 회계의 상황상 일시 지불이 가능하지 않은 관계도 있어 국비 부분은 지금 알 수 없습니다.

의장 : 面은 1928년도에 완료하려는 道의 희망도 있고, 面도 가능한 빨리 완료하고자 하여 증액 계상한 것입니다.

12번 : 수용비의 감소함은 왜 입니까?

坂部 : 소형 삽 등의 기구는 이미 비부되어 있어서, 이번 다시 구입할 필요가 없음에 따라서입니다.

의장 : 이의 없으므로 제2관은 채결하는 것으로 하여 2독회로 넘어가고, 제3관 기념사업비의 제1독회로 들어갈 것을 선언합니다.

8번 : 모터사이렌 및 망루는 어떻습니까?

坂部 : 모터사이렌은 報時機로서, 망루는 消防 詰所[49]의 망루입니다. (중략)

8번 : 소방힐소의 부분을 기념사업비로 계상할 것입니까?

坂部 : 영구보존하여 기념할 것입니다.

4번 : 모터사이렌의 설치 개소를 소방힐소의 앞에 하지 않고 남대문

---

[49] 대기소.

루상에 하는 것은 어떻습니까?

坂部 : 소방힐소의 앞에 하지 않고 다른 개소에 설치한다고 하면 인원 배치, 기타의 관계가 있고, 경성 등과 같은 선진 지방도 또한 그러합니다.

8번 : 모터사이렌은 報時機로써 가능하나 남대문 루상에 있는 종은 지금 완전 폐물이 되어서 그 사용을 할 수 없습니다. 그것을 이용하면 어떻습니까? 시민의 바램도 있고 또 다른 기념사업으로서 해야 할 것이 많습니다.

4번 : 8번의 의견과 동감입니다. 또 모터사이렌은 망루와 떨어지는 것이 어떻습니까?

12번 : 남대문 종은 역사적 국보임에 매달 수도 없습니다. 이용도 하지 않는다고 하면 지방의 치욕으로 면민의 열망하는 문제로써 작년 군수와 협의한 것도 있습니다. 경비 부족이 문제라면 달리 용도를 구하면 어떻습니까?

의장 : 다소 고려를 해도 종을 매달려고 하면 종각도 세우지 않으면 안됩니다. 또 세운다면 부지가 없고 따라서 경비 문제가 부수하는 것이므로 그 상황을 보아야 할 것입니다.

12번 : 의견이 없다면 2독회로 넘어가는 것이 어떻습니까?

6번 : 모터사이렌에 대해 그 설명을 구합니다.

坂部 : 망루에 모터싸이렌을 설치하여 정오마다 스위치를 사용하여 시민에게 시간을 알려주고자 하는 것입니다.

번외(14번) : 현재의 망루는 건설 후 11년째로서 지금 물론 영구 사용하기에는 어려움이 있고, 시가도 또한 해가 갈수록 번창하고 있으므로 현재의 목제 45척의 것으로는 위험천만합니다. 이에 적어도 철골 55척 정도의 것을 요구하기에 이르렀습니다. 인천, 평양과 같은 선진 지방에서도 소방힐소의 망루에 모터사이렌을 연결하여 우편국으로부터 보고하여 알릴 때 시간의 신호로 하고 있습니다.

4번 : 남대문의 종을 이용하는 것에 대해서는 12번, 4번이 이미 진술하였습니다. 본원도 그에 찬동합니다. 종을 걸 장소는 그날은 문루의 서단이라고 했었던 것으로 기억하는데 동단에 약간의 수리를 하면 종각을 별도로 건설하지 않아도 가능할 것 같습니다.

시간을 보고하여 알리는 것은 우편국은 소방힐소에서, 소방힐소에서는 그에 기초하여 남대문루로 급히 달려와서 그것을 때리는 것도 가능할 것 같습니다.

鐘響은 시가를 2리 정도 떨어진 밖까지 이르고 그 종향은 상민 거래처까지 영향을 미치고 금전 징수의 마감시간 등도 또한 그 시간에 기초하고 있다라고 들었습니다. 국보로 엮였다고 해서 거의 무용을 돌린다고 한다면 유감으로 面民의 희망을 수용하여 본부에 교섭을 하여 종의 사용을 부활시키는 것이 어떻습니까?

6번 : 운동장 설치 장소는 어디로 할 것입니까?

의장 : 소년형무소의 근처에 池波里川 공사로 잘려진 峅土의 버려진 장소를 이용하고자 하는 것으로 이것의 면적 약 1만 7백 평입니다.

의장 : 외에 이의 없으시면 자문 제3관 기념사업비는 제2독회로 넘기고, 아울러 제4관 기부 및 보조의 제1독회에 들어갈 것을 선언합니다.

2번 : 제1항 보조금에서 植桑 보조라 함은 면내 植桑者에 대한 것입니까?

坂部 : 물론 면내자의 부분입니다. 그리고 本面에 籍이 있고, 다른 面 관내에 植桑하는 자의 부분도 계상하였습니다.

12번 : 種卵 1개에 10전씩입니까?

坂部 : 1개 市價 2, 30전으로 그 일부분을 보조하고자 합니다.

7번 : 식상 보조는 청구에 의해서 보조하는 것입니까?

坂部 : 물론 청구의 형식으로써 합니다.

4번 : 돼지는 마리수를 줄이고, 닭을 증가시킴은 어떠한 연유에서 입니까?

坂部 : 돈, 계 모두 작년에 비해 高價가 된 관계도 있습니다. 그래서 본년의 계획은 종계 증가의 필요를 인정함에 의한 것입니다.

坂部 : 본년 1월 중 개최의 면장협의회에서 각 面 모두 협의하여 내정한 것입니다.

의장 : 외에 이의 없으므로 제4관은 제2독회로 넘어가고 제5관 차입금비의 제1독회를 시작할 것을 선언합니다.

9번 : 원금 상환은 본년도에 완전히 변제 합니까?

坂部 : 완료할 예정입니다.

12번 : 원리금의 구분에 대해서 설명하여 주시길 바랍니다.

坂部 : 원금은 연부액에 의해, 이자는 그 원금에 대한 것을 상환하는 것으로 합니다. 또 이자는 원금 4만 원의 분은 연리 9步 5里, 원금 2만 원의 분은 연리 8步 5里입니다.

의장 : 다른 이의 없으시면 자문 제5관은 제2독회로 넘기고, 제6관 하천개량비 본년도 지출액의 제1독회로 들어갈 것을 선언합니다. 아울러 본관은 제2호 자문안과 연결되어 있으므로 함께 심의해도 괜찮지 않냐고 합니다.

(이의 없음)

12번 : 하천 개수공사의 가능한 모양에 대해 설명을 듣고자 합니다.

평봉(참여원) : 구 池波川 합류점으로부터 선죽교 상류까지 및 형무소 앞쪽에서 병교 부근까지의 공사는 준공하였습니다. 현재는 將峴이

높은 부분을 절취하고 있습니다.

12번 : 구 지판리천의 수리는 착수하였습니까?

평봉 : 구 지파천도 수리해야 하여 설계는 마쳤으나 공사 변경의 결과, 설계도 또한 개정하는 것이 필요합니다. 또 측량도 필요로 하는 관계가 있어서 본년도부터 설계 착수의 예정입니다.

12번 : 계획은 작년 8번의 의견도 있어 확정하였던 것으로 기억하는데 그에 준행할 예정입니까?

평봉 : 가능한 그에 준거하여서 川幅 4間 양측에 護岸으로서 小路를 설치할 예정입니다.

9번 : 工程은 1927년도에 계획한대로 하는 것입니까? 또 청부금액은 준공할 때까지의 부분 입니까?

평봉 : 청부금액은 질문하신대로 1930년 6월까지의 부분입니다. 그리고 공정은 1927년, 1928년분을 구별하지 않았습니다.

9번 : 작년도의 실공사비는 어느 정도입니까? 연도별로 구분해주십시오.

평봉 : 1926년도는 공사하지 않았습니다. 1927년도는 4만 2,419원 25전, 1928년도는 11만 6천여 원, 1929년도는 5만 3천여 원, 1930년도는 5만 6천여 원입니다. 또 內實은 제2호 자문안 내역에 있는 대로 입니다.

9번 : 공사비 22만 6천여 원인데 청부금액은 17만 3천여 원입니다. 그 잔액의 용도는 무엇입니까?

평봉 : 구 지파리천 개수 및 기타 하수로 개수 아울러 구 木橋를 전부 철교로 교체하는 비용으로 충당할 예정입니다.

12번 : 구 지파리천 및 하수로 改修는 입찰에 포함되어 있습니까?

의장 : 포함되어 있지 않습니다.

9번 : 지파리천의 설계 변경에 수반한 공사비의 변경액은 어느 정도입니까?

평봉 : 5만 9천여 원입니다.

8번 : 22만여 원 중에서 17만여 원을 빼면 5만 9천여 원입니다. 그것으로 木橋 전부를 철교로 가설하고, 또 구 지파리천의 改修할 계획이라는 것인데 그 설계는 있습니까?

평봉 : 교량 설계의 도면을 조제하고 일찍이 本府 및 道廳에 송부하여 考査를 바라고 있습니다.

2번 : 都橋 하류의 준설은 본년도에 계속 시행합니까? 그리고 구 河川趾는 전부 폐하여 그것을 달리 이용할 예정입니까?

평봉 : 서성천 하류의 준설은 전회의 입찰에 포함시켰으나 변경하지 않을 수 없습니다. 자연 지연해야 합니다. 구 하천지의 전폐는 가능하지 않으므로 하폭을 축소하여 세류만은 남길 예정입니다.

9번 : 용지매수 이전비는 기정대로 진척시키고 있습니까?

평봉 : 그렇습니다.

9번 : 도교 남북측 모두 원래의 小道路가 없지 않습니다. 또 있어도 어쨌든 불완전하므로 남측은 가옥을 철폐하여 도로를 설치하고, 북측은 그것을 하지 않고 구래대로 머물러 두는 것은 어떠합니까? 북측에는 내지인의 가옥이 있으므로 면민의 여론이 높고, 양측 모두 쭉 곧은 도로를 설치하여 교통의 편리를 도모함과 함께 불공평하다는 의혹을 없애는 것이 어떻습니까?

평봉 : 북측은 여로가 있어서 그다지 불편이 없습니다. 그것을 이용해도 충분하다고 생각합니다.

12번 : 남측도 도로가 있습니다. 바로 다수의 鮮人 가옥의 철폐를 요구하여 그것을 설치하고, 북측의 내지인 가옥만을 남겨 그것을 중

지함은 불공평하지 않습니까?

평봉 : 원래부터 도로를 설치하는 것보다도 하천의 護岸도 하고자 하는 것이 주요한 뜻입니다. 남측은 護岸이 중요하나 북측은 강하게 護岸의 설치를 필요로 한다고 인정되지 않는 것입니다.

9번 : 都橋로부터 도로가 없어 쓸데없이 도로를 돌아서 통행하는 현황은 없습니까? 여로가 있어서 護岸을 필요로 하지 않는다고 하는 것도 애매한 답변 아닙니까?

평봉 : 그 부근의 공사 설계에 관한 약도를 제시합니다.

4번 : 용지비 표준액의 제정한 근거가 있습니까? 또 용지비 중에는 건물 및 지파리천, 양성천, 기타의 부분을 전부 포함하고 있습니까? 건물도 포함시킨다고 한다면 그 등급 설정의 방법은 어떠합니까? 또 토지수용령에 의할 때는 건물도 토지와 마찬가지의 규정을 준용합니까?

의장 : 용지 즉 토지의 배상금은 面도 面民도 損得없는 정도로서 법정 地費의 3배로 하는 것으로 의정하였으므로 그것은 이미 협의회에서도 상담하였습니다. 또 용지비 중에는 개수개소 전부를 포함하고 있어서 건물 이전비의 등급은 지소 및 건물의 구조, 모양 등을 짐작하여 4등급으로 나누었습니다. 그리고 토지수용령은 토지는 물론, 그 토지상에 있는 공작물도 또한 수용하는 것으로 하고 있어서, 먼저 사업의 인정을 받고서 그 이해 관계자와 교섭을 하고 응하지 않을 때는 知事 및 本府의 재결을 구하는 것으로 할 것입니다.

8번 : 5만 9천 원의 잔금으로 현재의 목교 13개소를 철골로 교체할 예정이라는데 그 내역을 구분하여 설명바랍니다.

평봉 : 대략 말씀드리자면 목교를 철교로 가설하기 위해서는 약 4만 8천 원을 필요로 합니다. 그 잔금은 기타 준설 등을 행할 예정입니다.

9번 : 공사 변경의 부분은 원래 청부자에게 청부하였습니까? 장차 신
　　규로 입찰하는 것입니까? 중대 사업이라면 수의계약하지 않고 공개
　　의 후 입찰해야 하지 않습니까?

평봉 : 공사계의 관측도 있고 원 청부자에게 설계만을 변경하여 청부
　　하는 것이 타당하다고 생각합니다.

의장 : 계약에 기재하여서 변경사항이 있을 때는 변경시키고 계약을
　　갱신해야 합니다. 달리 입찰한다면 타당하지 않습니다. 또 단가를
　　제출시켜서 2할 이상 높을 때는 사업자가 편의 경정을 명령합니다.

　　(중략)

평봉 : 목교를 철교로 교체하는 공사에 대해 그 단가는 전 계약의 단
　　가에 의해서 또 페인트 , 진흙 기타는 본부 및 도로의 토목계의 考
　　查를 구해 공사자와 협의의 후 결정합니다.

7번 : 제4항 사무비 및 위로금은 어떠합니까?

坂部 : 여비는 면내 및 면외에 기수 감독 등에게 공사에 관해 출장의
　　필요있을 때에 계정하고, 상여금은 다른 직원과 다름없으나 하천개
　　량비에 속하는 것으로써 별기시킨 것에 지나지 않습니다.

의장 : 다른 이의 없으므로 본관 및 자문안 제2호 모두 채결하고 제2
　　독회로 넘어갈 것을 선언합니다. 자문안 제3호 歲計 잉여금 전부
　　축적 정지의 건, 본안은 간단한 것이므로 독회를 생략하고 1심의 확
　　정하는 것은 어떻습니까? 이의 없습니까?

(이의 없음)

의장 : 만장일치로 이의 없으므로 본안은 독회를 생략하고 원안대로
　　확정하는 것으로 선언합니다.

의장 : 세입예산안의 제1독회를 시작하였음에 각관 각항에 심의할 것
　　인지, 일괄로 할 것인지, 장차 또 경상부, 임시부 별로 할 것인지에

관해 의견을 듣고, 세입경상부로부터 각관을 통해 일괄 심의할 것을 선언합니다.

9번 : 작년은 人蔘割을 신설하였는데, 그 후 어떻습니까?

坂部 : 본년도는 계상하지 않았습니다.

9번 : 特別營業割의 소득 보합은 변경 없습니까?

고진(참여원) : 소득보합은 작년 9월 중 수정을 가하여 인가한 이후 별도로 변경되어진 것 없습니다.

9번 : 특별영업할의 작년도에 비해 감소함은 어떠한 연유에서입니까? 또 청부업도 그렇지 않습니까?

고진 : 본년도에 국세로서 부과한 것이 증가하였습니다. 그리고 작년은 음식점과 같은 물품판매업을 요리점과 혼동하였었는데, 본년도에 업태별의 변경시킨 것에 의합니다. 또 청부업도 또한 국세 외의 것입니다.

4번 : 우시장 사용료는 작년도보다 감소한 것은 어떠한 연유에서입니까?

坂部 : 소의 매가가 감소하였으므로 짐작 계상한 것에 의한 것입니다.

4번 : 노점 사용료는 도교시장의 현황에 의하면 상당 증액되어져야 하는데 감소한 것은 어떠한 연유에서입니까?

坂部 : 도교 및 서성시장의 상호증감을 봄으로써 실제 번성하고 있는 것은 아닙니다. 또 도교시장의 3전, 2전으로 구분 계상했던 것을 2전으로 계상한 관계도 있습니다.

4번 : 신탄시장의 간수는 현재 몇 사람이 하고 있습니까? 그 급료 전액과 시장수입의 총액의 수지는 어떻습니까?

坂部 : 현재 6인입니다. 급료는 상여 모두 1,765원 50전이고, 수입은 2,890원입니다. 간수는 신탄간수의 외, 우돈 및 노점의 부분을 징수

시키고 있습니다.

의장 : 다른 이의 없으므로 세입경상부 전부는 제2독회로 옮기고, 세
　　　입임시부 전부의 제1독회로 들어갈 것을 선언합니다.

9번 : 제5관 제2항 사용료 및 수수료는 어떻습니까?

坂部 : 전년도말 수입에 의한 시장가옥료입니다.

2번 : 제4관 기부금은 무엇을 가리키는 것입니까?

坂部 : 도로규칙에 의해 군이 등외 도로의 사용을 면장에게 허가하여
　　　그 사용요금은 면수입으로 기부하는 것입니다.

의장 : 이의 없으므로 본안은 제2독회로 옮길 것을 선언합니다.(중략)

폐회 오후 5시.

4) 1928년 3월 25일 송도면협의회 회의록

항 목	내 용
문 서 제 목	開城郡松都面協議會會議錄
회 의 일	19280325
의 장	立川榮次(면장)
출 석 의 원	宮崎金藏(1), 김낙정(金洛鼎)(2), 김교봉(金敎鳳(4)), 久保田新三郎(6), 박봉진(朴鳳鎭)(8), 마종유(馬鍾濡)(9), 공성학(孔聖學)(10), 이훈(李壎),(11), 김영택(金永澤(12), 久野傳次郎(14)
결 석 의 원	박우현(朴宇鉉)(3), 김정호(金正浩)(13)
참 여 직 원	平峰元健
회 의 書 記	공성구(孔聖求), 坂部重遺, 高津重雄
회 의 서 명 자 (검 수 자)	
의 안	송도면 세입세출 예산에 관한 건
문서번호(ID)	CJA0002655
철 명	지정면예산서철
건 명	소화3년도개성군송도면세입세출예산
면 수	13
회의록시작페이지	159
회의록끝페이지	171
설 명 문	국가기록원 소장 '지정면 예산서철'에 포함된 1928년 3월 25일 송도면협의회 회의록

해 제

본 회의록(총 13면)은 국가기록원 소장 '지정면 예산서철'의 '소화3년도 개성군 송도면 세입세출 예산'에 포함된 1928년 3월 25일 송도면협의회 회의록이다. 이날 회의에서는 자문안 제1호 세출임시부(특히 제6관 하천개량비), 세입경상부 및 세입임시부, 자문안 제2호 지파리천 개수비 계속사업에 대한 제2독회, 제3독회로써, 그 예산을 승인 의결한 회의의 회의록이다.

송도면협의회의 회의록이나 본 회의록에서는 송도면 뿐만 아니라 개성의 중대 사업인 구 지파리천 개수 사업에 대한 전모와 이와 관련하여 사회 문제가 되었던 '만월대 사건' 관련 내용이 확인된다.

지파리천의 개수 공사는 1924년 개성 대홍수로 인해 계획된 개성의 중점 사업이었다. 사상 초유의 대수해로 인해 일반 시민들까지 하천 개수공사 운동에 열중하여, 도 및 총독부로 교섭활동을 하였다. 이에 총독부에서 국고보조로 22만 5천 원, 그 나머지는 도지방비 보조와 송도면비로 충당하기로 하여 총공사비 40여만 원으로 지파리천 개수공사 설계가 성립되었다.[50]

공사가 실제로 착수된 것은 1925년 10월에 이르러서였다. 지파리천 개수공사는 동아토목기업주식회사가 제4구 공사를 16,000여 원에 낙찰 받아 기공을 동년 11월 1일부터 착수하였다.[51] 그런데 개수공사가 시작된 지 얼마 되지 않아서 지파리천 동측에 사는 주민들이 개수공사에 대한 피해를 송도면에 청원하여 1926년 말까지 그 공사가 중단되기에 이르렀다. 공사 중단 시기에 고려정 將匠峴을 관통하여 원정의 소년형무소 앞을 지나 선죽교로 통하는 신안이 나오면서 將匠峴 일대에 사는 주민들이 다시 동요되어 관통방지운동을 하기에 이르렀고, 사회 일반에서는 도의 허가 때문에 面이 면민들의 입장을 생각하지 않고 정책을 분명하게 하지 않는 데에 대한 문제제기가 있었다.[52] 지역적 이해관계 때문에 반대하는 입장도 있었지만 선죽교를 통하는

50) 「池波里川 改修工事에 對하야(開城 一記者)」, 『동아일보』 1926.8.3.
51) 「池波里川 改修」, 『동아일보』 1925.11.1.
52) 「池波里川 改修工事에 對하야(開城 一記者)」, 『동아일보』 1926.8.3.

제2안은 개성의 자존심으로 생각하는 중요 고적을 헤칠 수 있다는 측면에서 당국자들이 신중을 기해주기를 바란다는 것이었다.

그런데 결국 1926년 12월 송도면 협의회는 將匠峴을 개착하는 것으로 지파리천 개수공사를 의결하였다. 오히려 12월말에는 지파리의 新하천을 개수할 것인지, 舊하천을 개수할 것인지가 주 논의 대상이 되었고, 구 하천을 개수하는 것이 도시계획상 시구개정의 방편이 되는 것으로 결정되어 구 하천을 개수하는 것으로 결정하였다.[53] 그러나 구 하천 개수공사는 가옥 이전 비용과 관련하여 주요 공사는 동으로 우회 공사를 하는 것으로 결정되었고, 이 지파리천 개수공사는 1930년 9월 제2기 공사[54]를 거쳐 1931년 10월 20일 낙성식을 가졌다.[55]

위와 관련하여 본 회의록에서는 지파리천 개수공사의 예산 집행 내용 및 공사 계획 변경 내용 등이 확인된다. 1928년 지파리천 개수공사와 관련하여 송도면협의회에서 중점 논의한 내용은 土捨場 매입과 관련된 것이었다. 최초 예산 40여만 원과 총액면에서는 차이가 없었지만, 道와 총독부의 요청으로 최초 설계안을 변경하여 토사장을 매입하는 것으로 하여 용지비 등을 증액하고자 하였다. 또 송도면 당국에서는 토사장 매입으로 용지비가 증액되기는 하였으나, 공사 입찰 과정에서 공사비 22만여 원을 17만여 원으로 줄이면서 설계를 변경하여 구 지파리천 정리에 사용하려던 비용을 활용하여 다리를 목교에서 철교로 바꾸고자 하였다.

송도면 뿐만 아니라 개성의 시구개정과 관련된 중대사업인 만큼 지

53)「池波川 改修件은 將匠峴을 開鑿, 松都面協議會 決議」,『동아일보』1926.12.5.
54)「開城 池波里川改修工事着手, 총공비 48,000으로 明年 7月 竣工 豫定」,『동아일보』1930.9.5.
55)「開城을 裝飾한 池波里川工事 20日에 落成式擧行」,『동아일보』1931.10.22.

파리천 개수공사와 관련하여 면당국자와 협의원 간의 논의는 첨예하
게 대립하였는데, 협의원 측에서는 설계 변경 없이 원안대로 해서 구
지파리천 공사에 만전을 다하여 천변 도로 보수, 외관미 확충 등에 힘
쓸 것을 주장하였으나, 면 당국은 치수를 기본으로 한 원칙에 따라 교
각의 유실도 방지해야한다는 입장이었다.

또한 면 당국에서는 공사와 관련하여 토사장을 구입한 후, 이를 운
동장으로 활용하고자 하였으나 협의원 측에서는 지가의 3배를 들여서
운동장을 만들 필요는 없고 설계 변경없이 구 지파리천 개수 비용으
로 사용해야 한다고 주장하여 입장차를 줄이지 못하였다. 본 회의에
서는 결국 예산은 그대로 통과시키데, 開城府의 의향에 따라 협의회
에 다시 자문하여 결정하는 것으로 의결하였다.

한편 지파리천 개수공사와 관련하여 만월대 옛터의 주초돌을 빼가
석재로 사용한 것이 문제가 되어, 책임 관청이 송도면 당국자가 비난
을 당한 사건이 있었다.[56] 본 협의회에서는 동 사건에 대한 면당국의
조사 내용과 이에 대한 협의원 측의 입장이 확인되어, 본 문제에 대한
당국자와 협의원을 통한 일반의 입장 차를 확인할 수 있다. 면 당국에
따르면, 일반에서 만월대의 '石'이라고 하는 것은 농원림 안에 있는 것
으로 만월대의 것이 아니라는 주장이었으나, 협의원 측의 설명에 따
르면 同 농원림이 원래 만월대의 토지로 1920년 협의회에서 논의한
결과 불하가 불가능한 국유지가 되었고, 이에 농원 주인이 '石'을 사적
으로 처리할 수 없다는 것이었다. 회의록의 내용상으로 볼 때, 면당국
이 책임을 회피하려고 변명하고는 있지만, 면 당국 역시 부주의에 대
해 자각하고 있었던 것으로 보여지며, 이 문제는 향후 고려시대 유적

---

56) 「滿月臺 녯터의 柱礎까지 빼가」, 『동아일보』 1928.3.27.

인 만월대에 대해 면 당국이 주의를 기울이겠다는 것으로 입장 정리를 하고 있다.

내 용

송도면 세입세출 예산에 관한 건.

14번 : 개회에 앞서 만월대의 石에 대해서 어제 평봉 참여원으로부터 조사해야한다는 말이 있었는데 조사되어졌습니까?

부장 : 즉일 조사한 바, 만월대의 石이 아니라 농원림 檎畑의 안에 있던 捨石을 청부인에게 의뢰하여 파냈던 것으로 만월대의 것이 아닙니다.

10번 : 石에 대해서 본원이 조사한 것이 아니라 다른 분이 조사한 것입니다. 지금 농원의 石이라는 답변이 있었는데 이 농원은 원래 만월대의 토지입니다. 그것을 불하한 것이냐 아니냐의 문제가 아니라 石은 만월대의 고적의 것 즉 고려시대의 귀중한 것임으로써 그것을 채굴하는 것은 마땅하지 않습니다. 面에서도 장래 문제되지 않도록 주의하여 주시길 바랍니다.

14번 : 1920년 협의회에서 거절한 결과, 불하 불능한 것으로 국유지가 되었습니다. 사용자인 농원주인이 사적으로 石을 처분할 수 있는 권한 없습니다. 즉 귀중한 고적이므로 10번 의원이 말씀한 것과 같이 그것을 취하지 않아서 장래 충분 주의를 하기 바랍니다.

부장 : 주의하겠습니다.

(坂部 참여원, 공사에 대해서 즉 別物을 배부, 설명, 議場에서 자문 구함. 만장이의 없음)

평봉 : 어제 설명드렸는데 다소 불철저한 바도 있고, 잘못된 점도 있었다고 생각되므로 다시 설명하는 것이 좋을 것 같습니다. 지파리천 개수공사의 최초의 예산은 공사비 309,315원, 용지비 31,944원, 이전비 28,640원, 사무비 31,000원, 잡비 1,502원으로 총계 402,402원입니다. 연도별로 보면, 원년도 공사비 33,316원, 용지비 21,944원, 이전비 18,640원, 사무비 6,200원, 잡비 302원 계 80,402원인데, 이 예산으로 기공하는 것으로 하였는데, 실지로는 도청, 총독부도 있어서 변경을 요구했습니다. 용지비, 이전비, 잡비에서 증액하고, 공사비는 줄여 총액에서는 차이가 없으나 용지에서 3만여 원을 증가한 이유는 선죽교 때문에 천줄기의 이동 없이 하고자 土捨場 매입을 위한 것입니다. 토사장은 청부로서 정리하고 토지의 매입 곤란과 또 단가가 증액할 것 같으므로 면에서 매입하였습니다. 이전비 28,640원이 37,383원으로 8,700여 원이 증가한 이유는 매수용지의 증가 아울러 경작물 등의 증가에 의한 잡비의 증가는 용지의 증가에 수반하여 측량 및 人夫賃 등으로써 마찬가지 공사 최초 309,316원의 중에는 구 지파리의 정리비도 포함하고 있습니다. 실제 309,000여 원이며, 구 지파리천 정리비 및 증액 용지비, 이전비를 제외하고 22만여 원으로, 입찰의 결과 17만 3400원으로 낙찰되었으므로 5만여 원의 잔액이 발생하였습니다. 고로 이 돈으로 다리의 설계변경을 하고자 합니다.

12번 : 선죽교로 인해 증가한 액수 및 토사장으로 인해 요구되는 비용은 어느 정도입니까?

평봉 : 대략 1호 7백 평, 평 65전으로 그 3백 즉 1원 95전으로 2만 1,400원이고, 하천부지 1만 30원입니다.(중략)

12번 : 운동장에 2만 원여를 사용하게 되는 것입니까?

평봉 : 필요하여 토사장을 사려는 것으로 운동장은 부산물입니다.

10번 : 그렇다면 최초 309,000여 원의 것을 26만 5천여 원으로 변경하고 17만여 원에 낙찰하여 잔액을 발생하였기 때문에 구 지파리천을 개수하고 또 남는 것이 있어 목교를 철근콘크리트 다리로 교체하려는 것입니까?

평봉 : 인가 신청 당시의 요건에 하천 개량의 목적은 치수이므로 川을 완전하게 하고 남는 것이 생길 때는 목교는 假橋的 빈약한 것이므로 그것을 철근 콘크리트로 하는 조건을 붙이려는 것입니다. 따라서 구 지파리천의 정리도 있으므로 목교를 3개소, 철근은 12개소로 하고, 1개소는 교섭하려고 합니다.

10번 : 말씀에 따르면 본류 즉 구 지파리천을 완전하게 하는 데에 있어서 본원도 또한 그것을 희망하는데 마침내 東으로 우회하게 되어 공사비에서 잔액을 용지비, 이전비로 충당하게 되었다면 이미 지불되어진 것이므로 어쩔 수 없지만 다리는 아직 착수하지 않았으므로 먼저 구 지파리천을 완전하게 하고 후일 12개소의 중요한 개소만을 철근 콘크리트로 하는 것도 좋습니다. 청부공사는 다른 학교, 기타 건물을 보면 머지않아 수리를 필요로 하는 것 같은 상태를 현상으로 하므로 이들도 주의하지 않으면 안됩니다.

14번 : 구 지파리천 改修의 설계가 가능합니까?

평봉 : 가능합니다.

14번 : 10번 의원에 찬성합니다. 구 지파리천 改修는 面民이 가장 중대시하는 바입니다. 12번 의원의 말대로 개성에 있어서 외관미를 필요로 하는 것은 동감입니다. 여하한 계획으로 하고 있는지 알 수 없으나 석단을 쌓는 것이라면 양측 모두 완전한 석단을 쌓아서 훌륭하게 하는데 4만여 원의 금액으로는 충분 완성할 수 있을지 의심하지 않을 수 없습니다. 10번 의원이 말하는 바와 같이 다리는 잔액으로 가능한 한으로 한다고 해도 13개소나 12개소인데, 그것은 불문하고 그것은 뒤로 하고 먼저 석단을 쌓고, 兩岸에는 버들 등을 심어서 외관의 미를 다하고 완전하게 수리할 것을 희망하는 것입니다.

12번 : 구 지파리천 수리비 4만여 원에는 이전비, 용지비 등을 포함하고 있는 것입니까?

평봉 : 이전비, 용지비 모두 不用입니다.

12번 : 다리는 어느 곳입니까?

평봉 : 상류부터 이수교, 고려교, 당교, 충교, 주천교(중략)

12번 : 천폭은 최초 30척이었는데 4간으로 변경한 이유를 묻습니다.

평봉 : 수량을 고려하여 4간으로 충분하다고 인정하였기 때문입니다. 천폭을 협소하게 한 결과 양측에 공지가 발생해도 그것은 후일 정리하여 地先의 쪽에 매각하든지 그것은 수리 후의 일입니다.

6번 : 본원의 불안한 바는 작년도에도 대저 전문기술자로서 유감없이 완성된 설계를 해야 했는데 토사장에 2만 원의 거액을 필요로 하게 된 것입니다. 이와 같은 중대한 일은 최초부터 기술자가 알고 있었어야 하는 것입니다. 물론 사업의 진행에 수반하여 변경을 요하는 것은 어쩔 수 없는 일이나 요컨대 최초설계에 다대한 변경이 있음을 보았으므로 구 지파리천 개수에 대해서도 양측을 완전하게 하여 4만여 원으로 완성이 가능할 수 있을지 의문입니다. 他日 4만이 6만, 8만으로 되고 지출이 가능하지 않게 되어서 실패를 초래하는 것 같은 일이 없을지 걱정입니다. 다리는 12개소 중 중요한 개소만으로 하고, 그 잔액을 전부 구 지파리천 수리에 사용할 것을 희망합니다. 또 최초의 계획 30척을 24척으로 한 것에 대해 반대의 뜻을 표합니다.

평봉 : 구 지파리천 개수에 대해 오해 없지 않다고 생각되는 점이 있
으므로 다시 설명드리겠습니다. 구 지파리천의 개수를 등한시 하고
다리를 철근콘크리트로 하려고 하는 것 같이 이해하시는 것 같은데
그것은 아닙니다.

최초 川의 수리를 설계한 후, 다리에 착수한 것으로서 또 여유가 있
으므로 다리를 철근으로 변경하려는 것입니다. 本府의 의견으로 지
파리천 改修는 원래 治水가 주요한 목적이었으므로 하천 개량을 하
고, 만약 잔액이 있다면 舊川의 수리를 할 의향이었는데, 面으로서
는 구 지파리천을 방임할 수 없으므로 그의 예산을 세워서 또 입찰
의 결과, 잉여가 있었으므로 다리를 변경하려고 했던 것입니다.

12번 : 설명에 의하면 구 지파리천의 개수를 완전하게 할 설계를 하고
후에 다리에 착수하여야 한다고 하는 것은 가능합니다. 그리고 4만
여 원으로 완전하게 할 수 없습니다. 더욱이 이상 비용을 투자하여
훌륭하고 견고하게 완성시켰으면 하는 희망입니다. 本府의 뜻이라
해도 인민의 뜻이 여기에 있다면 절대적 철근 만 고집할 것도 아닙
니다.

(6번, 10번, 14번 각 의원 동감) (중략)

8번 : 지금 거의 전원으로부터의 희망 아울러 의견을 듣기에 작년 12
월 의안으로 제출하여 그리고 결의 없었던 그 사항에서 큰 변경이
있고, 일단 결의한 사항에 대해 후에 공사를 변경하여 천폭의 넓이
가 협소해졌다든가 기타 생각대로 멋대로 변경한 것이라면, 우리
협의원의 찬부 협의 등이란 것은 무슨 의미가 있는지, 협의회란 것
은 완전 필요하지 않은 것으로 완전 형식에 지나지 않는 것입니다.
본원은 이해하려고 애썼지만 이와 같다면 외려 폐지해야 할 용지비
인 운동장에 2만여 원을 필요로 함은 土砂를 버리는 곳을 이용하는

것이 아니라 운동장에 의한 것이기 때문에 흙을 버리는 곳을 구매하려는 것으로 當面의 설명과는 정반대입니다. 흙을 버리는 것에 대해서는 돈을 필요로 하느냐 아니냐는 최초부터 계획해야 하는 것 아닙니까?

구 지파리천 개수는 시구개선이 아니므로 어떻다고 해도 옳은 것은 아니지 않습니까? 구 지파리천은 우리 개성에서는 가장 중요한 땅입니다. 요컨대 먼저 계획한 설계대로 수리하고 천폭도 다소 협소해도 됩니다. 그러나 그렇게 협소하고 지나치게 외관을 손상시키는 것 같은 것은 마땅하지 않으므로 원래 설계대로 해야 하는 것이 지당할 것입니다. 교량 변경은 그 두 번째로써 게다가 철근콘크리트로 개조해야 할 개소는 우리들이 지정할 필요가 있으므로 본원은 형무소 앞 정지교, 입암교, 좌장교 이 3개소를 지정하고, 6번, 12번, 14번 의원의 말에 찬성합니다.

2번 : 자문안으로써 제출되어진 본년도 예산과 본일 배부되어진 예산과 연도할 지출 예산이 차이가 나는 이유는 무엇입니까? 공사변경은 청부자 때문에 생긴 일로 전 설계대로 구 지파리천은 완전하게 할 것을 바랍니다.

의장 : 하천 개량공사에 대해서는 面에서 하고자 해도 本府의 지시에 따르지 않으면 안됩니다. 하천개량에 대해서는 치수를 기본으로 하여 최초의 계획은 구 지파리천을 하는 것으로 계획하여 뒤에 동으로 우회하는 것으로 하였던 것이므로 최초의 계획대로 구 하류를 하고자 한다면 가옥의 이전도 많고 많은 비용을 필요로 합니다. 또 본 공사는 면에서 계획하더라도 本府의 의지는 홍수 때문에 공사를 하는 것이므로 다리도 유실의 우려 없이 하지 않으면 안되는 것입니다. 舊川은 이번의 개량공사로 그 우려 없이 현재의 계획으로써

가능하다고 인정하고 있습니다.

坂部 : 예산편성 아울러 공사계획에 대해서도 장래의 유지비를 고려하지 않을 수 없습니다. 목교를 철근콘크리트로 하고자 희망함에 대해서는 목교로 한다면 負債를 반환이 가능하지 않을 가능성이 높고 수리 혹은 개조를 하지 않을 수 없기 때문이라 생각됩니다. 이러한 의미에서 장래의 유지비도 충분 고려할 것을 희망합니다.

평봉 : 다리에 대해서는 신설 후 3년 정도 후 수리를 요합니다. 5년, 6년에 이르면 일부의 교체를 필요로 하고, 10년이면 전부를 다시 걸어야 됩니다. 또 먼저 이 청부자를 보호하는 것이 아니냐 하는 것 같은 말을 듣는데 이러한 일은 절대 아니며 유지비의 관계, 아울러 面 영원을 위해서 철근으로 변경하려는 것입니다.

9번 : 설명에 의해 영원 유지를 위한다고 하여 이 점은 양해가 되나 본원의 희망은 그 전부를 목교로 하고자 한다는 것은 아닙니다. 요컨대 구 지파리천에 중심을 둘 것인지 장차 新川에 중심을 둘 것인지에 있습니다. 구 지파리천은 川底를 파내려갈 필요 없습니까?

평봉 : 本府에서 기수가 와서 조사한 결과, 상류의 경우 및 구 지파리천의 낙차와 양성천를 비교하여 파내려갈 필요가 없음을 인정하였습니다.

9번 : 구 하류의 석단은 어느 정도 크기입니까?

평봉 : 석단을 6척으로 하여 택지와 마찬가지의 높이로 합니다.

9번 : 석단을 6척으로 하면 川底는 2척 정도를 파내려가지 않을 수 없습니다. 川底를 높게 함에 따라서 流水도 마땅하지 않으므로 깊이 파내려갈 것을 희망합니다. (중략)

9번 : 하천 개량의 결과 舊流에 물이 통할 것인지 걱정입니다.

평봉 : 본건은 충분 고려하였습니다.

9번 : 교토에서는 거액을 투자하여 琵琶湖에서 물을 끌어와서 어떻게 편리하게 하고 있는지 알지 못합니까? 그것을 보아도 水流의 필요함을 느낍니다.(중략)

4번 : 본원은 운동장 때문에 2만여 원을 투자할 필요을 인정할 수 없습니다. 또 토사장은 지가의 3배를 들여서 매입할 필요가 없습니다. 다른 싼 가격의 토지가 있다면 하천 개량을 위해 필요하다면 어쩔 수 없으나 현재에 필요 없는 운동장에 거액을 투자함은 불가합니다. 또 공사에 대해 모두 도청, 본부의 지시에 따른다 한다면 면협의회에서 결의할 필요가 없습니다. 일단 필요있다라고 해서 결의하는 것이라면 그것을 존중하지 않으면 안 됩니다. 다리를 위해서 예산을 변경하는 것인데 동 운동장을 마련하지 않는다면 그 돈으로 전부 콘크리트의 다리로 할 수 있지 않을까도 알 수 없습니다. 협의회의 결의를 존중한다면 최초의 계획대로 전부 목교로 해야 할 것입니다. 그리고 구 지파리천에 48,000원의 총액을 사용해야 할 것을 희망합니다.(중략)

평봉 : 토사장은 大成會 앞에서 43척의 단면이 잘린 부분이 있었기 때문입니다. 4번 위원은 다음에 싼 가격의 토지를 구해야 한다는 것인데 토지는 싼 가격에 얻을 수 있을지 몰라도 그 운반비가 다액을 필요로 하는 현장에 비추어 가장 적당한 토지라 인정된 것입니다. 운동장은 최초부터 계획되어진 것이 아닙니다. 또 운동장 때문에 하려고 하는 것은 아닙니다. 토사장이 필요가 생겨남에 의해서 토사장을 無用의 것으로 만들지 않기 위해서 운동장으로 할 계획입니다. 계속 이야기한 것과 같이 청부입찰의 때 이 捨場을 面에서 구입하지 않으면 고가가 될 것을 예상하여 面에서 구입하여 청부자에게 제공하는 계약으로 입찰에 붙였습니다. 입찰의 후, 本府와의 협의

한 것은 첫째로 선죽교의 이전과 용지를 하고, 제2로는 현재의 다리
는 假橋이므로 수선을 필요로 하는 상태도 있고 해서 鐵의 영조물
로 할 것, 제3은 구 지파리천에 대해서 本府에서는 최후로 하고자
하는 의향이라도 面에서 구 지파리천을 등한시 하는 것은 가능하지
않다고 인정하여 충분 改修가 가능하도록 하는 것으로서 현재에 있
어서는 충분의 설비가 가능할 것이라 믿습니다.

10번 : 운동장에 2만여 원을 투자할 필요가 없습니다. 이 토사장을 매
각하고 그 돈은 전부 川에 사용해야 할 것입니다. 또 舊流의 도로를
한편은 9척, 한편은 15척으로 구별하지 말고, 兩岸 모두 마찬가지로
해야 합니다. 또 鮮人은 내지인과 다릅니다.

세탁을 필요로 하므로 승강에 곤란하지 않도록 설비를 희망합니다.
양성천은 그 설비가 없으므로 승강이 비상한 불편을 느끼고 있습니
다.

6번 : 공사는 당시의 결의대로 해야 합니다. 입찰에 의해 발생한 잔액
은 전부 구 지파리천의 개수에 사용하고 다리는 전부 목교로 하여
그 비용도 또한 舊川에 사용하지 않으면 더욱이 설계 변경의 필요
있는 것이라 생각되므로 이 점에 대해서는 더욱이 협의회를 열고
재결해야 할 것이라 생각합니다. 즉 4만 4천여 원의 외 철교에 사용
해야 할 4만 8천 원, 이 합계는 8만여 원의 금액으로 다시 예산을
세워서 구 지파리천을 완전하게 해야 합니다. 만약 잔액이 발생한
다면 신설 하천에 사용해야 합니다.

평봉 : 완전한 것은 구 설계대로 하는 것을 뜻합니까?

6번 : 그렇습니다. 최초의 설계대로입니다.

坂部 : 舊川에 사용하나 철근콘크리트교에 하나 마찬가지 공사비입니
다. 예산상 공사비의 항목의 것이라면 또 本府의 의향을 듣고, 그런

후에 협의회에 자문하여 예산은 이대로 통과시키면 어떻습니까?

(만장일치 이의 없음)

의장 : 재결합니다. 제1호 세출임시부 아울러 6관 하천개량비 본년도 지출액 공사비 4만 8천 원은 구 지파리천 정리비로 하는 것에 이의 없습니까? (중략)

(만장 이의 없음)

의장 : 이의 없으므로 그에 의해서 승인하는 것으로 결정합니다.

12번 : 금액 기타에 변경이 있을 때에는 모두 변경된 상황을 알아야 할 것입니다.

坂部 : 통지하도록 하겠습니다.

의장 : 자문안 제1호 세입 경상부 전부 아울러 동 세입임시부를 일괄하여 제2독회를 열 것을 선언합니다.

14번 : 도교시장 사용료는 차입금도 반환의 움직임이라 하므로 상당 비용을 내릴 것을 희망합니다.

공 : 1928년도에 전부 반환할 것이므로, 반환 후 내릴 것을 고려하겠습니다.

의장 : 이의 없음을 의장에 자문하고 만장 이의 없으므로 본안 세입경상부 아울러 同 임시부는 전부 원안대로 결정한다는 뜻을 선언합니다.

의장 : 자문안 제2호 지파리 개수비 계속사업에 대한 제2독회를 열 것을 선언합니다. (중략)

(만장 이의 없음)

의장 : 본 회원의 전반에 걸쳐 제3독회를 열 것을 선언합니다. 세출경상부 제1관 제5항 비용 아울러 償 270원을 278원으로 수정하고, 예비비를 1,177원으로 수정하는 것으로서 이의 없습니까?

(만장 이의 없음)

의장 : 만장 이의 없으므로 확정할 것을 선언합니다.(중략)

오후 5시 40분 폐회

5) 1928년 12월 1일 송도면협의회 회의록

항 목	내 용
문 서 제 목	開城郡松都面協議會會議錄
회 의 일	19261201
의 장	立川榮次(면장)
출 석 의 원	宮崎金藏(1), 김낙정(金洛鼎)(2), 박우현(朴宇鉉)(3), 김교봉(金敎鳳)(4), 久保田新三郎(6), 임진문(林鎭文)(7), 박봉진(朴鳳鎭)(8), 마종유(馬鍾濡)(9), 이훈(李塤)(11), 김영택(金永澤(12)
결 석 의 원	공성학(孔聖學)(10), 김정호(金正浩)(13), 久野傳次郎(14)
참 여 직 원	이한흥(李漢興)(부장), 瀧川德太郎(기수)
회 의 書 記	공성구(孔聖求), 鹿島榮之助, 木內藤太郎, 朱珍, 김헌영(金憲永)
회의서명자 (검 수 자)	立川榮次(면장), 宮崎金藏(1), 김영택(金永澤(12)
의 안	개성군 송도면 차입금의 건
문서번호(ID)	CJA0002681
철 명	면에관한서류
건 명	지정면차입금에관한건(경기도개성군송도면지파리천개수공사비차입건및회의록개성지도
면 수	9
회의록시작페이지	1334
회의록끝페이지	1342
설 명 문	국가기록원 소장 '면에 관한 서류'에 포함된 1928년 12월 1일 송도면협의회 회의록

해 제

본 회의록(총 9면)은 국가기록원 소장 '면에 관한 서류'의 '지정면 차입금에 관한 건(경기도 개성군 송도면 지파리 천개수공사비 차입 건 및 회의록 개성지도)'에 포함된 1928년 12월 1일 송도면 협의회 회의록이다.

회의의 내용과 결과는 다음과 같다.

"改選 후 최초인 개성부 송도면 협의원 회의는 12월 1일 동면사무소 누상에서 정각보다 30분이나 늦게 오후 1시 30분부터 협의원 총수 14인 중 10인의 출석하에 立川 면장의 개회사로 회의를 시작하였다. 당일에 제출된 자문안은 전 개성의 여론을 비등시켜 상금 일반 시민의 주목의 초점이 된 지파천(池派川) 개수공사 변경 계획을 비롯하여 금년도 송도면 세입세출 예산 추가 경정의 건, 금년도 소속 송도면 세입 예산 중 지파천 개수공사비 차입금 15만 원을 5만 원으로 변경 차입의 건, 전면장 松元鶴能 씨에게 위로금 증여의 건, 면협의원 회의 규정의 결정에 관한 건, 면협의원 회의 방청자 심득 결정의 건 등 전부 5항으로 그 중에 타 문제는 전부 일사천리의 세로 통과가 되었으나 지파천 개수 공사 변경 계획안은 갑론을론의 세로 종시 결론을 짓지 못하고 장시간 논전만 계속하다가 일몰로 인하여 부득이 회의를 1일간 연장하기로 결정한 후 동 6시 반경에 폐하였다.

제2일 회의는 2일 오후 1시 반부터 역시 정각보다 30분이나 지나서 전일과 같이 동 장소에서 立川 면장의 개회사로 시작하였는데 차일 역시 혹자는 풍수설을 극력 주장하여 만일 하천 개수 공사를 신계획대로 시행한다 하면 송악산의 맥이 끊어지느니 또는 자남산의 남맥을 침하는 게 되어 차는 기필코 불운을 초래하는 전조를 작하는 것이라고 극력 반대하는 의원도 유하고 혹자는 전자를 미신론이라고 일소한 후 경제상 이해관계로나 또는 장래의 도시 계획 상으로 관하여 신계획안이 이상적이니 그대로 시행하자고 주장하는 의원도 有하며 또는 기히 많은 경비와 오랜 시일을 소비하고 공사를 착수하다가 차를 중지한 후 신계획을 수립한다는 것은 당초 면 당국의 실책으로 금일 소연한 문제를 야기시킨 것도 면 당국의 실책에 인한 것이라고 끝까지

면당국의 무성의한 태도를 공격하는 의원도 有하여 실로 논조도 색색
이었거니와 의론도 매우 볼만하였더라. 결국 기정 방침이었던 신 계
획안을 원안대로 통과시켜 개성의 일대 문제인 하천 개수 공사 문제
는 차로써 낙착이 된 후 동 5시 반에 회의는 종료하였다더라."[57]

내 용

(상략-편자)

면장 : 지금부터 제1호 자문안부터 제6호자문안을 일괄하여 의제로 한
　　　다. 그런데 본면은 종래 회의규칙이 제정되지 않았으므로 순서에
　　　의해 먼저 회의규칙 및 방청인유의사항부터 개시할 것을 알린다.

5번 : 제5, 6호안을 선결의제로 할 것을 말하다.

의장 : 그렇다면 5, 6안을 먼저 논의한다. 본안은 독회를 생략하고 1심
　　　의로 결정하려고 한다.

5번 : 이의 없다고 외침.

의장 : 그렇다면 서기를 통해 5, 6호안을 낭독할 것을 알리다. 이때 서
　　　기가 낭독하다.

(중략-편자)

8번 : 나는 지난번 회동시 희망 진술을 했는데 지금까지 아무런 답변
　　　이 없으므로 그 관계상 논난를 더해 이 신계획이 과연 유리한지 의
　　　심하는 바이다. 만약 제출한 뒤 설명 등에 의해 유리한 점이 판명된
　　　다면 굳이 의심하지 않겠다.

3번 : 본 면민은 과거부터 하천의 유수를 다른 곳으로 변경하는 것은

57) 「開城河川工事는 結局新計劃대로 面協議員會議에서 決定, 대현안은 이로써 낙착」,
　　『中外日報』 1926.12.4.

불길하다고 칭하여 옛 하천 대로 개수할 것을 희망하고 있다. 본 면
민은 옛 하천 개수 희망을 관철하기 위해 시민대회를 개최하려고
한다는 소문을 들었다. 그러므로 신설계가 확실히 유리하다는 것을
면민에게 충분히 알릴 수 있도록 설명할 것을 희망한다.

면장 : 간단히 설명하면 이 신설계에 관해서는 자문안 변경계획의 별
지에 신구대조표를 통해 이것을 통람(通覽)할 것을 바란다.

3번 : 이전에 도(道)의 지시가 있었다면 그 당시 설명하는 것이 지당하
지 않았는가.

면장 : 도의 지시 내용은 당시 협의회헤 제출하였고 이에 대해 희망이
있었으므로 이를 역시 도에 제출하였다. 그 뒤 신설계를 사정한다
는 내용의 도의 지시에 바탕해 도에 베출하였고 그 결과 지금 실시
안을 제출하기에 이르렀다.

5번 : 아직 회의를 계속할 생각인가. 지금 이미 오후 5시 30분이고 본
거는 중대한 안건이기도 하므로 내일로 연기하기 바란다.

(중략-편자)

의장 : 본회는 이대로 중지하고 하루 연기해 내일 심의할 것을 알린
다.

(하략-편자)

6) 1929년 3월 28일 송도면협의회 회의록

항 목	내 용
문 서 제 목	開城郡松都面協議會會議錄
회 의 일	19290328
의 장	立川榮次(면장)
출 석 의 원	宮崎金藏(1번), 金洛鼎(2번), 金敎鳳(4번), 朴鳳鎭(8번), 馬鍾濡(9번), 李壎(11번), 金永澤(12번)
결 석 의 원	林鎭文(7번), 孔聖學(10번), 金正浩(13번), 久野傳次郎(14번). 결원; 3번, 5번, 6번
참 여 직 원	이한흥(李漢興, 副長), 坂部重道(서기), 김영배(金英培, 서기), 高津重雄(서기), 平峰元健(技手)
회 의 서 기	
회 의 서 명 자 (검 수 자)	
의 안	1.1929년도 면 세입세출예산 1.송도면 특별부과금 부과징수규정 일부 개정의 건 1.송도면 수수료규정 일부 개정 건 1.1927년도 면 세입세출결산
문 서 번 호 (ID)	CJA0002726
철 명	면특별부과금관계서류철
건 명	면특별부과금변경의건(개성군송도면) -경기도
면 수	8
회의록시작페이지	32
회의록끝페이지	39
설 명 문	국가기록원 소장 '면특별부과금관계서류철'의 '면특별부과금변경의건'에 포함된 1929년 3월 28일 개성군 송도면협의회 회의록

해 제

본 회의록(8면)은 국가기록원 소장 '면특별부과금관계서류철'의 '면

특별부과금변경의건'에 포함된 1929년 3월 28일 개성군 송도면협의회 회의록이다. 자문안 2호 송도면 특별부과금 부과 징수 규정 일부 개정의 건부터 심의를 시작하여 주로 1929년 세입출예산 논의를 진행했다. 세출경상부 제1독회와 세출임시부 제1독회의 내용이다. 의원들은 면 직원 봉급과 인원 과다에 대한 지적과 전년도회의에서 등외도로 수리를 하기로 결의해 놓고 실행되지 않고 예산이 오히려 줄어들고 계획을 완비하지도 않은 것에 대해 면 당국의 무성의함을 지적하고 있다.

내 용

의장(立川欒次 송도면장) : 오늘 1929년도 통상 면협의회를 열겠습니다. 개회 초에 본년도 예산 편성의 대강을 일단 설명드리겠습니다. 1929년도 본면 예산은 세입세출 모두 164,352원이고 편성은 대체로 종래 방침을 답습하여 극히 긴축방침을 썼습니다만 본면의 정세에 비추어 면민의 복리 증진상 긴요한 사업와 시설의 충실에 대해서는 재원이 허락하는 한 힘을 다했습니다.

이번 협의회에서 심의 또는 열람을 원하는 안건은

    1.1929년도 면 세입세출 예산

    1.송도면 특별부과금 부과 징수 규정 일부 개정의 건

    1.송도면 수수료규정 일부 개정 건

    1.송도면 歲計 잉여금 축적 정지의 건

외 규정에 기초하여 제시한 안건으로

    1.1927년도 면 세입세출 결산

입니다. 상세한 의안에 대해서는, 각 의안 설명에 대해 질문하시고 임시 참여원이 설명드리는 것으로 하겠습니다. 신중 심의해주셔서 면민의 복리 증진에 기여해주시길 희망합니다.

의장(立川榮次 송도면장) : 오늘 일정은 자문안 제1호 2호 3호 4호 전부이고 제2호 송도면 특별부과금 부과징수규정 일부 개정 건부터 심의를 진행하며 본 안은 독회를 생략하고 1독회로 끝내자는 의견을 말함.

金敎鳳(4번) : 찬성.

坂部重道(서기) : 본 안은 경기도 지방세 부과규칙 개정에 따라 개정한 것임을 설명함.(중략·편자)

宮崎金藏(1번) : 자동차세 과율은 적은 것 같은데 왜인가.

坂部重道(서기) : 다른 步合과 對比 참작하여 개정함. 또 자동차는 군용으로 제공할 수 있어서 국고 보조도 받고 지방 발전을 조장하며 정부 방침에 비추어 싸게 할 수밖에 없다고 생각함.

宮崎金藏(1번) : 원안대로 찬성하자고 말함.

의장(立川榮次 송도면장) : 이의 없냐고 議場에 묻고 만장 이의 없으니 본안은 원안대로 확정하겠다고 선포함.

다음으로 자문안 제3호 송도면 수수료 규정 중 개정 건으로 넘어감. 본 안도 역시 독회를 생략하고 1독회에 부치는 것으로 의견을 말함.

坂部重道(서기) : 1928년 12월 29일부로 부령 제85호에 의해 개정한 것으로 개정 요점은 지세 장부 및 도면 열람 수수료를 1시간 미만 및 1시간 이상으로 구분하여 단위를 1회 10전으로 하는 것이고 장부와 도면의 보존상 적절한 개정이라는 설명.

宮崎金藏(1번) : 열람자가 많기 때문에 개정하게 된 것인지, 또 열람료가 지나치게 싼 것은 아닌지?

金敎鳳(4번) : 郡 통첩에 의해 운운하지만 그 개정의 범위와 근저를 듣고 싶다.

坂部重道(서기) : 작년 실적은 호적 열람은 약 400건, 기타는 약 350건이다. 장시간의 것도 점차 증가하지만 많진 않다. 아까 설명한대로 지적 약도 및 지세 장부는 각 1회 15전을 10전으로 개정하는 것이다.

의장(立川榮次 송도면장) : 이의 없냐고 묻고 이의 없자 원안대로 확정함을 선포. 다음으로 자문 제4호 1929년도 예산 편성에 관해 세계 잉여금 전부의 축적을 정지하는 건으로 넘어감. 본 안도 독회를 생략하고 1심의에 부치기로 의견을 말함.

朴鳳鎭(8번) : 원안대로 찬성한다.

宮崎金藏(1번) : 이의 없다.

의장(立川榮次 송도면장) : 모두 이의 없으므로 원안대로 확정할 뜻을 선포함.

의장(立川榮次 송도면장) : 자문 제1호 송도면 세입세출 예산 건으로 넘어감. 세출경상부 제1관부터 1독회에 들어가겠다고 함.

朴鳳鎭(8번) : 본 안은 각 관항에 걸쳐 심의에 앞서 설명을 해주면 의사 진행이 간편할 것이라고 함.

坂部重道(서기) : 세출경상부 및 임시부에 관해 증감의 첨삭에 이르는 내용을 순차적으로 설명함.

金教鳳(4번) : 제1관 제2항 면 직원 급여 증가 이유를 물음.

坂部重道(서기) : 면 직원 중 작년말 증급자 외에 본년 중에 증급이 필요한 자가 있어 副長 급여 120원, 서기 급여 240원을 예정함.

朴鳳鎭(8번) : 잡급 중 임시 고원급은 몇 명분인가.

坂部重道(서기) : 본년도는 지세령 개정에 따라 원래 시가지세 장부로 다시 제작하는 것과 가옥세 정리, 호별세, 호적사무 보조 때문에 연인원 1,000명 분을 계상함.

金敎鳳(4번) : 외근 용인은 현재 몇 명이며 현재 정원을 감소할 필요는 없는가.

坂部重道(서기) : 현재 10명이나 항상 부족하여 현재 감원은 곤란하다고 생각함.

金敎鳳(4번) : 외근 용인의 감독은 충분하다고 생각하는가?

高津重雄(서기) : 전년 징세 성적을 관찰하면 이전의 실적에 비추어 실로 현격하게 성적이 양호해짐. 이것은 외무원의 전심 노력에 의한 것이고 역시 각 사무의 팽창에 따라 매번 정원의 부족을 느끼고 있음. 그래서 감독은 충분하다고 생각하니 양해를 바람.

金永澤(12번) : 세출경상부 임시부를 함께 각 관항을 통틀어 1독회를 하기 바람.

의장(立川榮次 송도면장) : 의견을 의장에 묻고 일괄 진행하는 것으로 결정함.

朴鳳鎭(8번) : 제1관 제4항 여비 중 서기 여비는 면 내의 부분인 것인가?

坂部重道(서기) : 면 내가 아니라 관외 부면사무 시찰 및 용무를 위해 출장갈 예정이라 계상한 것임.

朴鳳鎭(8번) : 수용비 중 도서인쇄비 420원 증가는 왜인가.

坂部重道(서기) : 점차 도서 및 용지의 수용이 증가하는 상황이고 또 지세령 개정에 따라 장부와 책의 새로운 제작 등을 예정하고 있음. (중략-편자)

金敎鳳(4번) : 등외도로 수선비는 240원 줄었는데 작년 협의회의 언명에 의하면 토목계에서 수리가 필요한 곳을 충분히 조사한 후 수선을 실행해야 한다고 했는데 역시 실행을 하지 않음. 등외도로 중 南本町, 京町, 宮町, 南山町 부근 도로는 불완전한 곳이 많은데도 불구하고 한번도 조사를 한 적이 없다. 본년 중 등외도로 수선을 하려는 곳을 지적하라.

平峰元健(技手) : 각 방면에 걸쳐 실사해도 불완전한 곳이 많기 때문에 아직 안을 완성하여 결정하지 못했는데 北本町, 池町, 萬月町, 兩城川 부근은 혼잡한 곳이라 완급을 조절해서 차차 확정할 예정이다.

金敎鳳(4번) : 막연하게 예산에 계상하고 그 계획을 완비하지도 않은 것은 무성의하다. 작년 본 회의에서 요망했는데 예산 통과 후 지금 또 실행되지 않은 것은 타당하지 않다. 가능한 공평하고 또 민속하게 실행하는 게 어떤가. (중략-편자)

金永澤(12번) : 교량수선비에 의해 수선이 필요한 교량은 몇 개인가.

平峰元健(技手) : 闕門橋, 新泉橋, 大和橋 등이다.

의장(立川榮次 송도면장) : 시간 연장을 선포함

金永澤(12번) : 제2관 사무소비 중 접대비는 뭔가.

坂部重道(서기) : 가을에 조선박람회 등에 오는 사람의 접대비 기타를 예정한 것이다.

金洛鼎(2번) : 수용비 중 피복비 증가는 왜인가.

坂部重道(서기) : 전년은 겨울옷만 지급했는데 여름옷, 겨울옷 공급으로 한 것이다.

朴鳳鎭(8번) : 토목비 중 도로 하천 감시원을 설정했는데 도로 하천을 감시할 필요가 있는가?

平峰元健(技手) : 도로 및 하천을 범하는 경작, 건축, 장해 등이 점차 증가하는 현상이라 이의 제지, 조사, 처분을 하기 위해서다.

朴鳳鎭(8번) : 꼭 필요하다면 외근 용인을 이용하면 어떤가.

立川榮次(송도면장) : 참여원이 다시 설명하겠지만 외근 용인은 원래

손이 부족할 뿐 아니라 노면을 점용하여 돌담을 파괴하고 방둑에서 경작하는 등 불법 만행이 잇달아 나오기 때문에 대수리가 필요한 것과, 위험천만한 것을 미연에 방지하기 위해 전문가를 둘 필요가 있다.

朴鳳鎭(8번) : 외근원은 각 담당 구역인 이상 그 구역 내는 상시 감시시킬 수 있다고 생각하는데 어떠한가.

坂部重道(서기) : 외근원은 지금 일시적으로 두는 것이고, 감시라는 것은 시찰뿐 아니라 권리 의무 법령 주지 여하 및 구역 경계 모색 교정 기타 보고 처분 등 매우 복잡한 용무이므로 겸임해서는 그 효과를 기대할 수 없다고 생각함.

金洛鼎(2번) : 작년 협의회에서는 교량 하천에 연하여 북측 도로를 만들자고 요망했는데 금년도 역시 계획이 없는 것은 왜인가.

立川榮次(송도면장) : 그 장소는 도로를 만들면 편리하겠지만 도시계획상 우선 시가지를 정리하는 것이 먼저다.

金洛鼎(2번) : 시가지정리가 언제쯤인지 모르겠지만 중앙지대의 도로인 만큼 비평이 많으니 꼭 실행해주길 요망한다.

立川榮次(송도면장) : 본부에서 목하 설계중이니 면에 회송되면 이에 준해서 실행할 심산이다.

金教鳳(4번) : 작년 가로전등을 증가하길 요망했는데 그 경과 설명 바란다.

坂部重道(서기) : 면이 경찰 및 전등회사와 협의하고 또 교섭했는데 회사는 할인에는 응하지 않는다. 그러나 현재 가로등은 많이 증가했다.

宮崎金藏(1번) : 작년 격리병사에 수용 환자가 있는가 또 촉탁의사 비용의 경리는 어떻게 되었는가.

坂部重道(서기) : 수용자는 없어도 봄가을 종두도 있기 때문에 이를 지급했다.

金教鳳(4번) : 시장비에서 988원 감소한 것은 어느 시장에 대한 것인가.

坂部重道(서기) : 都橋市場이고 작년에 건물 수선을 해서 감액 계상했다. (중략-편자)

의장(立川榮次 송도면장) : 다른 이의 없냐고 의장에 묻고 세출경상부는 제2독회로 넘어감. 다음은 세출임시부 제1독회에 들어간다고 말함.

久野傳次郎(14번) : 제1관 토목비 제1항 수도조사비에 관해 본년도 실행할 조사 범위를 물음.

立川榮次(송도면장) : 池波里川 개수공사 진행 상황상 올해는 측량조사로 정하고 1930, 1931년도 즈음에 착수하며 1932년도부터 급수할 예정이다. 본면은 본부로부터 기사 출장 후 측량을 할 예정이라서 측량비를 계상한 것이다.

金正浩(13번) : 수원지의 후보지는 어디인가.

平峰元健(技手) : 嶺南面 龍興里 三潭川 상류이다.

久野傳次郎(14번) : 운동장비 설명을 바란다.

坂部重道(서기) : 작년 땅을 고르게 한 지정운동장에 대해 網 및 게시판을 설비하는 것이다.

의장(立川榮次 송도면장) : 다른 이의 없는가.

(전원 "이의 없음")

의장(立川榮次 송도면장) : 그럼 본안을 제2독회로 넘긴다. 내일 일정은 자문안 제1호 1929년 송도면 세입출 예산 경상부 임시부의 남은 전부를 심의하는 것으로 하겠음.

7) 1929년 3월 29일 송도면협의회 회의록

항 목	내 용
문 서 제 목	開城郡松都面協議會會議錄
회 의 일	19290329
의 장	立川榮次(면장)
출 석 의 원	金洛鼎(2번), 金敎鳳(4번), 朴鳳鎭(8번), 孔聖學(10번), 李壎(11번), 金永澤(12번), 久野傳次郎(14번)
결 석 의 원	宮崎金藏(1번), 林鎭文(7번), 馬鍾濡(9번), 金正浩(13번). 결원; 3번, 5번, 6번
참 여 직 원	李漢興(副長), 坂部重道(서기), 金英培(서기), 高津重雄(서기), 平峰元健(技手)
회 의 書 記	
회 의 서 명 자 (검 수 자)	立川榮次(송도면장), 宮崎金藏, 박봉진(朴鳳鎭)
의 안	1.1929년도 면 세입세출예산 1.송도면 특별부과금 부과징수규정 일부 개정의 건 1.송도면 수수료규정 일부 개정 건 1.1927년도 면 세입세출결산
문 서 번 호 (I D)	CJA0002726
철 명	면특별부과금관계서류철
건 명	면특별부과금변경의건(개성군송도면) -경기도
면 수	8
회의록시작페이지	40
회의록끝페이지	47
설 명 문	국가기록원 소장 '면특별부과금관계서류철'의 '면특별부과금변경의건'에 포함된 1929년 3월 29일 개성군 송도면협의회 회의록

해 제

본 회의록(8면)은 국가기록원 소장 '면특별부과금관계서류철'의 '면

특별부과금변경의건(개성군송도면)'에 포함된 1929년 3월 29일 개성군 송도면협의회(제2일) 회의록이다. 자문안 제1호 송도면 세입세출예산 경상부 및 임시부에 대해 전날 논의가 완료되지 않은 부분을 심의하고 있다. 조선인 의원들은 도로 하천 감시원 설치에 관해서, 연 8백 원을 들여 감시원을 두기보다는 외근 용인들이 수시로 순시하고 보고하도록 하자고 의견을 제출하고 있다. 송도면은 예산 총 16만 원 중 인건비가 6만 원에 달해 전 예산의 3분의 1을 초과하는 상황이었고 보다 싸게 고용할 수 있는 조선인들을 외부 용인으로 쓰면 절약을 할 수 있는데도 그렇게 하지 않는 면 당국의 행정에 대한 지적이었다. 그러나 수정되지 않고 원안 전부 그대로 통과되었다.

내 용

의장(立川榮次 송도면장) : 오늘 일정은 자문안 제1호 송도면 세입세출예산 경상부 및 임시부 심의 완료되지 않은 부분에 대해 속행할 것을 선포함. 세입경상부 임시부 제1독회에 들어갈 것을 고함.

坂部重道(서기) : 세입 각 관항에 대해 편성 내용을 설명.

金教鳳(4번) : 제2관 제3항 屠場 사용료는 67원이 증가했는데 작년에는 屠夫 등의 파업도 있고 수입에 영향을 미쳤던 것으로 생각한다. 이런 불상사는 예기치 못했겠으나 예산 편성에 상당히 참작해야 할 것이라 믿는데 금년도 증액 이유는 무엇인가.

坂部重道(서기) : 작년 사건은 예산액에 영향을 미치지 않았다. 예산 이상의 세입이었고 또 금년 예산 편성 때는 과거 3개년의 실적에 비추어 계상했다.

金教鳳(4번) : 시장 사용료 중 薪炭藁시장 및 우시장 수입은 증액했는

데 아까 설명에 의하면 징수원 즉 간수를 독려 편달한 효과라고 했
는데 그 방법을 듣고 싶다.

坂部重道(서기) : 작년 이래 시장 간수를 일층 감독하고 특히 신탄시
장은 낮에는 물론 밤에도 당번 2인을 배치하여 순차적으로 중요한
곳을 순회하여 징수시켜왔다.

의장(立川榮次 송도면장) : 이의 없는가.

의장(立川榮次 송도면장) : 모두 이의 없으니 세입경상부 및 임시부는
제2독회로 넘어가고, 세출경상부 및 임시부 제2독회에 들어가며, 세
출은 일괄 심의하겠다고 말함.

金敎鳳(4번) : 임시부 제4관 제2항 도로교량비에 의해 교량을 교체한
다는데 兩 교량비용의 정도는 어떠한가.

平峰元健(技手) : 西本橋 및 寒泉橋는 오래된 교량이고 불완전하므로
기초를 축조한 후 철근 콘크리트의 철교로 교체하려고 하는데 전자
는 약 4,000원, 후자는 약 1,000원이 필요할 예정이다.

朴鳳鎭(8번) : 도로하천 감시원 설치에 관해서는 제1독회에서 설명이
있었으나 토목사업에서 긴급한 것에도 비용이 부족하여 간수를 두
지 않는 곳도 있는데 현재 연 8백 원여의 금액을 들여 감시원을 두
기보다는 외근 용인으로 하여금 이를 수시로 순시하고 보고하도록
토목계에서 출장 조사하여 처리하면 어떠한가.

平峰元健(技手) : 토목비 용도에 대해서 의견은 잘 알겠으나 도로 하
천의 침해자가 다수여서 이를 감시원을 둘 필요가 있다. 인가가 조
밀한 지역은 도로면 1~2척을 범하여 가옥을 건설하거나 또는 담을
만들고 또는 인분이 축적되거나 또는 제방 위에 함부로 경작하는
등 다수이다. 이는 거의 면외 거주자의 소행에 속하고 위생상 보안
상 큰 문제여서 면 당국은 충분히 유의할 것이나 인원 부족 때문에

어쩌지를 못하고 있다. 이를 발견 소환한 후 설명하고 있지만 각 방면으로부터의 사고에 관해 소환 설명만으로는 도저히 종식될 수 없다. 현재 격리병사 부근, 座太橋, 藁馳橋 부근 연안은 거의 堆肥溜場이 되어 봄 가을에는 벌레 번식이 심하고 고적 보존상 도시 미관 또는 보안상 유감천만이다. (중략-편자)

朴鳳鎭(8번) : 冒耕 또는 축조한 경작물 및 영조물과 가축 퇴비는 매일 매일 철폐하는 게 아니다. 적어도 1개월 이상이 필요한 것이라면 면 당국이 막연히 방치하지 않고 발견한 즉시 이를 엄중 처분하고 제지 근절시키고 다시는 범행자가 없도록 하려면 외근 용인을 이용하든가 이용이 불가능한 사정이 있으면 임시로 고용을 하는 것이 가하다. 연중 정원으로서 다액의 비용을 들이지 말고 현재 면직원만으로 소기의 목적을 달성하도록 고려하기를 요망한다.

平峰元健(技手) : 범행자는 면외가 많고 항상 그 지역에 있는 게 아니다. 거취가 부정확하기 때문에 본인을 수색하는 게 쉽지 않을 뿐 아니라 기술 방면의 용무라면 반드시 전문가가 필요하다.

坂部重道(서기) : 외근 용인을 이용하기를 요망하시지만 외근 용인은 현재 20인이고 당 면 1반을 14구로 나누어 각각 분담시키고 있는데 지금 부족을 느낄 뿐 아니라 통계, 종두, 기타 조사 주지 및 세금 사정 발부 독려 정리 때문에 연중 거의 밤낮없이 일하는 현상이라 이용하는 것은 원래 불가능하다. 또 하천 공사는 본년도 중 완성할 예정인데 수문이나 기타를 파괴하고 방해하는 일이 있어 치수상 그 효력을 거둘 수 없어서 구 하천계의 위험도 기우가 아니다.

金永澤(12번) : 8번 의원의 요망도 있지만 면 당국이 반드시 배치가 필요하다고 생각하면 이 정도 용무를 행하는 것이라면 고급 인력을 사용하지 말고 월 30~40원 급여의 자를 구하면 어떤가.

坂部重道(서기) : 감시원은 감시만에 그치는 게 아니라 적어도 법령을 주지시키고 또 사리를 해석하고 의견을 말할 줄 알며 구조 설계 견적 사무 보조를 할 줄 아는 기술을 필요로 한다. 사방공사의 예를 들면 이것은 월 60원 정도는 예정해야 한다.

金教鳳(4번) : 감시원 설치에 관해서는 나는 8번 의원 및 12번 의원과 동감한다. 면 예산의 약 3분의 1은 인건비에 속하는 상황인데 천 원 가까운 인건비를 신설하는 것은 문제이다. 설명하시는 것은 알겠지만 이러한 기술이 필요한 성격의 것이 아니라면 외근 용인 10인을 9인으로 감소하여 1인을 감시원으로 전무시켜도 가하다. 수지 상환 운운은 이론만으로 이를 기하는 것에 다름 아니다. 또 살수 인부 급여도 부족하다면 감시원 급여로서 계상하여 액수를 일부 살수 급여로 유용하고 잔액만으로 월 3,40원의 조선인을 채용하여 경비의 조화 절약을 기하는 것으로 수정하고 싶다.

立川榮次(송도면장) : 감시원은 감시 취체만이 아니라 폐도 및 폐천의 부지를 답사하고 면이 양수한 후 면 재원을 조성하는 것은 일고의 가치가 있을뿐 아니라 우리 면은 부로 승격하면 도로 규칙에 의해 자연히 감시원을 두게 되는 관계도 있다. 또 폐도 폐천에 대한 처리에 대해서는 그 요지에 대한 주의도 있어서 이를 신설한 것이다.
(중략-편자)

의장(立川榮次 송도면장) : 모두 이의 없으니 본 안은 원안대로 확정할 것을 선포한다.

4. 수원면협의회

1) 1928년 3월 27일 수원면협의회 회의록

항 목	내 용
문 서 제 목	水原面協議會會議錄(寫)
회 의 일	19280327
의 장	近藤虎之助(면장)
출 석 의 원	竹下平三郎(2), 香山弘(3), 車裕舜(5), 이성의(李聖儀)(6), 최익환(崔翼煥)(9), 神崎房吉(10), 近藤泰吉(11), 안영태(安永台)(12)
결 석 의 원	村上久一(1), 한상봉(韓相鳳)(8), 공성학(孔聖學)(10), 이훈(李塤)(11), 김영택(金永澤)(12)
참 여 직 원	유기덕(柳基德)
회 의 書 記	福原廣吉, 牧瀨與吉
회 의 서 명 자 (검 수 자)	
의 안	자문안 제1호 1928년도 수원군 수원면 세입세출 예산의 건 자문안 제2호 屠場改築 자금 차입의 건 자문안 제3호 부동산 매각처분의 건 자문안 제4호 1928년도 戶別割 부과 등급 및 부과율 산정의 건
문 서 번 호 (I D)	CJA0002655
철 명	지정면예산서철
건 명	소화3년도수원군수원면세입세출예산서
면 수	16
회의록시작페이지	43
회의록끝페이지	58
설 명 문	국가기록원 소장 '지정면 예산서철'에 포함된 1928년 3월 27일 수원면협의회 회의록

해 제

　본 회의록(총 16면)은 국가기록원 소장 '지정면 예산서철'의 '소화3
년도 수원군 수원면 세입세출 예산서' 건에 포함된 1928년 3월 27일
수원면 협의회 회의록이다. 이날 회의에서는 1928년도 수원면 세입,
세출 예산, 屠場改築 자금 차입, 부동산매각처분, 동 28일에 1928년도
戶別割 부과 등급 및 부과율 산정에 대해 논의한 회의록의 사본이다.
회의일정의 4개의 자문안 중 수원면의 세입, 세출 예산에 대한 상세한
논의가 확인되며, 당시 수원면의 주요 사업과 당면과제가 무엇이었는
지 확인할 수 있는 자료이다.

　특히 권업비에 대한 논의는 당시 면의 주요 정책 사업이 무엇이었
는지 확인할 수 있는 부분으로, 본 회의록에 따르면 1928년 당시 수원
면은 면의 주요 사업으로 양잠 사업을 중심에 두고, 模範桑園 조성,
蠶業巡廻 강연 등을 하고 있었음이 확인된다. 모범상원은 잠업이 확
대되기 시작한 1920년대 중후반 조선 농회가 고등잠업강습소 사업과
함께 실시한 사업이다.[58]

　양잠업은 1920년대 일본의 거대 제사회사의 조선진출(山十製絲·片
倉製絲·朝鮮生絲·東洋製絲·鍾淵訪織·郡是製絲 등)로 제사업에서 분리
되었고, 일제가 1925년 '산견백만석증산 15개년계획(産繭百萬石增産
15個年計劃)'을 수립하여 조선에서의 양잠업의 보급과 공판제의 확대
에 몰두하면서 급속하게 발달하였다.

　수원면에서도 이에 따라 잠업을 면의 주요 정책 사업으로 채택하여
실시하고 있었으나, 1928년 당시 蠶繭 가격 하락으로 양잠사업이 잠시

---

[58] 「고등잠업강습소의 설치」, 『中外日報』 1928.3.14.

부진하자 위 사업을 삭제하자는 의원들의 의견도 있었지만, 시가 변동에 따르기보다는 농가부업으로 유망한 잠업의 장래를 보고 계속 사업을 해야 한다는 주장에 따라 계속 사업으로 결정하고 있다.

이외 당시 수원면의 주요한 당면 과제는 청결문제와 세금부과 문제였던 것으로 확인된다. 청결과 관련하여서는 소독비의 확보, 쓰레기처리장의 설치 등이 같이 논의되었다. 예산 부족으로 소독비를 절감해야 하는 상황에서 쓰레기 처리를 청부로 할 것인지 직영으로 할 것인지를 두고 논의가 이루어졌고, 소독비 절감을 위해 다른 지역 사례까지 조사하여 논의하고 있다.

수원면의 예산에 대한 종합논의를 보면, 호별세, 영업세를 주축으로 한 세금 징수의 절대 부족으로 면의 賦源을 어디에서 구할 것인지가 면의 주요 과제로 확인된다. 屠場改築 같은 경우 도축의 증가로 장래 增收가 예상되는 상황에서도 사업 철회를 하고 있을 만큼 예산이 부족한 상황이었으며, 예산을 절감하는 것을 우선 방책으로 삼고 있다.

내 용

면장 : 본일의 회의 일정을 말씀드립니다.
　　　一. 자문안 제1호, 1928년도 수원군 수원면 세입세출 예산의 건
　　　一. 자문안 제2호, 屠場改築 자금 차입의 건
　　　一. 자문안 제3호, 부동산매각처분의 건
　　　一. 자문안 제4호, 1928년도 戶別割 부과 등급 및 부과율 산정의
　　　　　건(중략)
의장 : 지금부터 의안 제1호, 1928년도 수원면 세입, 세출 예산의 건에 대해 참여원 福原 서기가 낭독하겠습니다.(중략) 심의의 순서로 면

저 세출에 대한 의견 없습니까?

3번 : 저는 세입, 세출금건에 앞서 질문이 있습니다. 저는 적어도 세
입경상부의 예산으로 세출경상부의 소요액을 지불할 수 있는 상태
를 안전한 경제로 생각하는데, 해마다 세출이 초과하여 특히 본년
도에는 경상부의 세출에 대해 그 세입은 985원이 부족합니다. 그리
고 호별할은 이미 제한액까지 부과하고 있어서 영업세할 및 특별영
업할의 부과가 또 제한액 이내에 있어서 겨우 2천 원 내외의 여유
가 있을 뿐입니다. 이러한 상태로 생각해보면, 장래 面 경제에 문제
를 일으킬 것이라고 생각하는데 이에 대한 의견은 어떻습니까?

의장 : 面 부과금은 장래 또 增收가 예상됩니다. 또 屠場사용료는 시
황, 기타의 관계자에 따라 減收의 때도 있지만 점차 屠畜數가 증가
하는 경향으로 이 수입도 차차로 증가할 것으로 보고 있습니다. 또
시장과 같은 것은 賦源의 관계상 아직 개량을 하지 못하고 있지만,
이것의 실현의 의해서 增收를 꾀할 수 있을 것이라 생각하고 있습
니다. 기타 구체적인 세입, 부원을 발견하고 있지 않지만, 한편 세
출을 제한하는 것에 유의할 생각입니다.

3번 : 다만 지금 설명에 의하면, 屠場의 수입은 본년도는 앞서 增收
가 예상되는데, 그것은 의심할 바 없다고 생각합니다. 또 영업세와
같은 것은 이 지역은 다른 지방에 비해서 다액의 과세를 받고 있어
서 따라서 이에 대해 면의 부과를 증가시키는 것은 상당히 완화된
방법을 강구할 필요가 있다고 생각합니다. 그것을 위해서 이때 불
필요한 사업을 폐지하여서 경비의 절감을 계획함과 동시에 전년도
에도 희망해 두었지만 본년도에 수입 계획을 세워 실행할 것을 간
절히 바랍니다.

의장 : 賦源에 대한 세세하게 주의할 의견으로, 이에 더하여 한층 고

려를 해야 할 面 賦源의 보충에 연구를 가중하고자 합니다.

3번 : 土木費에 대해 전년도에 약 천 원을 절감하였다고 했는데, 이 토목비의 내용에 대해서는 세간의 비난을 듣고 있습니다. 이에 대해 나아가서 어떠한 고려가 있습니까?

또 권업비 제1항 시장비에서 시장사용료 징수원은 상당 주의를 기울여야 하나 듣기에 감독 불이행의 점이 있는 것 같습니다. 또 지금 薪炭 시장의 사용료를 폐지하려고 하는데 그 점에 대한 생각은 어떻습니까?

또 전년도에 시장 개선에 대한 고려를 하였던 것이 있는데, 각별 그 형적에 있어서 지금까지 良案이 없는 것 같은데 어떻게 생각하고 있습니까? 위생비 절감도 조금도 변동사항이 없는 것 같은데 어떻습니까?

의장 : 토목비에 대해 말하자면 우리 면의 경우, 지방의 면 중에서는 상당히 설비가 되어 있지 않다고 생각합니다. 그러므로 경비를 또 증가시켜서라도 토목사업의 완전을 기하고자 합니다. 따라서 토목 업무에 무식, 무경험인 면이원들은 여러 가지 장애를 발생시키고 있어서, 상당의 인건비를 計上하고 있는데, 기술자가 있다면 그 사람을 한해서 선택할 것입니다.

市場費에 있어서는 그다지 시장 사용료의 수입이 없다고 한다면 규정을 개정하여 일부의 사용료의 징수를 폐지해도 지장이 없는데, 상당의 수입이 있으므로 무엇보다 본안을 제출하는 것입니다.

또 위생비 중 청결소독비에 대해서는 여러 가지 연구를 하고 있는데, 다른 面의 경우 도급을 맡겼으나 성적이 불량하여 直營으로 들어간 례가 있습니다. 또 돌발 업무에 대한 위생인부 소집의 便否도 있습니다. 여러 가지로 조사하여 보았는데, 결국 종전과 같이 직영이 좋다고 인정되어 전년과 마찬가지로 제안하였습니다. 아무래도 청부를 한다고 하면 이익을 우선시 할 상태를 우려하고 있습니다. 작년의 의견을 방임한다는 것은 아니므로 각위에 유리한 구체안이 있다면 제시하기를 희망합니다.

6번 : 위생비의 청결소독비에 대해서는 3번이 말한 것에 동의합니다. 작년부터 좋은 방책이 없는 일인데, 나는 各里에서 분담 실시하는 것으로 한다면 경비를 절약할 수 있을 것이라 생각합니다.

　토목비에 대해서는 의장의 설명에서 原案의 방법 이외 각별의 좋은 방책이 없다고 생각합니다.

의장 : 各里의 담당으로서 청결소독비의 경비를 상당 보조하는 것으로 하는 1案이 있는데, 경비 절감만 희망하여 책임지고 과연 실행되어질 것이냐 아니냐 하는 의문이 듭니다.

11번 : 권업비 중 시장비에서 신탄시장 징수원의 징수방법에 대해서는 각각 비난의 소리를 듣고 있습니다. 3번 의견과 같이 그것을 폐지하고 다른 賦源을 구하길 바랍니다.

의장 : 도로 취체상 경찰서의 힘에 의해 시장에 집합시켜서 매매하는 것으로 정하였습니다. 다음으로 근래 상당의 수입이 있어서 이 수입 약 천 원에 이릅니다. 아울러 일반에 비난이 있어 유해무익이라 한다면 폐지해도 될 것이나, 면으로서는 적당한 다른 부원이 발견되지 않아서 제안한 것입니다만, 합리적인 징수는 불가능합니다. 고로 조만간 폐지할 생각은 가지고 있습니다.

3번 : 조만간 폐지할 생각이라면, 지금 바로 폐지하는 것이 어떻겠습니까?

의장 : 賦源을 대신할 만한 것이 당장 발견되지 않으므로 원안에 동의해주기를 바랍니다.

3번 : 약 천 원의 수입이란 설명이라면 그것이 예산에 나타나고 있지 않는 것이 의문인데, 무엇보다 또 연구를 해야 하는 것으로 이 질문을 마치겠습니다.

2번 : 위생비 제3항 청결소독비에 대해서는 전년도 의견을 서술하여 고려를 구해 두었는데, 본년도 대략 마찬가지의 제안을 하고 있습니다. 지금 이 청결비를 1戸당 할당해보면, 1원 27, 8전으로 호별할 1호 부담액 4원에 대해서 3割 강도입니다. 또 이 청결비를 호별할 부과액표에 대조해보면 대략 27, 8등 이하의 호수 약 1,900호분의 부과금을 충당하는 상태로서 여하라도 다액을 부과하는 감이 있습니다. 따라서 人夫를 分減하여 650원을 절약하고, 기타에서 350원을 절약하여 약 천 원을 줄이는 것으로 하고, 쓰레기 처리장(塵芥捨場)은 가능한 근거리에 수개소를 설치하는 것으로 한다면 운반 능력에도 지장이 없을 것이라 생각합니다.

의장 : 쓰레기 처리장은 경찰 관헌의 허가를 받아야 하는 관계상 民家 가까이 수개소를 설치하는 것은 바라는 바이지만 그 실시는 곤란합니다. 현재는 山樓里에 있는 잡종지를 捨場으로 충당하고, 역전 방면은 민유지의 매립 희망지에 버리고 있으나 조만간 이 捨場은 사용이 가능하지 않아서 고심하고 있습니다.

5번 : 위생비 절약의 취지는 찬성하지만 쓰레기 운반이 3, 4일씩 늦어지는 현 상황에서 인부를 감소시키는 것은 찬성하지 않습니다.

3번 : 위생비에 대해서는 전년도에 약 천 원의 감액 방법을 考究할 것을 안건으로써 원안에 찬성하였는데, 본년도에 별도로 고려해야 할 만한 것은 없습니까?

의장 : 請負로 한다면 감액이 가능할 것 같은 희망이 있어서 조사의 결과로서 본안을 제안하였습니다.

3번 : 반드시 청부로 한다라 하는 것을 허가하지 않고, 各町에 위임하는 것도 염두에 두고 있습니다.

의장 : 각 町里에 위임하는 것도 손익관계에서 효과가 불충한 것을 고려하고 있습니다. 또 里, 町에서 담당하는 것은 전연 영속의 희망이 없다라고 생각합니다.

2번 : 衛生 人夫賃은 가능한 저액의 것을 쓰는 것이 가능하지 않습니까?

의장 : 월액 60~70전의 인부도 있지만, 여러 해 동안 근속자도 있어서 그 평균액을 계상하고 있습니다.

10번 : 쓰레기 소제의 청부사업에 대해서는 어느 지방을 조사하셨습니까? 우리와 같은 농업지에서는 비료로 이용하는 관계상 도리어 용이하게 실행이 가능할 것이라 생각합니다.

12번 : 청결소독비에 대해서는 원안에 찬성합니다.(중략)

의장 : 이의가 없으므로 이에 앞서 세출경상부 제1호에 대해서 심의하겠습니다.

2번 : 雜給은 해마다 1할씩 증가되어지고 있는데 장래에도 비율로써 증가되어질 것 같습니까?

의장 : 본년도는 퇴직사망급여금의 신설에 의한 증가와 위로금의 예상액을 증액한 특종의 관계가 있어서 해마다 同額의 비율로 증가하지는 않을 것입니다.

3번 : 町總代에게 어떠한 보수를 할 방법을 강구하는 것은 가능하지 않습니까?

의장 : 3번의 말씀은 이사자로서도 그 필요를 인정하는 것인데, 제도가 없으므로 현재는 면에서 지출할 명목이 없습니다.

11번 : 면장의 교제비는 그 관계로서 인정되지 않습니까?

의장 : 인정되지 않습니다. 그 대신 접대비를 신설하려고 하고 있습니다.

3번 : 나는 세출의 절감과 세입의 증수를 계획한다면 차입금을 폐지해야 한다고 생각합니다.

의장 : 3번 의원의 차입금 3천 원을 폐지하자는 의견에 의한 구체안의 제시를 바랍니다.

3번 : 다음과 같이 수정안을 진술합니다. (중략)이외 면직원 퇴직사망급여금 적립금 및 잡금에서 同上의 급여금은 다소의 증감을 초래하는 것으로써 결국 정산 5백여 원의 부족액에 대해서는 세입경상부의 屠場사용료 및 시장사용료의 2항에서 위의 賦源으로서 상당액을 계상할 것.

의장 : 지금 들은 대로 3번 의원으로부터 各款에 걸쳐 수정안이 제출되었는데 이 수정안 중 제1관 제1항 및 제2항의 증액은 무의미한 결과로 마칠 것이라 생각합니다. 현재에 있어서는 일반 관리의 급여에 대해서는 감축방침에 있는 것 같고, 增俸期도 연장하고 더군다나 시기에 도달해도 용이하게 증봉할 수 없다.

면장의 수당과 같은 것은 호수, 인구, 지방경제 정도 등을 참작하고 다른 면과 비례한 내규가 설치되어 있습니다. 면이원에 있어서도 대략 마찬가지의 경향이 있어서 따라서 증액해도 결국 무익한 것으로 끝난다라고 생각합니다. 각위도 이점에 유의하여서 다른 필요 요목에 반영해주실 것을 요망합니다. 참고로 말씀드립니다.(중략)

의장 : 별도로 의견이 없으시면 3번 의원의 수정안이 있으므로 이 수정안의 채부를 결정하도록 하겠습니다. 수정안에 찬성하시는 분은 손을 들어주시길 바랍니다.

(거수자 8명)

의장 : 세출경상부 제1관은 만장일치의 찬성으로 수정안대로 확정하
　　　도록 하겠습니다.(중략)

의장 : 同款(제4관 권업비) 제3항 模範桑園費 및 제4항 蠶業巡廻敎師
　　　給을 삭제하자는 3번 의원의 수정안에 대해서 의견있습니까?

의장 : 이 제3관(제4관의 오기) 제4항을 본년도에 신설한 것은 정부의
　　　지시도 있고, 면에서도 양잠사업 장려상 그 필요를 느껴서 특히 계
　　　상한 것임을 유념해주시길 바랍니다.

6번 : 3번 의원의 수정안에 찬성합니다. 근래 蠶繭의 가격 低落으로
　　　양잠사업이 부진하다. 일반의 힘을 들이지 않는 경향이므로 이러한
　　　종류의 경비는 줄이는 쪽이 옳다고 생각한다.

의장 : 잠견 市價의 변동은 도저히 면하기 어려운 것이다. 이 중요한
　　　국산품에 대해서는 날로 사업을 장려하고 동시에 이 사업에 능숙한
　　　사람을 양성하는 것이 필요하다고 생각한다. 현재와 같이 繭價가
　　　저렴해도 그 주의 여하에 의해 농가부업으로서는 결코 손해가 아닐
　　　것이다. 또 잠업은 3년 혹은 5년의 평균을 생각하지 않으면 안된다.
　　　조선에서 유망한 사업이다.(중략)

(수정안 찬성 거수자 4, 원안 찬성 거수자 4)

의장 : 찬성 반대가 같은 수이므로 제3(제4의 오기) 제4항은 원안대로
　　　확정합니다.(중략)

3번 : (제8관) 제2항 화장장 적립금의 계획 및 장래 화장장 위치 변경
　　　에 대한 생각이 있습니까?

의장 : 현재는 1개소만 있어서 불편이 적지 않습니다. 그것을 2개로
　　　증축할 계획으로 적립금으로 하려고 합니다. 장소는 장래 이전의
　　　필요가 생기면 논의하려고 하며 현재는 계획하고 있지 않습니다.

의장 : 제8관에 대해 원안에 찬성하는 분은 손을 들어주시길 바랍니다.

(거수자 5명)

의장 : 찬성자 다수이므로 제8관은 원안대로 확정하도록 하겠습니다.
 (중략)

2번 : 현재 화재보험을 다루고 있는 회사는 어느 회사가 있습니까?

의장 : 조선화재와 풍국화재의 2회사가 있습니다.(중략)

의장 : 제3관 시가계획비에 대해 의견 있습니까?

3번 : 시가계획은 이미 수년래의 문제로서 그 실현을 하지 못한 것은
 유감입니다. 정부의 원조를 기대하지 말고 면에서 나서서 실행해야
 합니다. 간선도로의 결정 및 시장개선에 대해서도 일찍이 요망하여
 두었는데 본년도내에는 반드시 계획을 실행할 것을 간절히 바랍니
 다.

의장 : 시가 계획에 대해서는 2년도(1927년)에 예정지구의 도면을 만
 들어서 도청에 제출, 3년도(1928년)에 실시, 조사, 착수하는 것으로
 교섭하였습니다. 시장 개축에 대해서는 입안하고 있는데 근래 급속
 실행은 불가능할 것 같습니다. 무엇보다 가능한 범위에서 희망할
 생각입니다.

의장 : 제3관의 원안에 찬성하시는 분은 손을 들어주시길 바랍니다.

(거수자 7명)

의장 : 찬성자 다수이므로 제3관은 원안대로 확정하도록 하겠습니다.
 (중략)

의장 : 다음은 자문안 제2호 屠場개축자금 차입의 건인데, 본안은 제1
 호 의안인 예산안에서 이미 수정 확정을 논의한 결과, 차입금이 삭
 제되어졌습니다. 자연 본안의 심의는 불요함에 의해 本面의 제안에
 서 제외합니다.

의장 : 다음으로 자문안 제3호, 부동산매각 처분의 건에 대해 참여원

福原 서기가 낭독해주시길 바랍니다.(중략)

의장 : 본안에 대한 의견을 바랍니다.

(모두 원안 찬성) (중략)

의장 : 내일 오전 10시부터 계속 개회하는 것으로 본일은 이로써 산회
하겠습니다.

오후 9시 20분 폐회(중략)

면장 : 본일의 회의 일정을 말씀드리겠습니다.

　　　一. 자문안 제4호, 1928년도 戶別割 부과 등급 및 부과율 산정의
　　　　건(중략)

의장 : 본건에 대해서는 우선 부과등급, 표준 및 부담총합은 전년대로
제안하였는데, 이에 대한 의견 없으십니까?

의장 : 별 의견 없으시다면, 부과등급, 표준, 부담총합은 원안대로 확
정하겠습니다.

의장 : 다음으로 각인 등급의 사정에 대해서는 전례에 의해서 등급별
인명표에 대해 內地人 측은 주로 內地人 의원, 鮮人 측은 주로 鮮人
의원으로서 신중 심의를 원합니다. 또 등급의 변경 수정을 요하는
것에 대해서는 이에 언급해둔 대로 등급별 인명 표례로써 수정 구
분하여 마지막에는 내선인과도 비교 대조하여 심의 결정해야 될 것
으로 생각됩니다.

(일동 심사를 개시함)

2번 : 이로써 쌍방 심사를 마쳤으므로 채결을 원합니다.

의장 : 모두 심사한 각인 등급은 적당하다고 인정되므로 본안은 이로
써 확정하겠습니다.(중략)

오후 5시 30분 폐회

2) 1928년 3월 28일 수원면협의회 회의록

항 목	내 용
문 서 제 목	水原面協議會會議錄(寫)
회 의 일	19280328
의 장	近藤虎之助(면장)
출 석 의 원	竹下平三郎(2), 香山弘(3), 車裕舜(5), 이성의(李聖儀)(6), 이완선(李完善)(7), 최익환(崔翼煥)(9), 神崎房吉(10), 近藤泰吉(11)
결 석 의 원	村上久一(1), 이한승(李漢升)(4), 이완선(李完善)(7), 한상봉(韓相鳳)(8), 안영태(安永台)(12)
참 여 직 원	유기덕(柳基德)
회 의 書 記	福原廣吉, 牧瀬與吉
회 의 서 명 자 (검 수 자)	近藤虎之助(면장), 이성의(李聖儀)(6), 神崎房吉(10)
의 안	자문안 제1호 1928년도 수원군 수원면 세입세출 예산의 건 자문안 제2호 屠場改築 자금 차입의 건 자문안 제3호 부동산매각처분의 건 자문안 제4호 1928년도 戶別割 부과 등급 및 부과율 산정의 건
문 서 번 호 (I D)	CJA0002655
철 명	지정면예산서철
건 명	소화3년도수원군수원면세입세출예산서
면 수	2
회의록시작페이지	58
회의록끝페이지	59
설 명 문	국가기록원 소장 '지정면 예산서철'에 포함된 1928년 3월 28일 수원면협의회 회의록

해 제

본 회의록(총 2면)은 국가기록원 소장 '지정면 예산서철'의 '소화3년도 수원군 수원면 세입세출 예산서' 건에 포함된 1928년 3월 28일 수원면 협의회 회의록이다. 전날에 이어 자문안 제4호 1928년도 戶別割

부과 등급 및 부과율 산정의 건에 관해 심의하였다.

내 용

면장 : 오늘 회의 일정을 말씀드립니다.

　　　1. 자문안 제4호 1928년도 戶別割 부과 등급 및 부과율 산정의 건

의장 : 지금부터 회의를 시작합니다.

의장 : 본안에 관해서는 먼저 부과 등급, 표준 및 부담 비율은 전년과
　　같이 제안합니다만 이에 관해 의견 있습니까.

(의견 없음)

의장 : 별다른 의견이 없다면 부과 등급, 표준, 부담 비율은 원안대로
　　확정합니다.

의장 : 이어서 각자의 등급 사정에 관해서는 전례에 따라 등급별인명
　　표에 관해 내지인 측은 주로 내지인 의원이, 조선인 측은 주로 조선
　　인 의원에게 신중한 심의를 부탁합니다. 그리고 등급의 변경 수정
　　이 필요한 것에 관해서는 여기에 게시해둔 등급별인명 표찰을 통해
　　수정 구분하고 마지막으로 내지인과 조선인 모두 비교, 대조해 심
　　의, 결정하려고 합니다.

(일동 심사를 개시하다)

2번(竹下平三郎) : 이로써 양측의 심사를 마쳤으므로 표결하기 바랍니다.

의장 : 여러분이 심사하신 각자의 등급은 적당하다고 인정되므로 이
　　로써 본안은 확정논의로 하겠습니다.

의장 : 이로써 의안 전부에 대해 심의를 마쳤으므로 회의를 폐회합니다.

(오후 5시 30분 폐회)

3) 1928년 8월 1일 수원면협의회 회의록

항 목	내 용
문 서 제 목	水原面協議會會議錄(寫)
회 의 일	19280801
의 장	近藤虎之助(면장)
출 석 의 원	香山弘(3), 車裕舜(5), 이성의(李聖儀)(6), 최익환(崔翼煥)(9), 神崎房吉(10), 近藤泰吉(11)
결 석 의 원	村上久一(1), 竹下平三郞(2), 이한승(李漢升)(4), 안영태(安永台)(12)
참 여 직 원	
회 의 書 記	
회 의 서 명 자 (검 수 자)	近藤虎之助(면장), 香山弘(3), 車裕舜(5)
의 안	수원군 수원면 세입세출 예산의 건
문서번호(ID)	CJA0002655
철 명	지정면예산서철
건 명	소화3년도수원군수원면세입세출예산서
면 수	5
회의록시작페이지	68
회의록끝페이지	72
설 명 문	국가기록원 소장 '지정면 예산서철'에 포함된 1928년 8월 1일 수원면협의회 회의록

해 제

본 회의록(총 5면)은 국가기록원 소장 '지정면 예산서철'의 '소화3년도 수원군 수원면 세입세출 예산서' 건에 포함된 1928년 8월 1일 수원면 협의회 회의록이다. 전년도 이월금이 1,502원 발생하면서, 이것이 어떻게 조성되었는지에 대한 설명 및 논의, 추가 경정예산에 대해 논의가 회의의 주 내용이다.

전년도 이월금의 증가는 도장사용료 징수와 같이 세금의 증수, 면이원 미확충에 따른 인건비 절감 등이 주요 조성 원인이었지만, 호별세, 영업세 등의 전년도에 징수되지 않은 세금을 이월하여 징수한 것도 포함하고 있었다.

1928년도 추가경정 예산으로는 하수수선비는 250원 삭감하고, 호안공사비는 450원 추가하는 것으로 결정하였다. 의원 중에는 梅香橋의 복구공사를 우선시하는 주장도 있었지만, 긴급을 요하는 사업을 우선해야 한다는 주장에 따라 호안공사의 청부 입찰이 결정되었다.

한편 수원면협의회에서는 虹華門의 張石工事와 같은 것은 면비가 아니라 국비나 지방비의 보조로 실시해야한다고 논의하고 있다. 이로 볼 때, 당시 면협의회에서는 면사업과 국가사업을 일정 구분하고 있었음 확인할 수 있다.

내 용

수원면 세입세출 예산에 관한 건.

면장 : 본일의 회의 일정을 말씀드리겠습니다.
　　　一. 자문안 제1호 1928년도 수원면 세입세출 추가경정 예산에
　　　　　관한 건(중략)
의장 : 자문안 제1호 수원면 세입세출 추가경정 예산에 대해 설명 드립니다.
(예산 설명서 및 예산서를 낭독한 후 설명을 하고, 참여원 이진영이 그것을 통역함)

3번 : 세입임시부 제1관 전년도 이월금에 대해서 1,502원이라는 다액의 이월금을 추가하였습니다. 위는 본년도 예산 편성 당시 이미 판명되어졌음에도 불구하고, 소액으로 계상하였던 것이 아닌가 싶습니다. 또 제4관 지난 해 수입에서는 당초의 예산이 부과금의 징수 불능액을 다소 과소하게 견적한 결과가 아닙니까?

의장 : 전년도 이월금의 기정 예산에 비해 현저하게 증가한 주요한 원인은 1927년도 屠場사용료가 현저하게 증수 및 세출 각관의 절약에 의해 잉여금을 발생시켜서 이월된 것입니다. 그리고 본년도 예산의 편성은 본년 2월에 있어서 당시 도장사용료와 같은 것은 상당의 增收 예상되었지만, 실제의 수입은 예상외의 다액이 되었습니다. 또 면리원 1명 증원의 예상으로 그 급료를 예산에 계상하였으나 증원은 인가되지 않아서 그것이 또 잉여를 초래하였습니다. 이를 합하여 이월금의 증가를 초래한 것입니다.

지난해 수입의 증가는 1927년도 부과금을 出給 폐쇄하면서까지 극력 징수독려를 하였으나, 또 징수의 불능인 것이 많아 어쩔 수 없이 본년도에 이월하여 징수하는 것으로 하였습니다. 이에 예산의 추가를 초래하였습니다.

3번 : 1927년도에 경비 절약에 의한 잉여금은 겨우 3백 원으로 이러한 다액의 이월금을 추가하게 된 것은 어떠한 연유에서인지 설명되었지만, 이월금을 실제보다 적게 계상한 것은 의문이나 그에 대해서 본 질문은 중단하는 것으로 하겠습니다.

3번 : 세출경상부 제1관 급여 제3항 잡급 및 제6관 위생비 제1항 전염병 예방비 중 잡급의 추가에 대해서는 현재의 부족액만을 계상할 것인가 아니면 이후의 소요 예상액도 합하여 계상할 것입니까?

의장 : 지금까지의 소요경비 및 금후의 소요 예상금액도 계상하려고

합니다. 단 돌발적 사건이 발생하여 그에 요하는 경비를 필요로 하는 때는 별도입니다.

3번 : 세출경상부 제3관 토목비 제1항 도로교량비 중 下水수선비에서 250원을 감액함은 사실 수선이 필요가 없어서인지 아니면 일부의 사업을 미루려고 하는 것입니까?

의장 : 하수의 수선공사는 그 완급을 가늠하여 긴급을 요하지 않는 일부의 공사를 미루려고 합니다.

3번 : 護岸 공사비 450원을 추가했는데, 梅香橋의 복구공사는 가능하지만 호안공사는 가능하지 않지 않습니까?

의장 : 매향교의 가설공사는 막대의 공비를 필요로 함으로써 지방비의 보조를 받아 시행하려고 생각하여 이미 1927~1928 양 년도에 걸쳐서 보조 신청을 하였으나 마침내 보조에 이르지 못하였습니다. 진실로 유감으로 생각합니다. 이에 다시 1929년도에 보조를 받으려고 보조 신청서를 제출하였습니다. 그런데 본 호안공사의 개소는 기왕의 수차의 홍수로 호안(도로부지) 붕괴하여 이대로 두면 곧 홍수의 때는 大破에 이를 것은 물론이고 전년도 面에서 공사하여 이에 접속한 하방 호안 석단까지도 붕괴되어질 우려가 있어서 본 공사는 특히 긴급하게 실시할 필요가 인정되었습니다.

6번 : 본 호안공사는 지극 적한 것으로 만약 이대로 한다면 작년의 호안공사까지 파괴될 우려가 있으므로 본안에 찬성합니다.(중략)

의장 : 이후 수해 또는 전염병 대유행 등 돌발적 사건이 없는 한은 이번 추가 경정예산으로 경리할 예정입니다.

3번 : 본안에 찬성합니다.

6번 : 본 공사는 경쟁 입찰에 붙입니까?

의장 : 면 직영으로 하는 것은 곤란하므로 지명 입찰로써 청부에 부칠

생각입니다.

6번 : 본 공사는 적절하고 또 긴급을 요하는 것이라 믿어 찬성하는데 또 華虹門[59] 7間 水下流 張石工事 파손하여 수선을 요함으로써 가능한 면경비를 절약하여 이의 방면 경비로 충당할 것을 희망합니다.

의장 : 7間 水下流 張石工事는 面 當然의 사업은 아닙니다. 하천에 속하는 사업으로서 국비 또는 지방비로써 시행해야 할 것이라 생각하여 정부에 현재 교섭 중에 있습니다. 만약 교섭이 어려워지는 경우는 面에서 다시 고려를 요한다고 봅니다.

7번 : 이월금 1,502원을 추가한 내용의 설명을 부탁드립니다.

의장 : 이월금의 증가한 주요한 원인은 屠場사용료 수입 증가 및 세출 각관에 걸쳐 지출을 절약한 결과 이월금 1,502원을 추가하였습니다.

7번 : 원안에 이의 없습니다.

의장 : 원안에 이의 있습니까?

(전원 이의 없음)

의장 : 이의 없으므로 원안대로 확정합니다.

의장 : 이로써 議案의 심의를 마쳤으므로 회의를 폐하도록 하겠습니다.

또 한마디 드리자면, 1927년도 세입세출 결산을 이 기회에 제시하고자 하는데, 아직 군의 인가가 없음을 유감으로 다음 회의 협의회에 제시할 예정임을 양해하여 주시길 바랍니다.(중략)

오전 11시 20분 폐회

---

[59] 虹華門의 오기.

5. 함흥면협의회

1) 1930년 1월 23일 함흥면협의회 회의록

항 목	내 용
문 서 제 목	咸興面協議會會議錄
회 의 일	19300123
의 장	井上新(함흥면장)
출 석 의 원	倉掛喜丈, 九貫政二, 金文善, 李曦燮, 敷根角市, 姜啓恒, 劉柄義, 松村榮三郎, 吉町石太郎, 崔相玉, 洪基鎭, 李成英, 度邊利一
결 석 의 원	金魯善
참 여 직 원	
회 의 서 기	
회 의 서 명 자 (검 수 자)	
의 안	1.자문안 제1호 하수공사비 차입금에 관한 건 1.자문안 제2호 1929년도 세입세출경정예산
문 서 번 호 (I D)	CJA0002771
철 명	차입금관계서류
건 명	함남함흥군함흥면차입금의건(회의록첨부)
면 수	7
회의록시작페이지	761
회의록끝페이지	767
설 명 문	국가기록원 소장 '차입금관계서류'철의 '함남함흥군함흥면차입금의건'에 포함된 1930년 1월 23일 함흥면협의회 회의록

해 제

본 회의록(7면)은 국가기록원 소장 '차입금관계서류'철의 '함남함흥군함흥면차입금의건'에 포함되어 있으며 함흥부 하수공사비에 충당할 차입금에 관해 1930년 1월에 면장이 면협의회원들의 의견을 물은 결과를 보고한 문서이다. 함흥면은 이보다 1년 전 1929년 3월 28일 면협의회를 열어 하수공사비 차입금에 관한 건을 의결한 적이 있다. 그때는 차입 시기를 1929년부터 1932년까지 4개년간 매년 2만 2,500원씩 차입하는 것으로 했고, 거치 기간은 없었다.[60] 이를 1930년 1월 고쳐서 재의결한 것이다. 여행으로 부재중인 김로선 의원을 제외한 모든 협의회원들이 찬성, 이의 없음, 속히 실행 바람 등으로 의견을 제출하여 통과하였다.

내 용

회의서(回議書)
자문안 제1호 하수공사비 차입금에 관한 건
자문안 제2호 1929년도 세입세출경정예산
별지 자문안과 같이 시행하려고 하므로 의견주시기 바랍니다. 면제시행규칙 제7조 단서에 의해 회의(回議)합니다.

1930년 1월 23일 함흥면장 井上新

위 자문안에 대해 면협의원 3분의 2 이상의 동의를 얻었으므로 면협의회의 의견으로 간주합니다.

1930년 1월 25일 함흥면장 井上新

---

[60] CJA0002771, '차입금관계서류'철 중 '함남 함흥군 함흥면 차입금의 건', 619쪽.

<자문안 제1호 하수공사비 차입금에 관한 건>

1. 차입금액 : 금 2만 2,500원

1. 목적 : 함흥시가 하수공사비에 충당하기 위함

1. 이율 : 연 7푼 7리 이내

1. 차입先 : 식산은행 또는 기타 금융업자

1. 차입시기 : 1929년도 내 필요에 응하여 차입함

1. 거치 기간 : 1930년도부터 1933년도까지 4개년 거치

1. 상환기간 및 방법 : 1934년도부터 1948년도까지 15년간 연부 균등 상환. 단, 면 재정에 의해 만기 전에 상환하거나 또는 상환 연한을 단축할 수 있음

1. 상환 재원 : 일반세입으로 충당함

사유

본면 하수개수공사비에 충당할 차입금은 최근 총액 9만 원에 대해 별지와 같이 협찬을 거쳤으나, 하수공사비는 국고보조 관계상 본년도에 한해 계속비로 하지 않도록 처리해야 한다는 지시가 있어서 본 안과 같이 1929년도 차입액에 대해 협찬을 얻는 것으로 함.

<자문안 제3호 함흥면 하수공사비 차입금에 관한 건> (1929년 3월 28일 의결)

1. 차입금액 : 금 9만 원

1. 목적 : 함흥시가 하수공사비에 충당하기 위함

1. 이율 : 연 7푼 7리 이내

1. 차입先 : 식산은행 또는 기타 금융업자

1. 차입시기 : 1929년도로부터 1932년도에 이르는 4개년에 매년 2만 2,500원씩 차입함

1. 거치 기간 : 없음.
1. 상환기간 및 방법 : 1933년도부터 1947년도까지 15년간 연부 균
   등 상환. 단, 면 재정 사정에 의해 만기 전에 상환하거나 또는 상
   환 연한을 단축할 수 있음
1. 상환 재원 : 일반세입으로 충당함

<자문안 제2호 1929년도 함흥군 함흥면 세입세출경정예산>
     세출
1. 금 17만 4,164원   임시부 기정예산액
1. 금 17만 4,164원   임시부 경정예산액
        합계금 27만 8,864원
 세입출 차인 잔금 없음

6. 웅기면협의회

1) 1930년 8월 14일 웅기면협의회 회의록

항 목	내 용
문 서 제 목	雄基面協議會會議錄
회 의 일	19300814
의 장	山崎新太郎(웅기면장)
출 석 의 원	金範俊(副長), 島谷四郎(2번), 目加田捨三(3번), 山中宇三郎(4번), 安榮東(5번), 林英權(7번), 文秉浩(8번), 朴容洙(9번), 鄭瀅澤(10번), 中村直三郎(11번), 金利*(12번)
결 석 의 원	鈴木轍(1번), 柳宗學(6번)
참 여 직 원	
회 의 서 기	
회의서명자 (검 수 자)	山崎新太郎(웅기면장), 目加田捨三(협의회원), 文秉浩(협의회원)
의 안	제1호 제1회 1930년도 경흥군 웅기면 세입세출 추가경정예산 건 제2호 면 기채에 관한 건 제3호 계속비 설정에 관한 건
문서번호(ID)	CJA0002771
철 명	차입금관계서류
건 명	함북경흥군웅기면의차입금에관한건(회의록첨부)
면 수	4
회의록시작페이지	830
회의록끝페이지	833
설 명 문	국가기록원 소장 '차입금관계서류'철의 '함북경흥군웅기면의차입금에관한건'에 포함된 1930년 8월 14일 웅기면협의회 회의록

해 제

본 회의록(4면)은 국가기록원 소장 '차입금관계서류'철의 '함북경흥군웅기면의차입금에관한건'에 포함된 1930년 8월 14일 웅기면협의회 회의록이다. 회의에 회부된 자문안은 "1. 제1회 1930년도 경흥군 웅기면 세입세출 추가경정예산 건, 2. 면 기채에 관한 건, 3. 계속비 설정에 관한 건"이다. 면 기채에 관한 건에서 당시 웅기면 시가지 계획의 현안이 웅기천 보조 공사임을 알 수 있다. 협의회원들의 별다른 의견이 없는 가운데, 정확한 계획으로 신중한 공사가 이루어지기를 주문한 目加田捨三은 육군 보병 소위 출신으로 1908년 마산에서 연초제조업을 하다가 1921년 웅기로 건너와 북선토지주식회사를 창립하면서 1930년대 웅기뿐만 아니라 북부지역 산업계에서 중심적인 역할을 하던 인물이다.

내 용

자문안 제시 - 제1호. 제1회 1930년도 경흥군 웅기면 세입세출 추가경정예산 건, 제2호 면 기채에 관한 건, 제3호 계속비 설정에 관한 건

면장 : 지금부터 제1호 안부터 제3호 안에 대해 심의해 주십시오. 우선 제1호안 본 면 1930년도 예산 추가경정 건을 자문하겠습니다. 세출 쪽부터 설명드리겠습니다.
세출 경상부 제7관 제1항 기본재산 조성 941원 증가는 웅기 洞有 재산 양수금 및 당지 삼림주사 吉田 씨가 돌아가신 부친의 공양을 위해 기부한 것 등을 편입해 계상한 것입니다.

세출 임시부 제1관 제1항 하천정리비 3,622원의 감소는 櫻川 하류 공용지대 매립을 시행 연기했기 때문에 공사비도 따라서 감소한 것입니다.

제2항 도로 개수비 100원 증가는 당지 石原新造씨가 자식이 사망한 후 조의금에 대한 답례 비용을 화장장 가는 도로 개수에 쓰도록 기부한 것을 계상한 것입니다.

제2관 웅기 하수 및 도로공사비 80,000원의 증가분은 올해 40,000원 국고보조를 청하고 40,000원은 본면 기채로 하여 합계 80,000원으로써 시가 정리의 첫걸음인 웅기천 보조 공사를 시행하기 위해 계상한 것입니다.

제5관 제2항 일시차입금 이자 368원 증가분은 공유수면 매립에 필요한 공사비를 일시차입금에 의해 충당하기 위한 이자를 계상한 것입니다.

이상 세출에 대해서 의견 있으십니까.

각원 : 이의 없습니다.

면장 : 다음은 세입에 대해 설명드리겠습니다.

경상부 제4관 제6항 동유재산 양수금 1,250원 증가분은 동유 임야 매각 대금으로 이를 양수한 것을 계상한 것입니다.

제5관 제3항 영업세율 1,081원 증가는 본 세의 증가에 따라 증가한 것입니다.

세입 임시부 제1관 전년도 이월금 955원 감소는 부과금 미징수가 많았기 때문입니다.

제2관 제1항 국고보조금 40,000원 및 제6관 차입금 40,000원 증가는 앞서 세출임시부 제2관에서 설명드린 대로 웅기 하수 및 도로공사비에 충당하기 위한 보조금과 차입금입니다.

제3관 제1항 토목비 지정기부금 100원 증가 및 4항 용도 지정하지 않은 기부금 10원 증가는 세출에서 설명한 石原 씨가 화장장 도로 개수비로 기부한 것 및 吉田 씨가 망부의 공양을 위해 기부한 것을 계상한 것입니다.

제4관 제1항 부과금 955원 증가는 제1관 전년도 이월금의 감소에 따라 세금 미징수액을 계상한 것입니다.

제5관 제1항 토지매각대 3,254원 감소는 세출임시부 하천정리비에서 말씀드린 櫻川 하류 공용지대 매립 시행 중지에 의해 매각 토지가 감소했기 때문입니다.

이상 세입에 대해 의견 있으십니까.

각원 : 이의 없습니다.

의장 : 이의 없으시면 본안 결정하겠습니다.

면장 : 다음은 제2호안 면 기채에 관한 건에서 설명드린 본 면 시가계획의 근간인 웅기천 보조 공사 기타 공사비 본 면 부담액은 면의 재정상태로는 곧장 지변 불가능하므로 첨부서류의 요점에 의해 기채하는 것입니다.

3번 目加田 협의회원 : 본 건은 긴 시간 현안으로 충분히 연구한 후 안을 완성해야 한다고 생각하므로 이의 없습니다. 단 희망사항을 말씀드리면 공사 시행에 대해서는 최선의 주의를 기울여주시기 바랍니다.

면장 : 알겠습니다.

각원 : 이의 없습니다.

의장 : 그러면 본안을 결정하겠습니다.

면장 : 제3호안 계속비 설정에 관한 건은 웅기 하수 및 도로공사비 20만 원을 올해부터 1932년도까지 3개년간, 첨부 서류에 나오는 수

지계산표에 의해 계속 지출하기 위해 면제 제10조의 2 및 동 시행 규칙 제48조에 의해 도지사의 인가가 필요하므로 자문드리는 것입니다.

3번 目加田 협의회원 : 농작물 보상비는 본 계속 수지 계산표에 계상하지 않았는데 이건 보상하는 것이 타당하다고 생각합니다.

면장 : 지당합니다. 필요하다고 인정되므로 부기란에 계상하겠습니다. 기타 본안에 대해 이의 있습니까?

각원 : 이의 없습니다.

의장 : 이의 없으므로 본안을 결정하겠습니다.

3번 目加田 협의회원 : 끝으로 오늘 자문안은 이번 공사에 필요한 절차입니다. 아시는 것처럼 여기는 빨리 추워지니까 가급적 빨리 계획하여 하루라도 빨리 공사에 착수하기를 바랍니다.

면장 : 알겠습니다.

의장 : 오늘 자문안은 전부 논의 완료했습니다. 회의록 서명자를 3번 目加田捨三 씨, 8번 文秉浩 씨로 하려는데 이의 없습니까?

각원 : 이의 없습니다.

의장 : 그러면 이것으로 폐회하겠습니다. (오후 4시 20분)

방광석

홍익대학교 교양과 교수

릿쿄(立敎)대학 문학박사. 주요 논저로『근대 일본의 국가체제 확립과정』
(혜안, 2008),『한국 근대국가 수립과 한일관계』(공저, 경인문화사, 2010),
『관습조사(1)-일제의 관습조사와 토지법제 인식』(공편역, 동북아역사재단,
2021),『관습조사(2)-일제의 조선 관습조사와 식민지 법제 추진』(공편역, 동
북아역사재단, 2022) 등이 있다.